지도에서 사라진 나라들

오늘의 세계를 만들고 소멸한 나라들의 역사

초판 1쇄 발행 2019년 5월 1일
초판 3쇄 발행 2022년 6월 1일

지은이   도현신
펴낸이   이영선

편집   이일규 김선정 김문정 김종훈 이민재 김영아 이현정 차소영
디자인   김회량 위수연
독자본부 김일신 정혜영 김연수 김민수 박정래 손미경 김동욱

펴낸곳 서해문집 | 출판등록 1989년 3월 16일(제406-2005-000047호)
주소 경기도 파주시 광인사길 217(파주출판도시)
전화 (031)955-7470 | 팩스 (031)955-7469
홈페이지 www.booksea.co.kr | 이메일 shmj21@hanmail.net

ⓒ 도현신, 2019
ISBN 978-89-7483-984-0 03900

이 도서의 국립중앙도서관 출판예정도서목록(CIP)은 서지정보유통지원시스템
홈페이지(http://seoji.nl.go.kr)와 국가자료공동목록시스템(http://www.nl.go.kr/kolisnet)에서
이용하실 수 있습니다.(CIP제어번호: CIP2019015063)

지도에서 사라진 나라들

오늘의 세계를 만들고 소멸한 나라들의 역사

도현신 지음

서해문집

'지도에서 사라진' 시리즈는 2013년 12월 《지도에서 사라진 사람들》을 시작으로 2016년 8월에 두 번째 책인 《지도에서 사라진 종교들》이 나왔고, 《지도에서 사라진 나라들》은 세 번째 책이다. '지도에서 사라진' 시리즈를 아껴주신 모든 독자 여러분께 이 자리를 빌려 진심으로 감사의 인사를 올린다.

이 책 《지도에서 사라진 나라들》은 글자 그대로 지금은 세계지도에서 사라지고 없는 과거의 나라들을 정리한 것이다. 2007년 개봉해 전 세계적으로 큰 인기를 끌었던 영화 〈300〉의 나라 스파르타를 시작으로, 현재 이란의 선조인 사산 왕조, 13억 인구가 믿고 있는 거대 종교 이슬람교를 만들어낸 이슬람 제국, 1000년 동안 유럽을 이슬람의 침공으로부터 지켜낸 로마의 정통 후계자 동로마 제국, 십자군 기사와 용병들이 동로마에 쳐들어와서 세운 라틴 제국과 아테네 공국, 스페인 땅에 700년 동안 존속했던 이슬람 왕국들, 중국 명나라의 잔존 세력이 세웠지만 20년 만에 사라진 남명, 신비한 거대 건축물 앙코르와트를 만든 크메르 제국, 베트남 남부의 인도 문화권이었던 참파 왕국, 눈부신 황금 파고다가 들어섰던 미얀마의 꼰바웅 왕조, 그리고 아프리카와 인도의 수많은 나라에 얽힌 이야기들을 쉽고 흥미롭게 정리했다.

　앞서 펴낸 두 책과 다른 점은 근세나 근대 시기의 비중을 높였다는 것이다. 영국과 프랑스 같은 서구 열강이 침략해 정복한 나라들에 관한 내용이 전체 18개 항목 중 8개나 된다. 까마득히 먼 과거보다는 현재 우리와 좀 더 가까운 시기의 내용을 다루는 것이 더 의미 있다고 여겼기 때문이다. 그리고 특히 19세기에 '해가 지지 않는 나라'라고 불린 세계 최강대국 영국의 식민지에 대해 많이 다루었다. 지금 우리가 누리고 있는 근대 문명의 뿌리가 영국이고, 그 영국이 만들어놓은 국제정세에 관해 아는 것이 현재 세계를 이해하는 데 도움이 될 것이라고 판단했기 때문이다. 예를 들어 지금 미얀마에서 문제가 되는 로힝야족 관련 문제만 해도 바로 영국이 미얀마의 꼰바웅 왕조를 무너뜨리고 식민지로 삼은 과거사에서 비롯된 것이다.

이 시리즈의 첫 책인 《지도에서 사라진 사람들》을 펴냈을 때만 해도, 시리즈로 계속 이어질 것이란 생각을 하지 못했다. 많이 부족한 책임에도 독자 여러분께 분에 넘치는 관심과 사랑을 받았다. 앞으로도 역사에 흥미롭게 접근할 수 있는 책들을 지속적으로 펴낼 계획이다. 많은 관심을 부탁드린다.

차례

스파르타

영화 〈300〉의 나라

기원전 490년 고대 그리스의 도시국가 스파르타를 배경으로 한 영화 〈300〉은 스파르타의 전사들을 매우 영웅적으로 묘사해 세계적으로 큰 화제를 불러일으켰다. 불과 300명의 스파르타 전사가 무려 100만 명이나 되는 페르시아의 대군과 맞서 한 치도 후퇴하지 않고 최후까지 맞서다 전멸하는 장면은 스파르타에 대해 잘 몰랐던 사람들에게도 '스파르타는 위대한 영웅들의 나라였구나!' 하는 감동을 주기에 충분했다.

잔혹한 억압의 나라

하지만 영화 〈300〉에서 묘사된 스파르타의 모습은 지나치게 미화된 것이다. 실제의 스파르타는 위대한 영웅들의 나라라기보다는 잔혹한 억압을 자행하던 군국주의 국가에 더 가까웠다.

스파르타의 기원은 고대 그리스가 혼란에 휩싸였던 암흑시대로 거슬러 올라간다. 본래 '아카이아'라는 선주민이 살던 그리스 지역은 기원전 12세기 무렵, 지금의 발칸반도인 북쪽에서 쳐들어온 도리아인들에게 점령당했다. 도리아인들은 아카이아인들이 만든 문명을 철저히 파괴하고 불태웠는데, 이로 인해 기원전 8세기까지 그리스 전역은 자세한 역사를 알 수 없는 '암흑시대'에 들어갔다. 그리고 그 도리아인들 중 일부가 그리스 남부 펠로폰네소스반도에 정착해 '스파르타'라는 도시를 세웠는데, 그들이 바로 스파르타인이다(BC 11세기).

스파르타인들은 정착하는 과정에서, 도시 주변에 살고 있던 메세니아를 포함한 다른 아카이아 계통 거주민들의 땅을 정복하고 그들을 노예로 삼아 '페리오이코이perioikoi'와 '헤일로타이heilotai'라는 두 계층으로 나누었다. 페리오이코이는 정치에 관여할 수 없었으나, 전쟁이 나면 스파르타인들과 함께 군대에 합류해 전쟁에 참여해야 했다. 물론 불공평한 대우이긴 하지만, 페리오이코이는 선원이나 대장장이, 목수와 상인 같은 여러 가지 직업을 가질 수 있었다. 오늘날 스파르타 유적지에서 보이는 장신구나 수입된 상품들의 흔적은 대부분 페리오이코이가 남긴 것이다.

헤일로타이는 페리오이코이보다 더 좋지 않은 대접을 받았다. 그들은 주로 농부로 일했는데, 풍년이건 흉년이건 수확한 곡물의 절반을 무조건 세금으로 바쳐야 했다. 또한 페리오이코이처럼 참정권은 없었지만 전쟁이 나면 스파르타인들과 함께 참전해야 했다. 전쟁터에서 게을리 싸우는 것도 안 되었지만, 열심히 싸운다고 해서 반드시 보상이 주어지는 것도 아니었다. 오히려 그랬다간 스파르타인들에게 '반란을 일으킬지도 모른다'는 의심을 받아 아무도 모르게 죽임을 당하기 일쑤였다. 또한 평소에 농사를 지으며 살아갈 때도 스파르타인들에게 걸핏하면 목숨을 잃었다. 그런데 이런 일이 스파르타인 한두 명의 우발적인 범죄가 아니라, 스파르타의 국가정책이었다. 스파르타인들은 헤일로타이들의 거주지로 몰래 숨어 들어가 그들을 죽이고 돌아오는 것을 의무 과제로 삼고 있었다. 그래서 헤일로타이들은 외국인들과 만나면 "스파르타인들의 살점을 뜯어먹고 싶다!"고 울분을 토했으며, 기회가 있을 때마다 반란을 일으켜 스파르타인들의 잔혹한 압제에서 벗어나려고 했다.

나라가 곧 군대

페리오이코이나 헤일로타이가 아닌, 스파르타인들은 자유로웠을까? 그렇지 않았다. 두 계급을 노예로 부리는 위치였지만, 스파르타인들 또한 많은 압박에 시달렸다. 그중 하나가 거의 평생 부여되는 군역의 의무였다. 군대가 가장 강력한 힘을 가지고 사회 전체를 지배하는 나라를 병영국가, 군국주의 국가 등으로 부른다. 그런 의미에서 스파르타는 전 세계에서 가장 오래된 군국주의 국가였다. 아니, 노골적으로 말한다면 스파르타는 나라 전체가 하나의 군대 조직이었다.

스파르타 시민이라면 누구나 의무적으로 '아고게agoge'라는 교육을 받아야 했다. 여기서 말하는 시민이란 어디까지나 페리오이코이나 헤일로타이가 아닌, 순수한 스파르타인을 뜻하는 '스파르시에이트Spartiate'에게

만 해당되었다. 그러므로 페리오이코이나 헤일로타이들은 아고게를 받지 않았다. 하지만 이것을 혜택이라고 보면 안 된다. 그만큼 페리오이코이나 헤일로타이는 기본적으로 시민의 대우를 받지 못했던 것이다. 실제로 두 계층은 스파르타에 종속되어 있었지만 스파르타의 정치에 참여할 권한이 없었다.

완전무장한 스파르타 병사의 조각상. 스파르타인들은 국가의 명령에 절대복종하는 군인이 되는 것을 최고 목표라고 여기며 살았다. (BC 5세기)

스파르타 시민은 누구나 7세가 되면, 아고게라는 군사훈련을 받으러 병영으로 떠났다. 아고게를 거치면서 모든 스파르타인은 잠재적인 군인으로 취급받았다. 그리고 아고게가 끝나는 20세가 되어도 스파르타인들은 병영에서 10년 더 살아야 했고, 30세가 되어야만 가정을 꾸리는 등 개인적 삶이 가능했다. 하지만 그 후에도 전쟁이 일어나면 군대에 들어가 전쟁에 참여해야 하는 징병의 의무를 60세까지 수행해야 했다.

한마디로 스파르타인들은 7세에서 60세에 이르는 53년 동안이나 군대에서 살거나 수시로 전쟁에 불려갔다. 오늘날, 군대가 사회를 지배하는 선군정치를 펼친다고 비난받는 북한조차 군역의 의무가 10년 정도인 걸 보면, 고대국가인 스파르타가 현대국가인 북한보다 더 지독한 군국주의 사회였다고 할 수 있다.

스파르타인들이 7세부터 받았던 아고게는 현대 기준으로 본다면 영락

없는 아동학대다. 아고게에 입학한 아이들의 첫 번째 관문은 옷을 벗은 채 알몸으로 당하는 채찍질이었다. 스파르타인들은 매를 많이 맞을수록 더 강해진다는 잘못된 믿음을 가지고 있었는데, 그로 인해 스파르타 아이들은 채찍질을 당해도 비명을 지르면 안 되었다. 하지만 그 과정에서 죽은 아이도 많았다. 채찍질을 견뎌내고 아고게에 들어가도 고통스러운 과정은 전혀 나아지지 않았다. 여름이건 겨울이건 헐렁한 겉옷 한 벌로 견디며, 아무리 추워도 절대로 따뜻한 물로 목욕을 해서는 안 되고 얼음처럼 차가운 물로 씻어야 했다. 심지어 잠을 잘 때도 거친 쐐기풀을 넣은 이불을 덮었는데, 용감한 군인이 되기 위해서는 깊이 잠들지 말아야 한다는 이유에서였다.

이런 가혹한 육체적 학대 외에 다른 교육과정으로는 글자를 읽고 쓰며 숫자를 계산하는 것과 여럿이 노래를 부르는 합창이 있었다. 그러나 이런 교육들은 기초적인 수준이었고, 스파르타 교육의 핵심은 어디까지나 명령에 절대복종하는 용감한 군인을 만드는 군사훈련이었다.

이런 아고게는 20세가 되어야 끝났다. 하지만 아고게를 끝마치기 위해서는 헤일로타이들이 사는 마을에 숨어 들어가 최소한 한 명을 아무도 모르게 죽이고 무사히 돌아와야 했다. 스파르타인들은 자신들보다 20배나 인구가 많으면서 학대와 착취에 시달려 증오심을 품고 있던 헤일로타이들이 반란을 일으킬까 봐 두려워했고, 따라서 반란을 일으킬 우려가 있다고 판단되는 헤일로타이를 미리 제거하는 암살을 중요시했다.

아고게를 끝내면 더 이상 가혹한 교육은 받지 않지만, 여전히 병영에서 다른 교육생들과 함께 살아야 했다. 물론 20세가 되면 결혼을 할 수 있었다. 스파르타인들은 우수한 군인을 만들기 위해서는 출산도 중요하다고 여겨, 결혼하지 않는 독신자들을 비웃음 대상으로 삼거나 세금을 더 많이 물리는 식으로 압박했다. 그러나 결혼하더라도 계속 병영생활을 하다가 30세가 되어야 비로소 가정을 꾸리는 개인적 삶이 허용되었다.

병영에서 지내는 동안에는 식사도 반드시 조원들과 함께해야만 했다. 그리고 음식은 돼지의 피를 굳힌 선지를 넣고 끓인 일명 '검은 죽melas zomos' 하나뿐이었다. 이 검은 죽의 맛이 어찌나 형편없었던지, 어느 아테네인은 이 검은 죽을 먹고는 "아테네의 돼지가 먹는 것도 이것보다는 낫겠다!"라는 혹평을 했다고 한다. 물론 스파르타인들은 음식이 맛없다고 투정을 부려서는 안 되고, 주는 대로 감사하게 받아먹어야 했다.

스파르타 여자들은 남자들처럼 병영에 갇혀 지내지는 않았지만, 창던지기와 방패 다루기 같은 군사훈련을 의무적으로 받았다. 남자들이 원정 나갔을 때 헤일로타이들이 반란을 일으키면 진압하기 위해서였다. 반면 아테네 같은 다른 도시국가들은 여자들에게 군사훈련을 시키는 일이 없었다. 이를 두고 "스파르타에서는 여자들의 인권이 높았다!"며 칭찬하는 의견도 있으나, 그보다는 여자들도 군인으로 동원할 정도로 스파르타는 철저한 군국주의 사회였다고 보아야 옳을 것이다. 오늘날 북한에서 여자들한테도 의무적으로 군사훈련을 시킨다고 해서 북한 여성들의 인권이 높다고 말할 수는 없지 않은가.

그렇다면 여기서 한 가지 의문이 생긴다. 과연 스파르타인들은 이렇게 가혹하고 억압적인 삶이 행복했을까? 이 물음에 "그렇다"라거나 "아니다"라고 답하긴 어렵다.

다만 추측할 수 있는 내용이 있긴 하다. 스파르타에서는 어떠한 이유든 시민들의 해외여행을 엄격히 금지했다. 그리고 해외로 군대를 보내는 것도 가급적 꺼렸으며, 행여 해외 원정을 나가더라도 임무를 마치면 곧바로 돌아오도록 지시했다. 그 이유는 무엇이었을까? 혹시 다른 나라 사람들의 삶에 대해 자세히 아는 것을 막으려고 했던 것은 아닐까? 시민들이 다른 나라로 도망쳐버릴지도 모른다는 두려움 때문 아니었을까?

실제로 로마 시대 그리스 작가 플루타르코스는 저서《플루타르코스 영웅전》에서 "스파르타의 장군들은 해외 원정을 다녀오면 외국의 생활풍습에 물들어 자기 나라의 풍습을 잊어버리거나 업신여겼다"라고 적었다. 이는 외국과 접촉해 그 나라의 삶을 알게 되면, 스파르타의 문화가 지나치게 폐쇄적이고 억압적이라는 사실을 깨닫고 환멸을 느끼는 이가 많았다는 의미일 것이다.

스파르타의 정치체제

시민들에게 가혹한 군국주의 문화를 강요한 것과 달리, 스파르타의 정치체제는 권력의 집중을 방지하고 서로 견제하도록 운영되었다. 우선 스파르타에는 국가 최고지도자인 왕이 있었다. 하지만 다른 나라들과 달리, 두 명의 왕을 선출했다. 그 이유는 명확하지 않다. 따라서 스파르타가 애초에 서로 다른 두 집단이 연합해서 세운 나라이기 때문이라는 주장과 권력을 견제하기 위해서라는 주장, 그리고 왕이 전쟁터에 나갔다가 전사해

현재 그리스 스파르타시를 흐르고 있는 유로타스강의 사진. 옛날 아고게 교육을 받던 스파르타 시민들은 한겨울에도 이 강에 들어가서 목욕을 했다.

국정이 마비될 것을 우려해서라는 주장이 팽팽하게 맞서고 있다.

왕들은 생각보다 권력이 강하지 못했다. 그들의 모든 행동은 '에포로이 ephoroi'라는 5명의 감독관에게 감시를 받았고, 행여 왕이 스파르타의 법을 어긴다고 판단되면, 감독관들은 즉각 왕을 고발한 후 재판에 넘겨 왕위에서 쫓아낼 수도 있었다. 이 감독관들은 매년 시민들이 투표로 선출했는데, 같은 사람이 오랫동안 감독관 자리에 있으면, 자칫 부정부패가 생길 수도 있기 때문이었다.

아울러 60세 넘은 노인들로 구성된 게루시아gerousia라는 원로원이 있었다. 이 원로원에 참여할 수 있는 사람은 귀족으로 제한되었다. 60세가 넘으면 병역의 의무가 없어지기 때문에 원로 취급을 받았다.

물론 일반 시민도 얼마든지 정치에 참여할 수 있었다. 귀족들로 구성된 원로원 이외에도 에클레시아ecclesia라는 민회가 운영되었다. 페리오이코이와 헤일로타이를 제외한 모든 스파르타 시민이 이 민회에 참여해 국가정책에 관한 찬성과 반대 의견을 자유롭게 발언하고, 그 내용을 왕에게 전달할 수 있었다.

그러니까 스파르타는 왕정과 귀족정, 민주정이라는 세 가지 정치체제가 뒤섞인 기묘한 형태로 운영되었던 것이다. 이렇게 되면 왕족과 귀족, 시민이 서로 견제해, 권력의 집중과 부패를 막는 데 효과적이었다. 그래서 아테네의 철학자 이소크라테스는 "스파르타의 정치는 매우 훌륭하다. 그들이야말로 아테네보다 더욱 민주적이다"라고 칭찬하기도 했다. 스파르타가 페리오이코이와 헤일로타이 같은 하층 계급을 혹독하게 억압하고 차별하는 정책을 펴왔음에도 오랫동안 존속할 수 있었던 이유는 정치권력의 집중을 방지하고 서로 견제하게 만드는 혼합 체제를 잘 운영했기 때문이다.

세계 최강대국
페르시아를 물리치다

오늘날까지 스파르타라는 이름이 수많은 사람의 기억에 남은 이유는 페르시아와 그리스가 싸운 페르시아 전쟁에서 스파르타가 보였던 활약상 때문이다. 당시 세계 최강대국이던 페르시아를 조그만 도시국가에 불과한 스파르타가 정면으로 맞서 막아내고 쫓아냈던 것이다.

기원전 491년, 페르시아 제국의 황제 다리우스 1세는 그리스의 모든 도시국가에 사신을 보내 "페르시아에 복종하는 상징적인 의미로 흙과 물을 바쳐라"라고 요구했다. 그러나 이에 맞서 스파르타인들은 페르시아 사신을 우물에 빠뜨려 죽이고는 "그 안에도 흙과 물이 많으니, 마음껏 가져가라!"며 조롱을 퍼부었다. 다른 도시국가였던 아테네 역시 페르시아 사신의 요구를 거부하고 그를 처형시켜버렸다.

이 사실이 알려지자 분노한 다리우스 1세는 군대를 보내 아테네와 스파르타를 응징하려 했으나, 유명한 마라톤 전투에서 페르시아 군대가 아테네 군대에 패배하는 바람에 실패했다. 그로부터 4년 후, 다리우스 1세는 아들인 크세르크세스 1세에게 "그리스인들에게 당한 치욕을 반드시 복수하거라"라는 유언을 남기고 죽었다. 페르시아의 새로운 황제가 된 크세르크세스 1세는 아버지의 유언에 따라 페르시아 전국에서 사람과 물자를 징발해 그리스를 정복할 대군을 편성했다.

그런데 크세르크세스 1세가 한창 전쟁 준비 중일 때, 스파르타에서 두 명의 사신이 찾아왔다. 그들은 크세르크세스 1세를 만나 "페르시아 사신을 죽인 건 우리들이니, 우리의 목숨을 가져가고 스파르타를 공격하지 말아주십시오"라고 부탁했다. 이 일화에서 스파르타도 내심 페르시아와의 전쟁을 피하고 싶어 했음을 알 수 있다. 제아무리 용맹한 스파르타라도, 페르시아는 그들보다 인구와 국력에서 훨씬 우위에 있는 세계 최강대국이었다. 하지만 크세르크세스 1세는 "그럴 필요 없다"며 스파르타 사신들의 부탁을 거절하고 돌려보냈다. 이는 크세르크세스 1세가 자비로워서가 아니라 페르시아 사신이 죽은 일을 핑계로 그리스 전체를 정복하려는데, 만약 스파르타 사신들을 죽인다면 전쟁의 명분이 사라져버리기 때문이었다.

그렇게 해서 기원전 480년, 크세르크세스 1세는 직접 페르시아의 모든 국력을 동원해 편성한 대군을 이끌고 그리스 원정에 올랐다. 이 대군의 규모에 대해 고대 그리스의 역사가 헤로도토스는 무려 500만 명이 넘는다고 썼으나, 오늘날 역사가들은 지나치게 과장된 것이라고 여기며 10만~20만 명 정도로 추정한다. 그렇다고 하더라도 그리스 전체 군대보다 훨씬 많은 수였다.

페르시아가 그리스를 침공해 이른바 '페르시아 전쟁'이 일어나자, 스파르타는 페르시아에 맞서 싸워 후세 역사에 불멸의 전설을 남겼다. 국왕 레오니다스의 지휘 아래 스파르타는 크세르크세스 1세가 직접 이끄는 페르시아 대군을 맞아 테르모필레 협곡에서 다른 그리스 도시국가들의 군대와 협공을 벌여 결사항전했다.

이 테르모필레 전투는 비록 레오니다스를 포함한 그리스 육군이 전멸함으로써 패배로 끝났으나, 그 속사정을 알고 보면 결코 일방적인 패배라고 깎아내릴 수 없다. 스파르타가 벌인 결사항전으로 인해, 승리한 페르시아도 2만 명에 이르는 전사자가 나왔던 것이다. 당시 정황을 기록한 헤로도토스의 책 《역사》에 따르면, 예상보다 훨씬 많은 피해로 크세르크세스 1세는 크게 분노해 전사한 레오니다스의 목을 잘라서 말뚝에 걸라는 명령을 내렸다고 한다. 아마도 스파르타가 세계를 지배하던 초강대국

©Fkerasar

테르모필레 전투가 벌어졌던 테르모필레 협곡.
2500년 전 이곳에서 그리스의 운명이 걸린
대격전이 벌어졌다.

페르시아에 큰 피해를 준 것에 대해 충격과 두려움을 느꼈기 때문으로 보인다.

기원전 479년 플라타이아이 싸움에서 스파르타의 장군 파우사니아스가 지휘하던 그리스 육군이 페르시아군을 격파함으로써, 페르시아는 끝내 그리스 정복의 야망을 포기하고 물러나야만 했다. 아이러니하게도 잔혹한 군국주의 국가인 스파르타가 페르시아로부터 그리스의 자유를 지켜낸 셈이다.

그리스의 패권국이
몰락하기까지

페르시아가 물러간 이후, 스파르타는 그리스 전체의 주도권을 놓고 아테네와 대결을 벌이는 적대관계로 돌입했다. 이 과정에서 벌어진 두 나라의 무력충돌을 후세 역사에서는 '펠로폰네소스 전쟁'이라고 부른다. 펠로폰네소스 전쟁을 요약하면, 동부 지중해를 지배하는 '제국'으로 성장한 아테네와 이를 견제하려는 스파르타가 충돌한 사건이었다.

전쟁 초기에는 강력한 해군을 가진 아테네가 유리했다. 당시 아테네의 해군은 200척의 군함에 3만 명의 병력을 운용할 수 있었다. 이는 다른 그리스 도시국가 전체의 해군 규모보다 더 컸다(해군 규모에서 우위를 지키는 이런 정책을 훗날 영국과 미국 등 서구 열강들이 그대로 따라 한다). 반면 스파르타는 그리스 최강의 육군을 가졌으나, 해군이 미약해 해군력으로 보호받는 아테네를 공격하기가 굉장히 어려웠다.

그러나 전쟁이 중반에 접어들자 스파르타는 뜻하지 않은 외부의 동맹국을 만나 전세를 역전시켰다. 그 나라는 놀랍게도 페르시아였다. 페르시아 전쟁에서 패배한 이후, 페르시아는 그리스에 대한 정책을 바꾸었다. 무력으로 직접 그리스를 공격하기보다는 그리스 각 도시국가에 많은 뇌물을 주는 대가로 다른 도시국가를 공격하게 하여 서로 견제하게 만드는 이른바 이이제이以夷制夷 전략을 쓰기로 한 것이다. 스파르타와 페르시아는 그렇게 공동의 적인 아테네를 견제하기 위해 손을 잡았다. 그런 면에서 볼 때, 스파르타는 현재의 국익을 위해서는 과거의 적과도 손잡는 철저한 실용주의 전략을 펼쳤다고 할 수 있다.

페르시아로부터 막대한 자금을 받은 스파르타는 그 돈으로 숙련된 뱃사람을 모집하고 전함을 만들어 해군력을 키웠고, 마침내 아테네 해군을 쳐부수고 그리스의 주도권을 잡는 데 성공했다. 이때 맹활약한 스파르타의 걸출한 영웅이 두 명 있었는데, 스파르타 해군을 지휘해 아테네 해군을 쳐부순 장군 리산드로스Lysandros와 해외 원정을 성공적으로 치른 국왕 아게실라오스 2세Agesilaos II(BC 444~BC 360)였다.

특히 아게실라오스 2세는 기원전 404년 펠로폰네소스 전쟁에서 아테네를 제압하는 데 성공하자, 목표를 페르시아로 바꾸어 자신이 직접 군대를 이끌고 원정에 나서기도 했다(BC 396). 당시 페르시아는 제위를 둘러싼 내부의 권력 다툼이 치열했다. 그렇다 보니 강력한 스파르타 군대에 거듭 패배했고, 페르시아의 영토인 소아시아(지금의 터키) 지역 서부 도시들은 순식간에 스파르타에 점령되었다. 다급해진 페르시아는 서둘러 그리스 본토의 다른 도시국가들에 막대한 뇌물을 주고 그들이 스파르타 본국을 공격하게 하여 스파르타 원정군을 그리스 본토로 철수시키는 수법으로 겨우 위기를 모면했다(BC 394).

아게실라오스 2세의 집권 기간은 스파르타 역사상 최고 전성기로 평가받는다. 그러나 얼마 후, 스파르타는 쇠퇴의 길로 접어든다. 스파르타가 아테네를 누르고 그리스의 패권을 장악하자, 자연히 스파르타에는 외부로부터 막대한 돈이 흘러들어왔다. 이 과정에서 몇몇 대귀족은 크나큰 부를 얻고 땅을 마구 사들여 재산을 불렸으나, 그럴 기회를 잡지 못한 많은 시민은 대귀족들에게 땅을 헐값에 팔아넘기는 등 가난에 시달렸다. 이렇게 빈부 격차가 점점 커지면서, 사회에 대한 불만과 갈등도 하나둘 생겨났다.

또 다른 문제는 스파르타 주변 다른 도시국가들의 군사기술이 점차 향상되면서 스파르타와의 군사력 차이가 줄어들었다는 것이다. 대표적인 예로 스파르타의 오랜 적국인 테베는 스파르타 육군을 모방한 특수부대인 신성부대를 만들어 군사력을 키웠고, 여기에 뛰어난 장군 에파미논다스Epaminondas(BC 410~BC 362)가 좌익에 전력을 집중시켜 적을 포위 섬멸하는 사선대형 전술을 펼치며 스파르타를 위협했다.

스파르타는 이와 같이 막강해지는 테베를 경계하다가 마침내 기원전 371년, 레우크트라에서 대대적인 전투를 벌였다. 이 전투에서 스파르타는 무려 4000명이나 되는 전사자를 냈는데, 그중에 국왕인 클레옴브로투스 1세도 포함되었을 만큼, 치욕적인 참패를 당했다. 에파미논다스의 사선대형 전술에 스파르타는 꼼짝없이 당하고 말았던 것이다.

레우크트라 전투 이후 테베는 혹시 스파르타가 다시 부흥할 것을 우려해 그동안 강압적으로 착취해온 헤일로타이를 독립시키라고 강요했고, 패배한 스파르타는 어쩔 수 없이 이를 따랐다. 그 결과, 인구의 절대다수를 차지하던 헤일로타이가 독립하자 스파르타는 인구가 크게 줄어 군사력과 국력에 치명적인 타격을 입었다.

궁지에 몰린 스파르타는 필사적으로 살길을 모색해, 아직 남아 있던 스파르타 군대의 유명세를 내세워 이집트 등에 용병으로 보내고 그 대가로 식량 같은 물자와 돈을 받아 국가재정을 충당했다. 실제로 스파르타 용병들은 상당히 잘 싸웠는데, 아게실라오스는 이집트로 군대를 이끌고 떠나 10만 명의 반란군을 진압하는 데 큰 공을 세워 230탤런트의 보상을 받았고, 1차 포에니 전쟁에서 스파르타 출신 장군 크산티푸스는 카르타고군을 지휘해 로마군을 쳐부수었다.

하지만 왕들이 아무리 노력해도 기우는 국력을 만회할 수는 없었다. 무엇보다 스파르타는 빈부 격차의 증가와 인구 감소라는 사회문제를 해결하는 데 실패했다. 한 예로 기원전 400년에서 서기 250년 사이 스파르타의 일반 시민은 3000명에서 700명으로 감소했는데, 그중 땅을 가진 시민은 고작 100명에 불과했다. 이 100명을 제외한 나머지 사람들은 집이나 재산이 없는 극빈층이었고, 자연히 가정을 꾸려 아이를 낳을 형편도 못되었다. 아울러 북쪽의 신흥 강대국인 마케도니아가 점차 세력을 뻗어왔다. 스파르타는 기원전 331년 메갈로폴리스 전투에서 마케도니아와 맞섰지만, 참패를 당하고 말았다. 이 패배로 스파르타는 더 이상 강대국이 아니라, 외세의 입김을 두려워하는 약소국으로 전락하고 말았다.

이후 기원전 195년에 스파르타는 마케도니아 대신 지중해 세계의 새로운 패권국으로 떠오른 로마의 입김에 시달린 끝에, 그때까지 거느리고 있던 페리오이코이들을 독립시켜주었다. 그 결과 가뜩이나 부족하던 스파르타의 인구는 더욱 줄어들었고, 기원전 146년에 이르러서는 로마가 스파르타를 굴복시켰다. 이 무렵 스파르타는 극심한 인구 감소로 국력이 약화돼 도저히 로마에 맞서 싸울 형편이 못 되었다. 그런데 다행히 스파르타가 로마에 적대하지 않아 도시가 파괴되거나 약탈되는 것을 면했고, 로마인들은 스파르타의 역사에 경의를 표하는 뜻에서 세금을 면제해주고 자치 혜택을 주었다.

로마의 지배를 받던 시절 스파르타는, 군사훈련 과정이었던 아고게를 일종의 관광유산으로 활용해, 로마인들로부터 얻은 관광 수입으로 살아가는 초라한 지역으로 전락했다. 이렇다 보니 과거처럼 대제국 페르시아를 무찔렀던 강력한 군대는 꿈도 꾸지 못하는 상황이었다. 그리고 서기 251년, 지금의 우크라이나에서 쳐들어온 게르만 계통의 고트족이 스파르타를 공격하는 사건이 발생했다. 이때 스파르타는 아무런 힘도 없는 나약한 마을에 불과했다.

스파르타의 굴욕은 그 후에도 계속 이어져, 396년에는 고트족의 일파인 서고트족의 공격을 받았고, 7세기에는 북쪽의 발칸반도에서 슬라브족이 대규모로 쳐들어와 주민 대부분이 죽거나 도망쳐 스파르타는 사람의 흔적이 없는 폐허로 변해버렸다. 현대 그리스에 있는 도시 스파르타는 로마와 동로마, 오스만 제국 시절을 거쳐 그리스가 오스만 제국으로부터 독립한 이후인 19세기에 재건되었다.

강인함과 검소함, 절제와 복종

일본인 작가 시오노 나나미가 쓴 《로마인 이야기》 같은 대중 역사책에서는 스파르타를 찬란한 문화를 일군 아테네와 비교하며 "스파르타가 후세의 역사에 미친 영향은 전혀(혹은 거의) 없다"고 혹평하기 일쑤다. 그러나 그런 주장은 지나치게 단순한 생각이다. 실제로 스파르타는 후세 역사에 아테네 못지않게 많은 영향을 주었다.

강인함과 검소함, 절제와 복종을 숭상했던 스파르타식 문화는 같은 시대의 그리스인들과 후세의 로마인들 및 서양인들에게 깊은 인상을 남겼다. 페르시아 전쟁 때 스파르타와 함께 활약한 아테네의 장군 키몬은 스파르타를 동경해 자기 아들의 이름을 스파르타를 뜻하는 별명 '라케다이몬'에서 따온 '라케다이모니우스'라고 지었으며, 스파르타에서 헤일로타이들의 반란이 일어나자 아테네 시민들에게 "스파르타는 아테네와 함께 그리스를 떠받치는 동반자입니다"라고 연설하고 반란을 진압할 군대를 보내기까지 했다.

또한 로마인들은 권력을 서로 견제하기 위해 두 명의 왕이 다스리는 스파르타의 정치체제를 도입해 두 명의 집정관에게 국정 운영을 맡겼고, 훗날 공화정을 폐지하고 제정을 도입한 뒤에도 스파르타 방식으로 황제와 부황제가 동시에 국정을 운영하는 체제를 계속 유지했다.

아울러 근대 들어 미국과 유럽 등 서구 열강들도 '국가의 명령에 절대 복종하는 충성스러운 군인을 길러내는' 스파르타식 교육 문화를 받아들였는데, 의무적인 공교육과 사관학교가 바로 그런 것이었다.

사산 왕조 페르시아

사라진
왕중왕의 나라

성경에서는 예수를 '왕중왕'이라고 부른다. 이 말은 페르시아를 다스렸던 아케메네스 왕조의 군주를 부르던 '샤한샤'에서 유래한다. 페르시아어로 '샤'는 왕이고, '샤한샤'는 곧 왕들의 왕이니, 이는 '황제'라는 거창한 뜻을 담은 말이었다.

　오늘날 이란은 미국의 경제제재로 인해 가난에 시달리지만, 2300년 전에는 전 세계에서 으뜸가는 풍요를 누리던 페르시아 제국의 땅이었다. 그러나 페르시아 제국은 기원전 331년 알렉산드로스 3세의 그리스 연합군에 의해 멸망한 뒤, 그리스인들의 셀레우코스 왕조와 다하족이 세운 파르티아 왕조 같은 이민족의 지배를 받았다. 세계 최강대국의 후손이라는 자부심이 강했던 페르시아인들로선 참기 어려운 굴욕이었을 것이다.

페르시아 제국의
부흥을 외치다

페르시아에 처음 들어선 페르시아 제국, 즉 아케메네스 왕조가 멸망하고 557년이 흐른 서기 224년 아르다시르 1세Ardashir I(180~241)가 페르시아 제국의 부흥을 외치고 나왔다. 그는 본래 지금의 이란 남부 파르스 지역에서 물의 여신인 아나히타를 섬기던 제사장 집안 출신이었다.

당시 페르시아 지역은 파르티아의 지배를 받고 있었다. 파르티아는 서쪽에서 쳐들어와 페르시아를 지배했던 셀레우코스 왕조 같은 그리스인들에 비하면 페르시아인들과 가까웠지만, 그래도 엄연히 이방인이었다. 그런 이유로 페르시아인들은 파르티아 왕조를 은근히 못마땅하게 여겼고, 아르다시르 1세의 할아버지인 사산도 "나에게 힘이 있다면, 파르티아의 흔적을 모두 없애버리겠다"고 할 정도였다.

파르티아 왕조는 208년부터 내부 권력 투쟁과 로마의 침입이라는 두 가지 재난에 시달리며 힘이 쇠약해지고 있었다. 영리한 아르다시르 1세는 이러한 흐름을 정확히 꿰뚫어 보았고, 지금이야말로 무기를 들고 일어나 파르티아를 무너뜨릴 때라고 여겼다.

파르티아의 마지막 왕인 아르타바누스

©Classical Numismatic Group

◆

금화에 새겨진 아르다시르 1세의 초상. 그는 500년 동안 페르시아를 지배하던 파르티아를 무너뜨리고, 다시 페르시아인의 나라인 사산 왕조를 세웠다.

4세는 아르다시르 1세가 일으킨 반란을 진압하기 위해 직접 군대를 이끌고 호르메즈다간 평원에 나와 전투를 벌였으나 전사하고 그의 군대도 대패를 당했다. 그리고 2년이 지난 226년, 수도 크테시폰이 아르다시르 1세에게 함락당해 파르티아 왕조는 멸망하고 말았다. 아르다시르 1세는 크테시폰을 자신이 세운 사산 왕조의 수도로 삼았고, 그로부터 651년까지 사산 왕조는 페르시아를 지배했다.

사산 왕조가 들어서자 파르티아의 왕가는 아르메니아로 달아나서 망명정권을 세웠으나 얼마 못 가 아르메니아에 동화되고 말았다. 다만 카렌Karen과 수렌Suren, 에스파보드Espahbod 같은 파르티아의 귀족 가문들은 페르시아에 남아 사산 왕조에 봉사했다. 파르티아 왕조가 쉽게 무너진 것은 그들이 아르다시르 1세와 내통했기 때문이다. 그래서 아르다시르 1세는 그들의 공로를 고려해 땅과 재산을 그대로 가질 수 있도록 허락했다.

아르다시르 1세는 자신의 칭호를 샤한샤라고 하며 아케메네스 왕조의 후계자임을 선언했다. 그리고 230년에는 로마에 사신을 보내 "현재 로마의 영토인 서아시아(오늘날의 터키와 시리아 지역)는 옛날 내 조상들이 다스렸던 땅이니, 로마는 그곳을 나에게 넘겨주시오"라는 대담한 요구를 했다. 로마 황제 알렉산데르 세베루스가 그 요구를 거부하자 2년 뒤 서아시아의 영유권을 주장하며 로마와 전쟁을 벌였다. 당시 아르다시르 1세는 12만 명의 기병과 700마리의 전투용 코끼리 및 1800대의 전차라는 실로 어마어마한 병력을 동원했다. 이 전쟁에서 누가 이겼는지는 불확실하다. 로마인과 페르시아인 모두 자신들이 이겼다고 주장했기 때문이다. 그러나 건국한 지 6년밖에 안 되는 신흥 왕조가 로마 제국

샤푸르 1세가 로마 황제 발레리아누스를 사로잡은 모습을 새긴
부조. 로마에는 굴욕이었지만, 사산 왕조에는 위대한 승리였다.

을 상대로 대군을 동원해 전면전을 벌였다는 사실에서 사산 왕조의 국
력이 매우 강성했음을 알 수 있다.

241년에 아르다시르 1세가 죽고, 그의 아들 샤푸르 1세Shapur I(?~272)
가 사산 왕조의 두 번째 황제가 되었다. 샤푸르 1세는 아버지보다 더 위대

한 군주였다. 그는 260년, 시리아 동부 도시인 에데사에서 로마 제국과 전쟁을 벌여 로마 황제 발레리아누스Valerianus(재위 253~260)를 사로잡는 놀라운 업적을 세웠다. 로마 역사상, 적에게 포로로 잡힌 황제는 발레리아누스가 처음이었다. 그리고 이 사건의 충격으로 로마 제국은 서쪽의 갈리아 제국과 중앙의 로마 제국, 동쪽의 팔미라 제국으로 분열되었다. 샤푸르 1세가 거둔 성과가 실로 대단했음을 보여주는 증거다(세 개로 나뉘었던 로마 제국을 274년에 로마 황제 아우렐리아누스Aurelianus가 다시 통일했다).

한편 샤푸르 1세는 발레리아누스와 함께 포로로 잡은 로마군 병사들을 동원해 후제스탄 지역 카룬Karun강에 케아사르Ceasar댐을, 수사 지역에 군데샤푸르Gundeshapur라는 도시를 짓게 했다. 군데샤푸르는 사산 왕조에 포로가 된 로마인들의 거주지로 쓰였다. 그리고 케아사르 댐 유적은 오늘날까지 남아 있다.

사산 왕조의 종교들

아케메네스 왕조의 후계자를 자처했던 만큼, 사산 왕조는 아케메네스 왕조에서 믿었던 종교인 조로아스터교를 크게 우대해 아예 국교로 삼았다. 조로아스터교는 기원전 7세기 무렵에 살았다고 알려진 현자 조로아스터가 자신의 이름을 따서 만든 종교다. 이 조로아스터교는 선한 신인 아후라 마즈다Ahura Mazda와 사악한 신인 아리만Ahriman으로 대표되는 이원론 및 사오시안스라는 구세주의 개념과 최후의 심판, 천국과 지옥 같은 교리를 담고 있다(그래서 조로아스터교는 유대교와 기독교에도 큰 영향을 끼쳤다).

아울러 조로아스터교에서는 물과 흙과 불은 신성한 것이라고 가르쳤으며, 사람이 죽으면 그 시체를 물에 빠뜨리거나 땅에 묻거나 불에 태우지 못하도록 했다. 대신 사람의 사체는 '침묵의 탑'이라 불리는 높은 탑 위에 올려놓아 독수리와 까마귀 등 새들이 살점을 뜯어먹게 한 뒤, 뼈만 추려서 항아리나 관에 넣어 보관했다. 그 밖에 '거짓'은 악한 신인 아리만이 만들어낸 모든 죄악의 근원이라고 여겼으며, 신도들에게 절대 거짓말을 하지 말도록 가르쳤다.

조로아스터교의 사제는 '마구스magus(복수형은 마기magi)'라고 불렸는데, 영어의 마법을 뜻하는 단어 매직magic은 여기서 유래된 것이다. 예수가 태어나자 황금과 몰약과 유향을 바치러 온 동방박사 세 사람도 마기였다. 마구스는 파충류나 해충을 사악한 신 아리만이 인간을 괴롭히기 위해 만들었다고 여겨 마구 죽였다. 또한 마구스는 결혼해 아이를 갖는 일이 허락되었다. 조로아스터교에서는 성욕이 인간의 자연스러운 본능이며, 그런 성욕을 억누르는 것보다는 결혼과 출산을 통해 해소하는 것이 더 적합하다고 여겼기 때문이다.

한편 조로아스터교에서 갈라져 나온 마니교와 마즈다크교, 미트라교라는 신흥 종교도 있었다. 마니교는 파르티아 왕조 시절 현자인 마니Mani(216~274, 276?)가 만든 것으로, 조로아스터교의 교리에 기독교와 불교의 교리를 섞은 것이었다. 마니교는 철저한 불살생과 비폭력을 내세우고, 사람이 착하게 살다 죽으면 사람으로 다시 태어나지만 그렇지 않으면 동물로 태어나는 환생을 겪는다고 믿었으며, 세상에 종말이 왔을 때 천국에서

＋SCS BALTHASSAR ＋SCS MELCHIOR ＋SCS CASPAR

©Nina-no

동로마 제국 시절에 제작된 동방박사들의 모자이크 벽화.
그들이 바로 조로아스터교의 성직자인 마기였다. (이탈리아 라벤나Ravenna
성 아폴리나레 누오보 성당Basilica of Saint Apollinare Nuovo).

예수가 내려와 사악한 사람은 지옥으로 보내고 착한 사람은 천국으로 데려가 함께 영원히 행복하게 산다는 교리를 갖고 있었다.

그러나 기득권을 누리고 있던 조로아스터교는 마니교를 사이비 종교라고 여겨, 최고위 성직자인 카르티르Kartir를 중심으로 끊임없이 모함해, 결국 샤푸르 1세의 후계자인 바흐람 1세를 통해 마니를 붙잡아 처형하도록 했다. 그 후부터 사산 왕조는 마니교를 잔인하게 탄압했으며, 핍박을 견디다 못한 마니교 신자들은 서쪽의 유럽이나 동쪽의 아시아 등지로 달아났다.

마즈다크교Mazdakism는 5세기 무렵 등장했다. 당시 사산 왕조는 동북쪽 에프탈족과의 전쟁에서 패배해 막대한 배상금을 지불해야 했는데, 그 돈을 마련하기 위해 농민들의 세금을 크게 올려 큰 불만을 샀다. 거기에 흉년이 계속되고 많은 사람이 굶주리는 상황에서 귀족들의 착취가 날로 심해져 사회가 매우 불안하고 혼란스러웠다. 이런 가운데 나타난 마즈다크교는 "탐욕스러운 귀족 같은 부유층들의 재산을 가난한 사람들에게 나눠줘야 지금의 위기가 끝난다!"고 주장해, 귀족의 착취에 시달리던 수많은 농민으로부터 열렬한 지지를 얻었다. 494년부터 495년까지 마즈다크교 세력은 페르시아 영토 내에서 상당한 위력을 떨쳤다.

그러나 마즈다크교가 자신들의 재산을 빼앗으려 한다고 생각한 귀족들은 이 종교를 부정적으로 여겼다. 아울러 평등한 사회를 만들어야 한다고 주장한 마즈다크교의 교리는 엄격한 신분질서를 정당화하는 조로아스터교의 교리를 정면으로 거스르는 것이어서 조로아스터교의 커다란 반발을 샀다. 그리하여 귀족들과 조로아스터교도들은 서로 힘을 합쳐 황실에 '사회질서를 어지럽히는 마즈다크교를 엄히 다스려야 한다'고 강한 압력을 넣었다. 결국 카바드 1세의 후계자인 호스로 1세는 조로아스터교의 주장에 넘어가 528년부터 529년에 걸쳐 마즈다크교 신도들을 무자비하게 학살해 마즈다크교는 절멸하고 말았다.

반면 미트라교Mithra는 조로아스터교의 탄압을 받지 않았다. 미트라교에서 섬기는 미트라는 이미 조로아스터교에서도 태양의 신으로 여겨 숭배하고

마니교의 창시자인 마니의 초상화. 마니교는 한때 큰 호응을 얻었으나, 기존 종교들의 탄압으로 인해 타격을 받고 음지로 숨어들었다.

있었다. 아울러 미트라교는 조로아스터교의 기득권을 침해하거나 교리에 어긋난 일을 하지 않아, 두 종교는 평화롭게 공존했다.

한편, 페르시아에는 조로아스터교 계통이 아닌, 다른 종교도 있었다. 서기 1세기에 성립된 기독교는 페르시아 영토에도 들어와 사산 왕조 시절에는 적지 않은 수의 신도를 거느리고 있었다. 초창기의 기독교도들은 페르시아에서 평화롭게 살아갔다. 그러나 313년 2월, 로마의 콘스탄티누스 황제가 기독교를 정식 종교로 승인하자, 사산 왕조와 조로아스터교는 로마와 내통한다는 이유로 기독교도들을 박해하기 시작했다. 사산 왕조의

10번째 황제인 샤푸르 2세(309~379)는 기독교도 1만6000명을 죽였고, 17번째 황제인 야즈데게르드 2세Yazdegerd II(재위 438~457)도 446년에 지금의 이라크 바그다드 북쪽의 카르카에서 15만 명이나 되는 기독교도를 처형했다.

박해에 시달리던 기독교도들은 페르시아를 떠나 동쪽의 중앙아시아와 중국으로 달아나거나, 497년 크테시폰에서 독자적인 공의회를 열고 로마 교회로부터 독립한 뒤, 로마와 아무 상관도 없고 로마의 첩자도 아니라고 선언해 더 이상 박해를 받지 않고 살아남을 수 있었다. 그러나 기독교에 대한 박해가 워낙 극심해 그 이후로도 페르시아 지역에서 기독교의 교세는 미약했다.

엄격한 신분제도

사산 왕조에도 어두운 구석은 있었다. 그것은 백성들을 왕족과 귀족, 성직자(1등급), 관리(2등급), 자유민과 수공업자(3등급), 노예(4등급)로 구분해 차별했다는 점이다. 사산 왕조의 지배층은 황실인 사산 가문을 비롯해 귀족 가문과 조로아스터교의 성직자들이었다. 황제는 오직 사산 가문에서만 나왔고, 황족이 아닌 다른 사람이 황제가 되는 일을 크나큰 죄악으로 여겼다. 하지만 사산 왕조 이전부터 각 지역의 땅과 재산, 노예를 가진 대귀족들의 힘이 워낙 막강해 황실도 이들을 함부로 대할 수 없었다.

사산 왕조에서 강한 힘을 가진 귀족 가문은 앞에서 열거한 카렌과 수

렌, 에스파보드 가문 이외에 에스판디아르Espandiar, 메란Mehran, 지크Zik 가문 등 총 6개였다. 이들은 황제의 신하이므로 그에게 복종해야 했지만, 자신들만의 땅을 갖고 이를 후손에게 상속해줄 수 있었고, 그 땅 안에서는 자기 마음대로 세금을 거두고 노예들을 부리면서 사실상 왕처럼 살았다. 게다가 대귀족들은 자신들만의 개인 군대를 가질 권리도 있었다. 황제가 대귀족에게 지나치게 높은 세금을 내라는 식으로 특권을 침해하면 반란을 일으켜 황제를 죽이고 황족 중 적당한 사람을 골라 허수아비 황제로 앉힌 다음, 그 배후에서 권력을 휘두르며 막대한 이권을 챙겼다. 사산 왕조의 실질적인 지배자는 황제가 아니라, 이들 대귀족이었던 셈이다.

조로아스터교 성직자들은 황족이나 귀족들에겐 밀렸지만, 사원에 딸린 땅을 기지고 있어 지역의 유지로 인정받았다. 간혹 카르티르같이 권력이 막강한 성직자들도 나왔는데, 그들은 귀족과 결탁해 황제를 압박하고 자신들이 원하는 대로 국정을 이끌어갈 힘을 가지고 있었다.

관리들은 군인이나 서기관 같은 관직을 맡아서 일했다. 군대를 통솔하는 총사령관인 스파보드spahbod 같은 고위 관직은 대귀족들이 맡았고, 서기관은 지위가 낮은 귀족이나 부유한 자유민들이 맡았다.

자유민들은 기본적으로 자신의 땅을 가진 서민 계층이었다. 이들은 직접 농사를 짓거나, 대신 농사를 지어줄 소작농을 부렸다. 그리고 최소한 타고 다닐 말 한 마리는 가지고 있어야 했다. 자유민들은 전쟁이 일어나면 말을 타고 싸우는 기마병으로 참전할 의무가 있었기 때문이다. 사산 왕조에서는 군인들이 각자 자기 재산으로 무기와 장비를 마련해야 했다.

생활에 필요한 각종 물건을 만드는 수공업자 계층은 자유민보다 더 낮은 대우를 받았다. 한 예로 10세기에 작성된 사산 왕조를 배경으로 한 서사시 〈샤나마 Shahnama〉에는 이런 이야기가 나온다. 신발을 만들어 돈을 번 수공업자가 호스로 1세를 찾아가서 "제가 폐하께서 동로마와 전쟁을 치르시는 데 필요한 돈을 모두 드릴 테니, 제 아들을 학교에 보내 서기관이 될 수 있도록 공부를 시켜주십시오"라고 부탁한다. 그러자 호스로 1세는 크게 화를 내며 "어떠한 경우에도 낮은 계급의 사람이 높은 계급으로 올라갈 수는 없다!"라며 거부한다.

현대에 재현한 사산 왕조의 중무장 기마병. 사산 왕조에서는 모든 군사 장비를 개인이 마련해야 했기 때문에, 비싼 갑옷과 말 같은 고급 장비가 필요한 중무장 기마병은 부유한 귀족들이 맡았다.

노예는 황족이나 귀족에 종속되어 살면서, 그들을 위해 시중을 들거나 봉사할 의무가 있었다. 이들은 전쟁이 나면 강제로 징집되었고, 두 발로 걸어 다니며 싸우는 보병으로 참전했다. 하지만 노예들은 평소에 군사훈련을 거의 받지 못해 사기가 낮았고, 무기나 장비 수준도 형편없었다.

유목민들과의 전쟁

사산 왕조를 위협하는 적은 서쪽의 로마 이외에도 더 있었으니, 북쪽의 유목민들이었다. 사산 왕조를 침공해 피해를 준 유목민으로는 에프탈족과 돌궐족(튀르크)이 있었다.

에프탈족은 본래 지금의 몽골 서쪽 알타이산맥에서 살다가 4세기 중엽 서쪽의 중앙아시아로 근거지를 옮겼다. 그들은 사산 왕조의 19번째 황제인 페로즈 1세(459~484) 집권 시절 사산 왕조를 상대로 전쟁을 벌였다. 이때 페로즈 1세는 에프탈족을 응징하기 위해 직접 대군을 이끌고 원정에 나섰다가 에프탈족에게 사로잡히는 치욕을 겪었다(469). 에프탈족은 황제를 붙잡고 있다는 것을 빌미로 사산 왕조에 막대한 전쟁 배상금을 요구했다. 그 액수를 정확히 알 수는 없으나, 황태자인 카바드가 에프탈족의 인질이 되었으며, 사산 왕조가 백성들에게 특별 세금을 거두고 그것도 모자라 적국인 동로마 제국에서까지 돈을 빌려온 것으로 보아 상당한 액수였음을 짐작할 수 있다.

페로즈 1세는 배상금을 모두 지불하고 풀려났으나 카바드는 에프탈족이 계속 붙잡아두었다. 페로즈 1세는 아들을 구하기 위해 다시 대군을 모아 공격했으나, 에프탈족이 미리 평원에 파둔 깊고 넓은 함정에 빠져 군대와 함께 전사하고 말았다. 황제가 유목민과의 전쟁에서 포로가 되었다가 죽었으니, 사산 왕조로서는 크나큰 치욕이었다.

페로즈 1세가 죽자 카바드는 비로소 풀려나 카바드 1세가 되었다. 그는 에프탈족에 많은 공물을 바치는 대신, 침략하지 않겠다는 약속을 받아냈

사산 왕조의 군대가 에프탈족과 싸우는 장면을
묘사한 삽화.(1700)

바흐람 추빈과 그가 이끄는 군대가 전쟁에
투입된 장면을 묘사한 삽화.(1560)

다. 실제로 에프탈족은 카바드 1세가 즉위한 이후, 침략 대상을 페르시아가 아니라 인도로 잡았다.

그러다가 550년, 멀리 동쪽의 몽골 초원에서 등장한 돌궐족이 서쪽의 중앙아시아로 진출하면서 에프탈족은 돌궐의 침입에 시달렸다. 이에 사산 왕조는 557년, 돌궐과 손잡고 에프탈족을 공격해 무너뜨렸다. 한때 사산 왕조를 위협했을 만큼 강력했던 에프탈족은 그렇게 소멸했다.

하지만 얼마 후 돌궐족은 적대관계로 돌아서 사산 왕조의 25번째 황제인 호르미즈 4세Hormizd Ⅳ(재위 579~590) 때 페르시아를 공격했다. 그러나 사산 왕조의 대귀족인 바흐람 추빈Bahram Chubin이 1만2000명의 군대를 동원해 협곡에서 매복하다 공격하는 전술로 돌궐의 30만 대군을 물리치고, 돌궐의 국왕인 야브구 칸을 죽였다. 이후 돌궐은 두 번 다시 사산 왕조를 넘보지 못했다.

로마와의 끝없는 전쟁, 그리고 끝없는 내분

서기 6세기 말로 접어들면서 사산 왕조는 두 가지 재앙에 직면했다. 하나는 로마와의 계속된 전쟁으로 국력이 크게 소모된 것이고, 다른 하나는 권력을 둘러싸고 내분이 끊이지 않아 왕조가 쇠퇴 일로를 걷기 시작한 것이었다.

603년 호스로 2세는 군대를 일으켜 동로마 제국 동부 지역을 공격해,

608년까지 시리아와 카파도키아(오늘날 터키 중부), 파플라고니아(터키 북부 흑해 연안), 갈라티아(소아시아반도 서부)를 점령했다. 614년에는 기독교의 성지인 예루살렘마저 페르시아 군대의 손에 넘어갔다. 그리고 617년에는 동로마의 수도 콘스탄티노플과 맞은편 해안 도시인 칼케돈이, 619년에는 이집트의 대도시 알렉산드리아가 페르시아 군대에 점령되었으며, 얼마 후에는 이집트 전 지역이 같은 운명을 맞았다.

마침내 동로마는 절체절명의 위기에 빠졌고, 사산 왕조는 아케메네스 왕조 시절의 영토 대부분을 되찾은 것에 기뻐하며 축제 분위기에 들떴다. 하지만 그 기간은 오래가지 못했다. 동로마 황제인 헤라클리우스는 교회로부터 막대한 세금을 거둬들여 군사비로 쓰면서, 전 국력을 기울여 사산 왕조를 향한 반격에 나섰다.

헤라클리우스가 지휘하는 동로마 군대는 625년에 오늘날 터키 동부 사루스강에서 페르시아 군대를 크게 격파했고, 626년에는 페르시아와 동맹을 맺고 콘스탄티노플을 공격하던 아바르족이 잇따른 패배에 겁먹고 달아나버렸다. 또한 같은 기간 칼케돈에 주둔해 있던 페르시아 군대도 동로마 군대에 패했다. 627년 헤라클리우스는 니네베 전투에서 페르시아 군대를 거의 전멸시키는 대승을 올렸고, 628년 1월에는 사산 왕조 황제들의 왕궁이 있던 다스타기르드를 점령해 왕궁을 모조리 불태워버렸다.

잇따른 패배에 페르시아 귀족과 백성들은 크게 동요했고, 호스로 2세의 위신은 땅에 떨어졌다. 참패에 분노한 호스로 2세는 장군인 샤흐르바라즈를 처형하라고 명령을 내렸으나, 이 사실은 알게 된 샤흐르바라즈는 반란을 일으켜 호스로 2세를 죽여버렸다. 그리고 샤흐르바라즈는 직접 황제가 되어 피폐해진 국력 때문에 더 이상 동로마와 전쟁을 할 수 없다고 판단해, 동로마로부터 빼앗은 땅을 모두 돌려주고 평화조약을 맺었다.

결국 호스로 2세가 애써 치른 전쟁은 사산 왕조의 막대한 국고 낭비만 불러왔을 뿐, 어떠한 이득도 얻지 못했다. 또한 호스로 2세를 끝으로 사산 왕조에는 강력한 지도력을 가진 황제가 더 이상 등장하지 않았고, 대귀족들이 끝없는 권력 암투를 벌이고 수많은 허수아비 황제가 등극했다 폐위되는 등 사산 왕조 자체가 쇠퇴의 길을 걷게 되었다.

이슬람 제국에 멸망한
사산 왕조

그러나 사산 왕조를 멸망시킨 장본인은 오랜 숙적인 동로마도 북방의 유목민들도 아닌, 서남쪽 아라비아 사막에서 살던 아랍인들이었다. 원래 사산 왕조는 아랍인들을 우습게 여겼다. 과거 10번째 황제인 샤푸르 2세 시절 아랍인들을 쳐부수었고, 그들은 오랫동안 여러 부족으로 분열되어 살아가는 가난한 집단이었기 때문이다.

하지만 630년, 아랍의 예언자 무함마드가 유대교를 아랍식으로 번안해서 만든 이슬람교를 내세워 아라비아반도를 통일하자 상황이 바뀌었다. 그 무렵 아랍인들은 동로마와 사산 왕조의 군대에서 용병으로 복무해 많은 전투 경험을 쌓았고, 두 나라의 내부 사정에도 밝았다. 아울러 두 나라가 오랫동안 무리한 전쟁을 계속하느라 국력이 피폐해져 있다는 사실도 알게 되었다. 게다가 무엇보다 두 나라는 흑사병이 창궐해 인구가 크게 줄어든 반면, 사막의 유목민으로 지내던 아랍인들은 인구밀도가 낮아 흑사병의 피해가 거의 없었다. 이때를 기회라고 여긴 아랍인들은 극심한 권력 다툼으로 허약해져 있던 사산 왕조를 침략하기 시작했다.

637년, 현재 이라크 쿠페 지역인 알카디시야al-Qadisiyyah에서 사산 왕조의 운명을 결정짓는 전투가 벌어졌다. 이 카디시야 전투는 전혀 예상치 못한 방향으로 판가름 났다. 세련된 비단옷과 튼튼한 철갑옷을 잘 차려입은 사산 군대가 낙타 냄새를

금속으로 만들어진 샤푸르 2세의 조각상. 그의 치세 기간에 사산 왕조가 격파했던 아랍인들이 약 270년 후, 사산 왕조를 침략해 멸망시키고 만다.

풍기는 더러운 옷을 입은 아랍 군대에 참패를 당했던 것이다. 사산 군대의 사령관이던 루스탐마저 도망가다 아랍 군사들에게 붙잡혀 죽었을 만큼, 치명적인 패배였다. 이 카디시야 전투는 오늘날까지 아랍인들에게는 영광스러운 승리로, 이란인들에게는 치욕스러운 순간으로 뚜렷이 기억되고 있다.

카디시야 전투에서 승리한 아랍 군대는 곧바로 사산 왕조의 수도인 크테시폰을 공격했다. 비록 주력 부대의 상당수를 카디시야 전투에서 잃었

지만, 페르시아인들은 완강하게 저항했다. 그러나 공성전이 벌어지고 1년 후, 결국 크테시폰은 아랍 군대에 함락되었다. 이때 승리자인 아랍인들은 크테시폰을 약탈하면서 무려 90억 개나 되는 엄청난 양의 은화를 노획했다고 한다. 이는 곧 사산 왕조가 누렸던 경제적 풍요가 어마어마했음을 말해준다.

아랍인들을 피해 크테시폰에서 간신히 도망친 야즈데게르드 3세는 흩어진 군대를 모아 아랍군과 다시 전투를 벌였으나 이번에도 패배하고 달아났다(642). 그러나 651년, 현재 투르크메니스탄인 메르브에서 아랍군을 두려워한 방앗간 주인에게 살해되었다. 그의 아들 페로즈는 동쪽의 당나라로 도망쳐 당나라의 힘을 빌려 조국을 다시 일으키려 했으나 실패해, 사산 왕조는 완전히 멸망하고 말았다.

이슬람 문화에 남긴 흔적

사산 왕조는 400년 동안 존속하면서 찬란한 부귀영화를 누렸지만, 후대에 남긴 유산이 그리 많지 않다. 아랍에 정복된 이후, 대부분의 페르시아인이 전통신앙인 조로아스터교를 버리고 아랍인들이 가져온 이슬람교를 받아들였기 때문이다. 그로 인해 페르시아 문화도 이슬람교의 영향을 받아 고유한 원형을 상당 부분 잃었다.

그렇다고 사산 왕조가 남긴 유산이 전혀 없는 것은 아니다. 이슬람의 껍질을 쓴 왜곡된 형태로나마 조금 남아 있다. 우선 조로아스터교의 성직

사산 왕조의 나하반드성을 묘사한 삽화.(1840)

자들이 이슬람교로 개종하면서, 자신들이 믿어왔던 조로아스터교 의식
을 이슬람교에 도입했다. 하루에 다섯 번 기도하는 것과 다른 종교로 개
종한 배신자를 죽이는 것이었는데, 원래 이런 의식들은 이슬람교의 경전
인 코란에 없는 내용이었다.

　또한 이슬람 제국의 군주인 칼리프들은 사산 왕조의 화려하고 엄숙한
예식에 영향을 받아 사산 왕조의 황제들처럼 호화로운 복장을 하면서 궁

중 예식을 엄숙하게 정했다. 그로 인해 평등한 사회 분위기에 익숙해 있던 아랍인들은 왜 이교도인 사산 왕조의 황제들을 따라 하느냐며 크게 반발했다. 아울러 오랫동안 세련된 문화를 꽃피웠던 사산 왕조의 언어인 페르시아어는 이슬람 사회에서도 세련된 언어로 여겨졌다. 이슬람교가 페르시아를 지배했던 10세기에 페르시아어로 작성된 서사시 〈샤나마〉가 나온 것도 그런 이유였다.

그리고 오늘날 전 세계 이슬람교 중에서 10%를 차지하는 시아파도 사산 왕조의 영향을 강하게 받았다. 시아파는 이슬람교 창시자인 무함마드의 사위이자 사촌동생인 알리를 신성시하는데, 그 알리의 아들인 후세인이 야즈데게르드 3세의 딸인 샤르바누Shahrbanu와 결혼했다고 주장한다. 즉, 시아파는 왜곡된 의미에서나마 사산 왕조와 페르시아인의 자존심을 회복시켜주는 페르시아화된 이슬람교라고 할 수 있다.

3

이슬람 제국

세계사를 바꾼
초강대국

세계사를 보면 수많은 강대국이 출현했다 사라졌다. 그중에서 후세에 가장 큰 영향을 끼친 나라는 서기 7세기에서 9세기까지 200년 동안 세계 최강대국으로 군림했던 이슬람 제국이다. 오늘날 사우디아라비아 지역에서 나타난 이슬람 제국은 불과 100년 만에 스페인에서 인도에 이르는 방대한 영토를 정복했으며, 동양과 서양을 잇는 중계무역을 통해 막대한 부를 쌓고 눈부신 번영을 누렸다.

이슬람교와 이슬람 제국의 출현

이슬람 제국은 글자 그대로 이슬람교를 믿는 나라이며, 이슬람 제국의 역사는 곧 이슬람교와 맞물려 있다. 따라서 이슬람 제국을 알려면, 먼저 이슬람교를 알아야 한다. 현재 아라비아반도의 토착민인 아랍인들은 후발

Hubal과 알라트Allat, 마나트Manat와 알라Allah 같은 여러 신을 믿으며 살아가던 사막의 유목 부족이었다. 이들은 오랫동안 하나의 통일된 나라를 세우지 못하고 서로 다른 씨족끼리 다툼을 벌이느라 주변 강대국인 동로마와 페르시아에 휘둘려왔다.

그러다가 610년 아랍의 예언자 무함마드Muhammad(570~632)가 유대교와 기독교의 교리를 아랍의 문화적 환경에 맞게 받아들여 새로운 종교인 이슬람교를 만들자, 아랍 사회는 큰 파장에 휩쓸렸다. 기존의 토착 다신교 신앙을 부정한 무함마드는 "모든 아랍인이 이슬람교를 믿고 하나의 정치적 공동체로 통일되어야만, 우리가 더 이상 외세의 입김에 휘둘리지 않고 강대국이 되어 평화와 번영을 누릴 수 있다!"고 주장했다. 이런 주장은 처음에 아랍 사회 기득권 계층에게 거부감을 샀으나, 점차 새로운 시대를 갈망하는 수많은 사람이 무함마드를 지지함에 따라, 결국 무함마드는 이슬람교를 앞세워 20년 만에 아라비아반도를 통일하는 데 성공했다(630).

무함마드가 632년에 죽자, 그의 친구였던 우마르Umar(584~644)가 아랍의 새로운 지도자가 되었다. 세계사에서는 632년을 이슬람 제국의 시작 연도로 본다. 632년에서 661년까지 우마르를 포함해 4명의 지도자가 선출되는 방식으로 권력을 잡았는데, 그들을 무함마드의 후계자란 뜻의 칼리프caliph라고 부른다. 그리고 이 29년간을 정통 칼리프 시대라고 한다. 정통 칼리프 시대 이후에는 권력이 세습되는 왕조가 들어섰다. 661년부터 750년까지는 우마이야Umayyad 가문이 다스리는 우마이야 왕조 시대였고, 750년부터 1258년까지는 아바스 가문이 다스리는 아바스 왕조 시대였다.

우마르는 오랜 내분을 치른 아랍 사회가 계속 단결하려면 외부의 적과 싸우는 전쟁이 필요하다고 생각하고, 아랍보다 훨씬 풍요로운 동로마와 페르시아의 부를 차지하기 위해 두 나라를 상대로 전쟁을 일으켰다.

동로마와 페르시아의 지배자들은 아랍인들을 더러운 낙타 가죽이나 걸치고 다니는 미개인이라고 깔보았으나, 막상 전투가 벌어지자 뜻밖의 상황이 속출했다. 화려한 비단옷을 차려입은 로마와 페르시아 군사가 그들보다 훨씬 초라한 옷차림의 아랍 군사들에게 연전연패당하고, 수많은 도시를 아랍 군대에 빼앗겼던 것이다.

636년에는 현재 시리아 남부 야르무크에서 벌어진 전투에서 동로마 정규군 5만 명이 그들보다 훨씬 적은 아랍 군대에 전멸당했다. 638년에는 동로마의 영토이자 기독교의 성지인 예루살렘이 아랍 군대에 점령되었고, 639년에는 시리아 전체가 아랍 군대의 손에 떨어졌다. 641년에는 이집트가, 651년에는 트리폴리가, 680년에는 모리타니아가, 698년에는 카르타고(현재 튀니지)가 아랍 군대에 함락되어, 동로마의 영토였던 북아프리카 대부분이 이슬람 제국의 영토가 되었다.

페르시아를 상대한 아랍 군대는 더 눈부신 전과를 올렸다. 637년 현재의 이라크 쿠페 지역에서 벌어진 카디시야 전투에서 그들보다 훨씬 많은 페르시아 군대를 궤멸시켰다. 그리고 638년에는 페르시아의 수도 크테시폰(현재 이라크 바그다드 인근)을, 642년에는 이라크 전체를, 650년에는 이란 남부까지 아랍 군대가 점령했다. 651년에는 아랍 군대를 피해 도망치던 페르시아의 마지막 황제인 야즈데게르드 3세가 현재의 투르

크메니스탄인 메르브에서 아랍군을 두려워한 현지 주민에게 살해되었다. 이로써 페르시아의 사산 왕조는 완전히 멸망했고, 페르시아 영토 대부분이 이슬람 제국으로 편입되었다. 이로 인해 동로마는 로마 시절부터 700여 년 동안이나 지배해왔던 북아프리카와 시리아 등지를 모조리 빼앗겼고, 페르시아는 아랍인과 전쟁을 벌인 지 30년도 안 되어 멸망하고 말았다.

불과 610년까지만 해도 가난하고 분열되어 있던 아랍인들이 어떻게 부유한 초강대국 동로마와 페르시아를 상대로 대승리를 거두었을까? 이 원인을 두고 수많은 역사학자가 논쟁을 벌여왔다. 통설에 따르면, 전쟁터에서 싸우다 죽으면 무조건 천국에 가서 영원한 행복을 누린다고 가르친 이슬람교를 굳게 믿었던 아랍인들의 열렬한 신앙심 때문이었다. 그러나 보다 합리적인 설명에 따르면, 7세기 들어 동로마와 페르시아가 서로 무리한 소모전을 하느라 국력이 크게 훼손돼 아랍인들의 침공을 막아낼 힘이 없었기 때문이다.

그런데 최근 나온 견해에 따르면, 7세기 무렵 동로마와 페르시아는 인구가 밀집된 도시 지역에 치명적인 흑사병이 크게 번져 수많은 사람이 죽어나간 데 반해, 사막에 흩어져 유목 생활을 하던 아랍인들에게는 흑사병이 닿지 않았고, 이런 강점을 살려 아랍인들이 대대적으로 동로마와 페르시아를 공격하자, 두 나라는 군사의 숫자가 적어 아랍인들의 침공에 제대로 대처하지 못했다. 실제로 동로마 황제 헤라클리우스는 동로마군의 참패 소식을 듣고 "더 이상 아랍인들에 맞서 싸울 군대를 모을 형편이 못 된다"고 탄식하기도 했다.

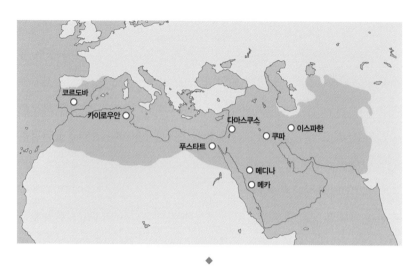

우마이야 왕조 시절, 이슬람 제국의 최대 판도를 나타낸 지도. 아랍인들은 불과 100년 만에 로마 제국보다 거의 2배나 큰 영토를 정복했고, 그 지역에 이슬람교와 아랍어를 비롯한 아랍 문화를 뿌리 깊게 심어놓았다.

  우마이야 왕조 시절인 711년, 이슬람 군대는 북아프리카와 스페인을 나누는 지브롤터 해협을 건너 스페인에까지 쳐들어갔다(참고로 지브롤터라는 이름도 당시 이슬람 군대의 장군인 타리크 이븐 지야드가 바다를 건너 도착한 '타리크의 산'을 뜻하는 아랍어 '자발 타리크Jabal Tariq'에서 나왔다). 그리고 이슬람 군대는 과달레테 강가 전투에서 스페인을 다스리고 있던 서고트 왕국의 군대를 격파했고, 이때 서고트의 국왕 로데릭이 전사했다. 이 전투로 인해 스페인은 북부의 아스투리아스 지역을 제외하고 약 780년 동안 이슬람의 지배를 받게 되었다.

  또한 751년 중앙아시아의 탈라스 전투에서 이슬람 제국은 중국의 당나라와 전쟁을 벌여 크게 이겼다. 이 탈라스 전투의 승리로 이슬람 제국은 중앙아시아의 지배권을 쥐게 되었으며, 이로써 중앙아시아 지역도 그동안 믿어오던 불교나 조로아스터교를 버리고 이슬람교를 받아들였다. 오늘날 중앙아시아가 이슬람교 문화권인 이유도 이 때문이다.

그리고 8세기 무렵 이슬람 제국의 군대는 현재 파키스탄 남부인 발루치스탄Baluchistan과 신드Sindh 지역을 점령했고, 10세기에는 인도 북부의 펀자브 지역까지 쳐들어갔다. 이로써 12세기부터 시작되는 인도 침투의 발판이 마련되었다.

이렇듯 8세기의 이슬람 제국은 그야말로 동서양을 넘나들며 세계를 지배하는 초강대국이었다. 이런 이슬람 제국의 국력에 견줄 만한 초강대국은 13세기의 몽골 제국이나 19세기의 영국, 20세기의 미국 정도뿐이다.

이슬람 제국의 국력이 최전성기에 달한 우마이야 왕조 때(661~750) 이슬람 제국의 영토는 무려 1100만km²에 달했다. 이는 로마 제국의 영토인 650만km²보다 훨씬 방대했다. 더구나 로마는 900여 년에 걸쳐 650만km²를 정복한 데 반해, 이슬람 제국은 불과 100년 만에 로마보다 1.7배나 넓은 영토를 손에 넣었으니, 정복에 관해서도 이슬람 제국 쪽이 로마를 월등히 앞섰다.

이슬람 제국 사회의 변화

이슬람 제국은 이슬람교를 믿는 나라였으니, 이슬람교는 국교나 다름없었다. 그러나 정통 칼리프 시대와 우마이야 왕조 시절, 이슬람 제국은 아랍인이 아닌 다른 민족에게 이슬람교를 믿으라고 강요하는 일이 거의 없었다. 오히려 피정복민인 동로마인과 페르시아인들한테 이슬람 정부에 '지즈야Jizya'라는 세금을 바치면, 계속 기독교나 조로아스터교 같은 기존 종교를 믿을 수 있도록 허락했다.

하지만 이것을 관용이라고 보긴 어렵다. 초창기에는 이슬람교를 믿는 사람보다 믿지 않는 사람이 훨씬 많았는데, 이슬람교로 개종하라고 강요하면 반발을 사서 오히려 대규모 반란이 일어날 수도 있어 일부러 눈치를 보았다고 해야 옳을 것이다.

또한 초창기 이슬람 제국은 철저한 아랍인 우대정책을 폈다. 우마이야 왕조 시절까지 아랍인들은 자신들이 세계 모든 민족 중에서 가장 우수하다는 자부심을 가졌고, 다른 민족을 미개한 족속이라고 업신여겼다. 한 예로 아랍인 남자들은 다른 민족의 여자들과 자유롭게 결혼할 수 있었지만, 다른 민족의 남자들이 아랍인 여자와 결혼하는 일은 엄격하게 금지되었다. 그리고 우마이야 왕조 시절까지는 피정복민이 자발적으로 이슬람교로 개종해도 결코 그들을 아랍인 이슬람교도와 똑같이 대우해주지 않았다. 오히려 정부는 "너희는 세금을 내기 싫어서 거짓으로 개종했으니, 결코 진정한 이슬람교도가 아니다!"라면서 개종을 인정하지 않았다.

우마이야 왕조 시절에는 아랍인들에게 정복당한 지역의 피정복민을 마왈리Mawali라고 불렀다. 마왈리들은 지즈야 이외에도 카라즈Kharaj라는 토지세도 내고 전쟁이 나면 보병으로 참전했는데, 말을 타고 기마병으로 참전하는 아랍인들보다 급료를 더 적게 받았다. 또한 정부의 고위 관직은 아랍인들이 독점했다.

이런 아랍인 위주의 차별정책은 우마이야 왕조 내내 계속 이어지다가, 750년 아바스 가문이 반란을 일으켜 우마이야 왕조를 무너뜨린 뒤에야 끝났다. 마왈리에 대한 차별정책을 폐지한 아바스 왕조는 마왈리들의 민심을 얻어 우마이야 왕조보다 훨씬 오랫동안 존속할 수 있는 기반을 마련했다.

아바스 왕조가 들어서면서 북아프리카와 중동에는 이슬람교가 완전히 뿌리를 내렸다. 원래 이슬람교는 남자가 최대 4명의 아내를 둘 수 있고, 아이를 많이 낳는 것을 권장하며, 낙태를 엄격히 금지했다. 또한 이슬람교를 믿는 가정에서 태어난 아이는 곧 이슬람교도로 여겨지기 때문에, 자연히 이슬람 제국의 존속이 길어질수록 이슬람교도의 수도 늘어났다. 아울러 이슬람교를 믿는 지배층의 환심을 사고 자신들도 권력을 얻기 위해, 비이슬람교도들도 기존 종교를 버리고 이슬람교로 개종하는 일이 늘어남에 따라 이슬람교도의 숫자는 계속 증가할 수밖에 없었다.

이슬람 제국의
눈부신 번영

이슬람 제국의 진정한 위대함은 단순히 영토의 방대함에서 그치지 않는다. 아랍인들은 그들이 정복하거나 접촉한 여러 문명으로부터 과학과 수학 같은 학문을 배우고 활용하는 데 열과 성을 다했다. 특히 아바스 왕조 시절, 두 번째 칼리프인 알만수르al-Mansur(714~775)는 라틴어, 그리스어,

힌두어(인도의 언어), 페르시아어로 된 외국 문헌들을 모두 아랍어로 번역하는 한편, 학자들을 적극 지원해주는 국책 사업을 벌였다. 그 결과, 8세기 이슬람 제국에서는 과학과 수학, 화학 같은 학문이 눈부시게 발달했다. 한 예로 오늘날 영어에는 이슬람 제국 시절에 생긴 아랍어 단어에서 유래한 단어가 많은데, 몇 가지 예를 살펴보자.

아랍어 al-kuhl	→	영어 alcohol: 술
아랍어 al-kimiya	→	영어 alchemy: 연금술
아랍어 amir	→	영어 admiral: 제독(해군의 지휘관)
아랍어 sukkar	→	영어 sugar: 설탕
아랍어 al-qaliy	→	영어 alkali: 알칼리
아랍어 sharab	→	영어 syrup: 설탕을 녹인 즙
아랍어 al-jabr	→	영어 algebra: 대수학
아랍어 zarafah	→	영어 giraffe: 기린

현재 우리가 쓰고 있는 1, 2, 3, 4…를 아라비아 숫자라고 부르는 이유도 아바스 왕조 시절 아랍인들이 이 숫자를 널리 사용하면서 유럽에 퍼뜨리고, 유럽인들이 이 숫자를 아라비아 숫자라고 여겨 그렇게 말한 것에서 유래했다. 이 아라비아 숫자는 원래 인도인들이 만들어 사용하던 인도 숫자를 아랍인들이 가져와서 널리 사용한 것이다. 유럽에 아라비아 숫자가 최초로 소개된 것은 로마 교황인 실베스테르 2세Sylvester II(999~1003) 무렵이었다. 그는 당시 이슬람의 지배를 받고 있던 스페인 지역에서 아라비아 숫자를 들여와 이를 유럽 사회에 알렸다. 그러나 라틴 숫자에 익숙해 있던 유럽인들에게 거부감을 샀는지, 아라비아 숫자는 실베스테르 2세가

죽고 나서 한동안 잊혔다가 13세기에 다시 유럽 사회에 널리 알려졌다.

상업 분야에서도 이슬람 제국은 찬란한 성과를 보였다. 이슬람 제국이 북아프리카와 서아시아를 재패하자, 육상과 해상의 교역로가 안정되었고, 그에 따라 아랍 상인들은 육지와 바다를 넘나들며 활발한 교역을 벌였다. 특히 아프리카와 아랍, 페르시아와 인도를 연결하는 인도양 무역로는 아랍 상인

우마이야 왕조의 다섯 번째 칼리프인 아브드 알말리크Abd al-Malik의 초상이 들어간 금화.

들이 독점하다시피 했다(이런 상황은 16세기 포르투갈인들이 올 때까지 계속되었다). 당시 아랍 상인들의 활동 범위가 얼마나 넓었는지 알 수 있는 것이 하나 있다. 912년에 사망한 학자 이븐 후르다드베Ibn Khurdadhbeh는 저서《여러 도로와 나라들에 대한 안내서Kitab al-masalik wa'l-mamalik》에서 이슬람 제국에서 먼 동쪽에 있는 신라에 대해 "신라al-shila는 황금이 풍부하며, 이슬람교도들이 신라로 가면 그곳의 아름다움이 좋아서 떠나려 하지 않는다"라고 기록했다. 이는 아랍 상인들이 바닷길을 통해 중국이나 한반도를 방문했음을 뜻한다. 10세기 유럽인들이 한반도의 존재조차 몰랐던 것에 비하면, 아랍인들의 활동 범위가 굉장히 방대했음을 알 수 있다.

아울러 9세기부터 이슬람 제국에서는 돈을 번 상인들을 중심으로 금융 산업이 발달했다. 이 금융 산업의 중심은 아바스 왕조 때 수도인 바그다드(현재 이라크 수도)였고, 다른 지역에 지점을 설치했는데, 심지어 중국 남

부에도 지점이 있었다. 당시 아랍 상인들은 바그다드에서 발행한 어음을 사용했을 정도로, 이슬람의 금융업은 매우 발달해 있었다.

분리 독립과 군벌들의 난립

영원할 것만 같던 이슬람 제국의 번영도 서서히 기울기 시작했다. 이슬람 제국 자체가 너무 빠른 시간 동안 지나치게 팽창하다 보니, 광대한 영토를 중앙정부가 제대로 통제할 수 없었다. 중앙정부의 힘이 약해진 틈을 타 각 지방이 분리 독립하는 일이 이어졌다.

가장 먼저 떨어져나간 곳은 스페인이었다. 750년 아바스 왕조가 우마이야 왕조를 무너뜨리면서 우마이야 왕족을 대부분 죽였으나, 간신히 살아남은 왕자 아브드 알라흐만Abd al-Rahman I(731~788)은 멀리 스페인으로 달아나 756년 '후後우마이야 왕조'를 세우고 아바스 왕조에 반기를 들었다. 아바스 왕조의 두 번째 칼리프인 알만수르는 스페인 현지의 반우마이야 세력들을 지원해 아브드 알라흐만을 제거하려 했으나, 아브드 알라흐만이 용맹하게 싸워 그들을 제압하고 영원히 아바스 왕조의 손에서 벗어났다.

후우마이야 왕조로부터 22년 후인 788년에는 북아프리카 서쪽 끝인 모로코 지역에, 알리의 후손인 이드리스 이븐 아브드가 아바스 왕조에서 분리 독립해 이드리스 왕조를 세웠다. 821년부터는 페르시아 지역에서 반란이 일어나 타히르 왕조(821~873)와 사만 왕조(819~999), 사파르 왕조

(861~1003) 등이 잇따라 들어섰다. 868년에는 아바스 왕조에서 분리 독립해 이집트 지역에 툴룬 왕조(868~905)가 세워졌다.

그러나 아바스 왕조에 가장 위협이 된 분리 독립 세력은 파티마 왕조(909~1171)였다. 북아프리카의 알제리에서 발흥한 파티마 왕조는 자신들이 무함마드의 딸 파티마의 후손이니, 아바스 왕조 대신 이슬람 세계의 패권을 쥐어야 한다고 주장하며 아바스 왕조에 맞서 반란을 일으켰다.

이들은 강력한 군대를 앞세워 아바스 왕조의 군대를 차례차례 격파하면서 점차 영토를 넓혀나갔다. 963년에는 아바스 왕조로부터 이집트를 빼앗아 북아프리카 대부분을 지배했다. 이 파티마 왕조로 인해 아바스 왕조는 이집트를 포함한 북아프리카의 지배권을 빼앗겼고, 이후 다시는 예전의 영화를 되찾지 못했다.

분리 독립 이외에도 아바스 왕조를 위기에 몰아넣은 위협 요소가 또 하나 있었으니, 바로 군벌들이 횡포를 부리며 칼리프를 사실상 허수아비 신세로 만든 것이었다. 특히 튀르크족 군벌의 횡포가 심했는데, 아바스 왕조의 여덟 번째 칼리프 알무타심Al-Mutasim(796~842)이 4000명의 튀르크족 용병을 바그다드 안으로 불러들인 일이 시초였다. 이 튀르크족 용병들이 민간인을 상대로 약탈과 행패를 부리는 바람에 한 노인이 알무타심을 향해 "당신이 데려온 저 튀르크족 불량배들 때문에 여자들은 남편을 잃었고, 아이들은 고아가 되었소! 이제 우리도 더는 못 참겠으니, 당신을 상대로 싸우겠소!"라며 항의하는 일이 있었다.

그 후부터 아바스의 칼리프들은 튀르크족 군벌의 행패에 꼼짝없이 당하는 허수아비로 지냈다. 12번째 칼리프 알무스타인(862~866)과 13번째

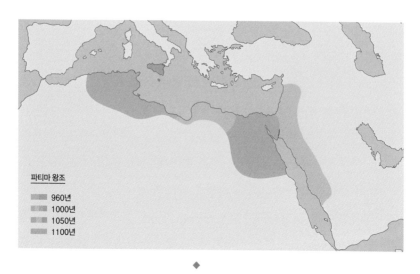

파티마 왕조

▦ 960년
▦ 1000년
▦ 1050년
▦ 1100년

◆

파티마 왕조의 영토를 나타낸 지도. 파티마 왕조는 아바스 왕조의 영토 대부분을 빼앗았다.

칼리프 알무타즈(866~869)는 자신을 추대한 튀르크족 용병들에게 목숨
을 잃었다. 이렇게 나약한 칼리프들을 가리켜, 역사가 이븐 알티크타카는
"튀르크족은 칼리프를 손에 든 노예처럼 취급했으며, 자신들 마음대로 죽
이고 살릴 수 있었다"라고 씁쓸한 논평을 남겼다. 심지어 19번째 칼리프
알카힐(932~934)은 2년 만에 두 눈이 뽑힌 채 권좌에서 쫓겨나 11년 동안
감옥에 갇혔다가 풀려난 뒤 거지로 떠돌다 죽었다. 한때 세계 최강대국의
군주였던 칼리프들의 위세가 그처럼 추락했던 것이다.

그러던 중 1055년에 바그다드는 멀리 중앙아시아에서 나타난 셀주크
튀르크족 군대에 점령되었다. 당시 바그다드를 다스리던 아바스 왕조의
26번째 칼리프 알타임(1031~1075)은 셀주크 군대의 사령관인 토그릴 벡

에게 '술탄sultan('권력을 가진 자'란 뜻으로 이슬람 국가 군주의 호칭)'이라는 칭호를 주는 대가로 안전을 보장받았다. 하지만 그 무렵 아바스 왕조가 지배하는 영토는 이미 바그다드 인근에 불과했고, 아바스 왕조는 신흥 군벌 셀주크에 기대어 간신히 연명하는 위태로운 신세였다.

몽골군의 침략, 이슬람 제국의 종말

쇠약해질 대로 쇠약해진 아바스 왕조를 멸망시킨 건 바로 몽골 제국이었다. 1206년, 역사상 가장 강력한 정복자인 칭기즈 칸이 세운 몽골 제국은 계속 서쪽의 영토를 정복하며 서아시아를 향해 전진했다. 그리고 1258년, 칭기즈 칸의 손자 훌라구는 10만 대군을 이끌고 아바스 왕조를 공격했다.

그 무렵 아바스 왕조는 37번째 칼리프인 알무스타심Al-Mustasim(재위 1242~1258)이 다스리고 있었다. 훌라구는 알무스타심에게 사신을 보내 항복하라고 요구했으나, 알무스타심은 "북아프리카에서 인도에 이르기까지 모든 이슬람교도는 나의 노예이며, 그들은 내 명령에 따라 나를 위해 싸울 것이다"라며 거절했다. 비록 쇠퇴했지만 아바스 왕조의 지배층은 아직도 자신들이 이슬람 세계의 맹주라고 여겼다.

하지만 알무스타심에게는 사나운 몽골군을 막아낼 힘이 없었다. 몽골군이 바그다드를 공격하자 허약한 아바스 군대는 곧바로 무너졌고 도시는 함락되었으며, 몽골군의 칼날에 8만 명의 시민이 죽임을 당했다. 알무스타심은 몽골군에게 붙잡혀 카펫에 말린 채 몽골 기마병들의 말발굽에

훌라구에게 붙잡혀 죽음을 기다리고 있는 알무스타심을
묘사한 삽화.

짓밟혀 죽었다. 이리하여 500년 넘게 지속되어오던 아바스 왕조는 완전히 멸망했다.

바그다드가 함락될 무렵, 아바스 왕족인 알무스탄시르 2세는 이집트로 도망쳐 맘루크 왕조의 술탄인 바이바르스의 보호를 받으며 살았다. 그 뒤 알무스탄시르 2세의 후손들은 맘루크 술탄들을 종교적으로 축복해주는 제사장 노릇을 하다가, 1517년 맘루크 왕조가 오스만 제국에 의해 멸망하자 마지막 칼리프인 알무타와킬 3세는 오스만의 국왕 셸림 1세에게 칼리프의 칭호를 넘겨주었다. 셸림 1세는 이미 갖고 있던 술탄의 호칭에 칼리프를 더해 스스로 '술탄 칼리프'라 칭했고, 이 호칭은 오스만 제국이 공화주의 혁명으로 무너지는 1922년까지 오스만의 군주들에게 전해졌다. 맘루크와 오스만 왕조 모두 칼리프 칭호를 존중했던 것이다.

찬란한 지식과 문화의 전파자

이슬람 제국이 역사에 남긴 가장 큰 유산은 바로 이슬람교 그 자체다. 방대한 영토를 거느리며 찬란한 번영을 누렸던 초강대국 이슬람 제국이 나타나지 않았다면, 과연 지금처럼 전 세계에 13억이나 되는 이슬람교도가 존재할 수 있을까? 만약 이슬람 제국이 없었다면 아마도 현재의 이슬람교는 아라비아 사막의 힘없는 종파에 불과했을 것이다. 스페인에서 인도에 이르는 광대한 영토를 지배했던 이슬람 제국은 아프리카와 동남아시아의 무역상인을 통해 아랍어와 이슬람교를 전파했으며, 그 때문에 오늘

◆

《아라비안나이트》에 실린 삽화 중 하나.(15세기)

날에도 사하라 사막 북쪽의 아프리카 국가들과 인도네시아, 말레이시아 같은 동남아 국가들까지 이슬람교를 믿고 있다.

또한 이슬람 제국은 중국과 인도의 발전된 문화를 유럽으로 전파했으며, 유럽은 이슬람 제국을 통해 들어온 문화를 받아들여 로마 제국 붕괴 이후 침체되었던 사회에 활기를 되찾았다. 유럽에 종이를 전파한 것도 이슬람 제국이었다. 751년 이슬람 군대인 장군인 이븐 살리흐가 당나라 군대를 탈라스 전투에서 격파하면서 많은 당나라 병사를 포로로 잡았는데, 그중에 종이 만드는 법을 아는 기술자가 있었던 것이다. 종이를 손에 넣게 된 아랍인들은 제지소를 세우고, 그들이 다스리는 영토 각지로 종이를 전파했다. 800년에는 이집트에, 900년에는 스페인에 종이가 전해졌다. 10세기가 되자 시리아와 아라비아반도에도 종이가 전해졌으며, 11세기에는 스페인을 통해 서유럽에도 점차 종이가 전파되었다. 그동안 질긴 양피지에 글씨를 쓰던 유럽인들은 종이를 보고 너무나 놀라 무척 귀중하게 여겼다고 한다.

아울러 쇠나 구리를 황금으로 바꾸는 마법으로 알려진 '연금술'도 아랍인들이 유럽에 전해주었다. 연금술은 비록 실패했으나, 그 과정에서 각종 화학 기술이 발전해 현대 과학에 이바지했다고 볼 수 있다.

아랍인들이 남긴 중요한 문화유산이 하나 더 있다. 이슬람 제국 전성기인 아바스 왕조의 다섯 번째 칼리프 하룬 알라시드(재위 786~809) 시절, 아랍과 페르시아, 인도에 전해지는 이야기들을 한데 모아 엮은 판타지 소설 《아라비안나이트》가 나왔다. 이 《아라비안나이트》에 담긴 이야기들은 오늘날에도 램프의 요정 지니, 모험을 즐기는 용감한 소년 알라딘과 신드바드 같은 흥미로운 콘텐츠로 전해져 전 세계인을 즐겁게 하고 있다. 미국 할리우드의 애니메이션 '알라딘' 시리즈도 《아라비안나이트》가 없었다면 나오지 못했을 것이다.

라틴 제국과
아테네 공국

4차 십자군이 세운
나라들

11세기부터 시작된 십자군 전쟁은 서유럽이 같은 기독교를 믿는 동로마 제국을 이슬람 세력의 위협으로부터 지켜야 한다는 명분이 시발점이었다. 그러나 막상 서유럽인들은 동로마 제국에 이슬람 세력보다 더 큰 피해를 주었다. 서유럽의 기사와 용병들은 동로마 제국에 쳐들어가 살인과 약탈을 저지르고 아예 땅마저 빼앗아 라틴 제국과 아테네 공국을 세웠다.

왜 십자군과 용병들은 기독교 국가인 동로마 제국을 침공했을까? 여기에는 동로마와 서유럽 간에 얽힌 여러 가지 복잡한 사정이 작용했다.

동로마와 십자군의 갈등,
4차 십자군 전쟁으로 번지다

먼저 라틴 제국부터 살펴보자. 라틴 제국은 동로마 제국의 수도인 콘스탄티노플을 공격한 4차 십자군이 세운 나라다. 4차 십자군은 11~13세기에 기독교 국가인 동로마 제국을 이슬람 세력의 침략으로부터 지키고, 이슬람 지배하에 놓인 기독교의 성지 예루살렘을 다시 찾아오겠다는 명분을 내걸고 서유럽 각지에서 몰려온 기사와 병사들로 이루어진 군대였다.

같은 기독교 국가를 돕겠다고 결성된 십자군이 왜 동로마 제국을 공격했을까? 여기에는 복잡한 속사정이 있다. 비록 동로마와 서유럽이 이슬람에 맞서 동맹을 맺긴 했으나, 둘의 관계는 처음부터 심각한 문제점을 안고 있었다. 우선 로마 제국의 정통 후계자인 동로마 제국은 서유럽인들을 옛날의 미개한 야만 부족인 '켈트족'이라고 부르면서 업신여겼다. 또한 서유럽인들을 자기들이 고용한 용병 취급하면서 복종할 것을 강요했다.

반면 서유럽인들은 항상 자신들을 깔보면서 정작 위기가 닥치면 도와달라고 요청하는 동로마인들을 '비열하고 믿을 수 없는 족속들'이라고 생각했다. 또한 십자군 전쟁에 참전한 서유럽 귀족들은 어디까지나 동로마를 돕기 위해서지, 결코 동로마에 복종하기 위해 나선 것이 아니었기 때문에, 복종하라는 동로마의 강압적인 요구에 크게 반발했다.

그러한 대립은 1차 십자군 때부터 시작되었다. 1096년 1차 십자군에 참여한 보에몽 드 타랑트Bohemond de Tarente, 고드프루아 드 부용Gode-froy de Bouillon, 레이몽 드 생 질Raymond de Saint-Gilles 같은 서유럽 귀족들이 콘스탄티노플에 도착하자, 동로마 황제 알렉시오스 1세Alexios I (1048~1118)는 그들에게 "당신들은 나를 주군으로 섬기겠다고 충성 맹세를 하라. 그리고 당신들이 이슬람 세력으로부터 빼앗은 땅을 모두 동로마에 바쳐야 한다"고 했다. 그러나 고드프루아는 "나는 하느님에게 복종할

뿐이지, 결코 동로마 황제의 신하
가 되기 위해 온 것이 아니다"라고
강하게 반발하며, 데려온 군대를
동원해 동로마 군대와 싸움을 벌
이기까지 했다.

알렉시오스 1세가 군대로 고드
프루아를 압박하고 그에게 보내
는 식량을 중단하겠다고 으름장
을 놓자, 고드프루아는 어쩔 수 없
이 일단 머리를 숙였으나 그 후에
도 동로마와 십자군 간 대립은 계
속되었다.

십자군을 불러들인 동로마 황제 알렉시오스
1세.

1098년 1차 십자군이 이슬람
세력 아래 있던 도시 안티오크를 점령한 직후, 대규모의 튀르크 군대가
안티오크로 몰려오자 겁을 먹고 도망치던 십자군 지도자 아티엔Atienne
Comte de Blois은 마침 군대를 이끌고 안티오크로 오던 알렉시오스 1세
를 만나자 "십자군은 조만간 튀르크 군대에 격파당하고 말 것이니, 가봐
야 소용없습니다"라고 말했다. 그 말을 믿은 알렉시오스 1세는 콘스탄티
노플로 돌아가버렸다. 나중에 이 사실을 알게 된 십자군 지도자들은 화
가 나서 "우리를 돕지 않고 달아난 비겁한 자와 한 약속은 지킬 필요가 없
다!"면서 알렉시오스 1세에게 했던 영토 반환 약속을 모두 취소하고 자신
들이 땅을 차지해버렸다.

이 사건은 동로마와 서유럽의 관계를 결정적으로 벌려놓았다. 동로마 측에서는 서유럽을 가리켜 "약속을 저버리고 원래 우리 땅을 빼앗은 날강도들"이라며 미워했고, 서유럽 측에서는 "동로마야말로 거짓과 배신을 일삼았으니 믿을 수 없다"고 적개심을 품었다.

아울러 십자군 전쟁 때 군사와 보급품의 수송을 맡아 큰돈을 번 베네치아와 제노바 등의 서유럽 상인들이 콘스탄티노플에 대거 몰려오자, 동로마 상인들은 그들을 자신들의 상업적 이익을 빼앗아가는 경쟁자라고 여겼고, 이 과정에서 자연히 서유럽인들에 대한 동로마인들의 반감이 커졌다. 그리고 1182년, 콘스탄티노플에 대규모 폭동이 일어나 거주하던 서유럽인들이 동로마인들에게 모조리 죽임을 당하는 참변이 벌어졌다. 이 소식을 들은 서유럽에서는 동포들을 죽인 동로마인들에 대한 증오와 복수를 부추기는 여론이 확산되었다.

그리하여 마침내 1203년 7월 11일, 4차 십자군은 이교도인 이슬람 세력이 아니라, 기독교도인 동로마 제국을 공격하기 위해 콘스탄티노플로 쳐들어왔다. 원래 동로마인들은 십자군의 공격을 하찮게 여겼다. 수도인 콘스탄티노플은 세 겹의 높은 성벽으로 둘러싸여 있었고, 그때까지 어떠한 침략자도 이 성벽을 넘지 못해 도시는 안전했다. 하지만 막상 십자군이 들이닥쳐 전투가 시작되자, 결과는 전혀 뜻밖의 양상으로 나타났다. 불과 100여 명의 십자군 병사가 성벽을 기어올라 달려들자, 그들보다 훨씬 많은 동로마 병사가 겁을 먹고 달아나버렸다. 이런 상황에서는 성벽이 아무리 높고 튼튼하다 해도, 동로마가 불리할 수밖에 없었다.

결국 1204년 4월 13일, 콘스탄티노플은 십자군에 점령되었다. 그리고

콘스탄티노플을 공격하는 4차 십자군을 묘사한 그림.

(팔마 일 지오반니Palma il Giovane, 1204)

십자군 병사들은 이제까지 그들을 미개인 취급했던 동로마인들에게 복수라도 하려는 듯, 무자비한 학살과 약탈을 저질렀다. 같은 기독교도임에도 불구하고 교회 곳곳에 들이닥친 십자군 병사들은 황금과 보석을 노략질하느라 성인들의 조각상을 마구 부숴버렸으며, 귀족과 평민 여자들, 수녀들까지 모조리 겁탈했다. 설상가상으로 약탈이 벌어지던 와중에 십자군 병사들은 도시에 불까지 질렀는데, 그 불길이 크게 번져 수많은 시민이 타 죽고 주택이 전소되었다.

약탈을 끝낸 십자군은 그들의 지도자 중 한 명인 보두앵 1세Baudouin I(1172~1205)를 새로운 라틴 제국의 황제로 앉혔다. 라틴 제국은 이처럼 4차 십자군의 학살을 통해 태어났다.

라틴 제국, 혼돈과 불안의 57년

비록 4차 십자군의 성공으로 라틴 제국이 세워지긴 했으나, 이 나라는 시작부터 적대적인 분위기에 포위되어 있었다. 무엇보다 인구의 절대다수를 차지하는 동로마인들은 살인과 강도짓을 저지른 서유럽인들을 극도로 증오해, 결코 그들에게 진심으로 복종하지 않았다.

아울러 라틴 제국의 황제들은 정교회를 믿는 백성들에게 서유럽의 가톨릭교회 방식으로 예배를 보라고 강요하는가 하면, 부족한 돈을 채우기 위해 콘스탄티노플에 보관된 예수의 가시관 같은 소중한 성물들을 베네치아에 마구 팔아버려 민심을 잃었다. 서유럽인들은 전쟁에는 뛰어났지만, 통치에는 무능했던 것이다. 이러한 문제점은 뒤에 언급할 아테네 공국에서도 나타난다.

그런 상황에서도 라틴 제국이 57년간 버틸 수 있던 것은 동로마인들끼리 분열되어, 구심점을 찾는 데 많은 시간이 걸린 데다 소아시아 내륙의 튀르크족과 싸우느라 콘스탄티노플에만 신경을 기울이기 어려웠기 때문이다. 하지만 동로마인들은 잃어버린 수도를 되찾는 일을 한시도 잊지 않았다. 콘스탄티노플이 함락되고 2년 뒤인 1206년, 동로마의 귀족 테오도루스 라스카리스는 소아시아 서부 니케아에서 스스로 황제라고 선언하며 니케아 제국을 세웠다. 콘스탄티노플 함락 이후, 니케아 제국은 에피루스 군주국이나 트레비존드 제국 같은 동로마의 잔여 세력 중에서 가장 강력해, 수도 탈환을 꿈꾸는 동로마인들에겐 희망의 등불과도 같았다.

니케아 제국은 동부의 튀르크족과 싸우거나 협상을 하면서 안전을 확보하고 수도 탈환 기회를 엿보던 1261년 7월, 콘스탄티노플을 지키던 베네치아 함대가 니케아 서쪽 다프누시아섬을 공격하러 떠나버려 콘스탄티노플이 텅 비어 있다는 정보를 입수하고는, 7월 25일 병사들을 함대에 태워 콘스탄티노플에 상륙시켰다. 4차 십자군이 수개월 동안 처절한 살육전을 벌였던 것과 너무나 대조적으로, 도시로 들어간 동로마 병사들은 아무런 저항도 받지 않았다.

라틴 제국의 마지막 황제인 보두앵 2세(재위 1240~1261)는 콘스탄티노플에 살고 있던 베네치아인들과 함께 배를 타고 베네치아로 도망쳤다. 동로마인들은 베네치아인들이 달아나도록 내버려두는 것은 물론, 자신들의 도시를 되찾은 것인 만큼 학살이나 약탈을 전혀 저지르지 않았다. 베네치아로 달아난 보두앵 2세는 여전히 자신이 라틴 제국의 황제라고 주장했지만, 땅도 군대도 없는 황제는 그저 헛된 이름에 불과했다. 그의 후손들은 베네치아에서 허송세월해, 결국 14세기 말 라틴 황제의 이름은 허무하게 사라졌다. 하지만 사실상 라틴 제국은 1261년에 소멸한 것이었다. 이 나라가 세워지기까지 사람들이 흘린 피를 생각하면, 참으로 어처구니없는 최후였다.

서유럽 용병이 세운 아테네 공국

1204년 콘스탄티노플을 함락시킨 4차 십자군에는 프랑스 동부 부르고뉴의 기사인 오토 드 라로슈Otho de la Roche도 포함되어 있었다. 4차 십자군이 성공하자, 군대를 이끌고 참여한 지도자들은 서로 동로마 제국의 영토를 나누어 차지했는데, 오토는 아테네를 갖게 되었다. 1205년, 군대를 이끌고 아테네를 점령한 오토는 스스로 아테네 공작이라 칭하면서, 아테네 공국을 세웠다.

아테네 지역은 동로마의 중심부인 콘스탄티노플에서 멀었고, 인구도 적어 서유럽인들에게 저항하기 어려웠다. 그래서 아테네 공국은 라틴 제국보다 더 오래 존속할 수 있었다. 아테네 공국에 정착한 서유럽 기사들은 자기들끼리 말을 타고 달리며 서로 창을 찔러 넣는 토너먼트 같은 서유럽식 놀이를 즐기며 살았다.

그러나 아테네 공국은 인구가 워낙 적어서, 외부의 침입자들에게 제대

아테네 공국을 세운 십자군들이 남긴 유적지.(1875년 촬영)

로 대처하지 못했다. 따라서 지배 세력이 프랑스인에서 시칠리아인, 카탈루냐인, 피렌체인, 베네치아인으로 계속 바뀌었다. 1267년에는 시칠리아 국왕인 샤를 1세Charles I(1227~1285)를 섬기는 속국이 되었다. 물론 이는 형식적인 것이었고, 실제 지배세력은 오토의 후계자인 부르고뉴와 프랑스인 기사들이었다. 그러다가 1311년부터 카탈루냐인들이 지배했다. 거기에 얽힌 이야기들은 동로마 제국과도 관련이 깊어 조금 소개한다.

1281년 시칠리아를 다스리던 아라곤(현재 스페인 동부 지역인 카탈루냐) 왕실은 북아프리카 원정을 위해, 그들의 고향인 카탈루냐에서 데려온 사람들로 카탈루냐 용병 부대를 만들었다. 그러다가 1302년 8월 31일, 북아프리카 원정을 포기한 뒤 더 이상 쓸모없어진 카탈루냐 용병들과의 계약을 취소했다.

졸지에 일자리를 잃어버린 카탈루냐 용병들은 먹고살기 위해 성전기사단과 해적, 용병 대장을 지내며 명성이 높았던 군인 루지에로 데 플로르Ruggiero de Flor(1267~1305)를 새로운 지도자로 세우고, 그를 따라 동로마 제국으로 가서 이슬람 세력과 싸우는 용병으로 복무하기로 결정했다.

1302년 9월, 39척의 배에 올라탄 2500명의 카탈루냐 용병이 동로마 제국의 수도인 콘스탄티노플에 도착했다. 하지만 용병들이 대부분 결혼한 상태라 아내와 자녀들까지 포함된 카탈루냐 용병 부대의 인원은 거의 6500명에 이르렀다.

동로마 제국은 일단 카탈루냐 용병을 환영하는 뜻으로 플로르를 동로마 황제인 안드로니코스 2세Andronikos II의 조카딸 마리아와 결혼시켜주었고, 그를 제국에서 다섯 번째로 높은 관직인 메가스 둑스Megas Doux에 임명했다. 또한 이미 동로마 제국에 복무하고 있던 다른 용병들보다 카탈루냐 용병들에게 2배 많은 급료를 주었다.

1303년, 카탈루냐 용병들은 동로마의 요청으로 소아시아로 건너가 튀르크족과 싸웠다. 과연 그들은 용맹함을 보였다. 필라델피아 전투에서만 무려 1만8000명의 튀르크족이 카탈루냐 용병에게 죽임을 당했다. 승리한 카탈루냐 용병들은 동쪽으로 전진해 현재 터키 남부인 타우르스에서 매복하고 있던 튀르크족을 공격해 또 한 번 승리를 거두었다. 하지만 너

동로마 황제 앞에서 사열식을 하는 카탈루냐
용병 부대를 묘사한 그림.(호세 모레노
카르보네로 José Moreno Carbonero, 1888)

카탈루냐 용병들의 대장인
루지에로 데 플로르.
(1818 혹은 1821)

무 동쪽으로 들어가면 보급선이 끊어질 것을 우려한 플로르는 철수를 결정했고, 그 뒤 동로마 북쪽의 불가리아가 위협해오는 바람에 카탈루냐 용병들을 불가리아를 견제하는 데 투입했다. 여하튼 카탈루냐 용병들이 동로마 제국을 압박하던 튀르크족을 물리쳐주어 동로마 제국은 당분간 동쪽의 위협으로부터 벗어날 수 있었다.

그러나 카탈루냐 용병들에게는 심각한 결점이 몇 가지 있었다. 우선 전투에선 용감했으나, 돈에 대한 욕심이 너무 강했다. 실제로 카탈루냐 용병들은 필라델피아와 마그네시아 같은 동로마의 도시에 들어가면, 주민들을 고문하면서 돈을 내놓으라고 협박했다. 또한 주둔 지역 처녀들을 강제로 아내나 애인으로 삼았다. 그래서 카탈루냐 용병을 겪어본 동로마 사람들은 "카탈루냐인들의 친구가 되느니, 차라리 튀르크인들의 적이 되는 게 낫다!"라고 원성을 터뜨렸다.

심지어 용병 대장인 플로르는 동로마 황제가 국고 사정 때문에 카탈루냐 용병에게 지급하는 금화의 양을 줄이자, 황제를 향해 "나는 일단 40걸음 앞에서는 당신에게 엎드려 절을 하겠지만, 일어선 후에는 내가 죽을 때까지 싸울 것이오!"라며 협박하기도 했다. 그 말에 두려움을 느낀 황제는 국고를 털어 플로르를 포함한 카탈루냐 용병들에게 무려 100만 개의 금화를 주었다. 하지만 그 금화를 마련하기 위해 동로마 제국은 모든 관리에게 주는 월급의 3분의 1을 줄이고 농민들에게 특별 세금까지 물려야 했다. 그렇게까지 해주었는데도 플로르는 보수가 너무 적다며 계속 불평을 늘어놓았다.

카탈루냐 용병들은 지나치게 오만해, 얼마 안 가 동로마 제국 안에서

카탈루냐 용병들의 모습을 묘사한 중세 삽화. 중세 유럽의 수많은 용병 부대 중에서 카탈루냐
용병들은 용맹하고 잔인하며 탐욕스러운 것으로 유명했다.

고립되고 말았다. 그들은 모든 전투 계획을 마음대로 짜고, 전투에서 얻
은 노획물도 독차지했다. 심지어 마음에 들지 않는 동로마의 관리나 군
인을 죽이는 일도 서슴지 않았다. 한 예로 기독교를 믿었던 튀르크(혹은 몽
골계) 계통의 알란족은 오랫동안 동로마 제국의 용병으로 복무했는데, 카
탈루냐 용병들이 자기들 급료의 2배를 받는다는 사실에 화가 나서 그들
과 말다툼을 벌였다. 이 과정에서 알란족 족장인 기르콘의 아들을 포함해
300명이 죽임을 당했다.

　그런데도 동로마 제국에 대한 플로르의 요구는 끊이지 않았다. 그는

"당신네가 더 이상 돈이 없어서 못 주겠다면, 차라리 나한테 땅을 주시오. 이왕이면 날씨가 따뜻하고 비옥한 아나톨리아 지역이 좋겠소"라며 대담한 요구를 해왔다. 문제는 아나톨리아가 소아시아에 있는, 엄연한 동로마 제국의 영토였다는 사실이다. 막대한 자금에 이어 땅까지 달라고 하자, 동로마 제국은 매우 불쾌해하고 위험하게 여겼다. 만약 플로르가 아나톨리아를 차지하면, 더 큰 욕심을 부려 아예 동로마 제국 전체를 빼앗을지도 모를 일이었다. 하지만 거부했다간 플로르와 카탈루냐 용병들이 행패를 부릴지 몰라 동로마 황제 안드로니쿠스는 일단 요구를 들어주겠다고 승인했다. 그런 뒤 플로르는 안드로니쿠스의 아들이자 공동 황제인 미카일 9세가 개최한 파티에 참석했다가, 1305년 4월 5일 기르콘의 지휘를 받는 알란족 용병들에게 살해되었다. 이 파티는 평소 플로르를 도적 떼의 두목이라고 미워하던 미카일 9세가 그를 방심시키려고 일부러 개최한 죽음의 파티였다.

그러나 플로르의 죽음을 안 카탈루냐 용병들은 겁먹고 도망치기는커녕 오히려 "우리를 배신한 동로마에 복수하겠다!"면서 반란을 일으켰다. 그러고는 이제까지 적이었던 튀르크족에게 "우리와 함께 동로마를 상대로 실컷 약탈하자"고 제안해, 1000명의 튀르크족이 카탈루냐 전우회에 합류했다.

1305년 7월, 현재 그리스와 터키의 국경 지대인 아프로스에서 2500명의 카탈루냐 용병과, 미카일 9세가 지휘하는 1만4000명의 동로마 군대가 전투를 벌였다. 결과는 놀랍게도 카탈루냐 용병들의 승리였다. 군대가 전멸당하자 미카일 9세는 서둘러 수도인 콘스탄티노플로 달아났고, 병력이 너무 적어 요새와 성벽을 공격할 엄두를 내지 않았던 카탈루냐 용병들은 서쪽으로 군대를 돌려, 현재 그리스 북부 트라키아 지역에서 무자비한 학살과 약탈을 무려 2년 동안이나 저질렀다. 그런 뒤 진로를 남쪽으로 돌려 아테네를 향해 내려갔다.

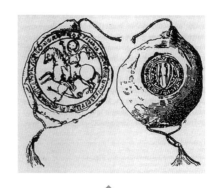

1305년 카탈루냐 용병들이 사용했던 도장을 묘사한 그림.

그 무렵 아테네 공국은 프랑스인 기사 발터 5세Walter V가 공작이 되어 다스리고 있었다. 발터는 카탈루냐 용병의 용맹함에 대해 익히 들어온 터라, 그들을 고용해 주변 지역의 성 30개를 점령했다. 하지만 카탈루냐 용병들이 지나치게 많은 급료를 요구하자 그들을 해고해버렸다. 그러나 그의 조치는 자신을 파멸로 내몰았다. 해고당한 카탈루냐 용병들은 발터를 상대로 전쟁을 선언했고, 1311년 3월 15일 케피수스 강가에서 발터가 지휘하던 1만5000명의 군대를 습격해 전멸시켰다. 카탈루냐 용병들은 미리 강의 둑을 허물고 넘쳐나는 강물로 강 주위를 늪으로 만든 다음, 발터 군대의 말들이 늪에 빠져 허우적거리는 사이 기습하는 작전을 펼쳤다.

승리한 카탈루냐 용병들은 곧바로 아테네로 진격해 발터의 가족을 쫓아내고, 아테네 공국의 지배권을 잡았다. 그런 뒤 죽은 발터군 병사들의 아내와 딸을 자신들의 아내로 삼았다. 카탈루냐인들은 1390년까지 아테네 공국을 지배했다.

1360년대부터 카탈루냐인들은 심각한 내분에 휘말려 점차 세력이 약화되었다. 이런 카탈루냐인들에게 치명타를 입힌 것은 아이러니하게도 그들과 같은 스페인 출신 나바라Navara 용병들이었다. 오늘날 스페인 북부 나바라 출신들로 구성된 나바라 용병들은 1366년부터 알바니아에서 용병으로 일하다가 피렌체 출신 공작 네리오 1세Nerio I(재위 1388~1394)와 함께 1386년에 아테네로 진격했다.

용맹한 카탈루냐인들도 세월이 흐르면서 약해진 탓인지, 2년 동안 이어진 전쟁 끝에 결국 무너지고 말았다. 1390년 그리스 남부 도시 네오파트라스Neopatras에 남아 있던 카탈루냐인들도 네리오 1세에게 굴복하면서 비로소 카탈루냐인들의 지배는 끝이 났다. 아테네 공국에서 쫓겨난 카탈루냐인들이 어디로 갔는지는 확실치 않으나, 아마 세르비아 등 주변국들로 도망쳐 용병으로 살았을 것으로 추정된다.

이리하여 1388년부터 아테네 공국의 지배권은 피렌체인들에게 넘어갔다. 그러나 1395년에 베네치아인들의 공격을 받아 그들의 지배를 받았다. 마지막 아테네 공작인 프란체스코 2세Francesco II는 1458년 오늘날의 터키인 오스만 제국에 항복하면서 주권을 넘겨주었고, 이로써 아테네 공국은 역사 속으로 사라졌다(프란체스코 2세는 2년 후 오스만 제국에 의해 죽임을 당했다).

◆

카탈루냐 용병들을
아테네에서 몰아낸 피렌체
공작 네리오 1세의 초상화.

"외부 지원군에 의존하지 마라"

라틴 제국과 아테네 공국은 각각 60년과 150년 동안 존속했음에도 유산을 찾아보기 힘들다. 통치에 무능하고 잔혹한 폭력을 행사했던 군벌들의 정권이 역사에 남을 업적이나 제도를 만들기란 불가능했을 것이다.

다만 두 나라의 흥망성쇠는 후세 사람들에게 반면교사反面教師의 교훈은 남겼다. 16세기 이탈리아의 철학자 마키아벨리는 저서 《군주론》에서 "외부에서 불러온 지원군에 의존하지 마라. 지원군이 승리하면 당신은 그들의 지배를 받게 되고, 지원군이 패배하면 당신도 멸망한다"라고 적었다.

실제로 마키아벨리의 말처럼, 동로마가 불러들인 십자군과 용병이 강성했을 때 동로마는 그들에게 이리저리 휘둘렸고, 그들이 니코폴리스 전투와 바르나 전투에서 오스만 군대에 참패하자 동로마는 곧바로 쇠퇴와 멸망의 길을 걸었다.

동로마를 돕기 위해 왔다던 서유럽 군대가 오히려 동로마에 더 큰 타격을 입혔고, 그로 인해 동로마는 새롭게 일어나는 오스만 제국에 의해 힘없이 멸망했다. 그리고 오스만 제국은 동유럽의 관문인 빈까지 쳐들어가 유럽을 공포에 떨게 했다. 이는 라틴 제국과 아테네 공국이 동로마에 남긴 상처의 결과였다.

오늘날 동로마의 후손이라고 할 수 있는 그리스인들은 라틴 제국과 아테네 공국에 대해 매우 나쁜 이미지를 갖고 있다. 살육을 저지르고 가톨릭을 강요했던 라틴 제국 때문에 1204년 4차 십자군이 콘스탄티노플을 함락시킨 뒤 그리스인들 사이에서는 "가톨릭 교황의 면류관보다 이슬람 술탄의 터번이 더 낫다"는 말이 나돌았고, 카탈루냐 용병들의 잔혹함이 남긴 기억 탓에 "카탈루냐인들도 그런 일은 안 한다"라는 속담이 지금까지 남아 있다.

5

동로마 제국

로마 제국의
정통 계승자

서양 역사에서 가장 오랫동안 존속한 나라는 로마 제국이다. 오늘날 유럽과 북아프리카, 서아시아의 대부분을 지배했던 로마 제국은 2100년 동안이나 지속되었으며, 공화정치와 복지제도, 상하수도 등 뛰어난 문명을 이룩해 현재까지도 세계 곳곳에 많은 영향을 주고 있다. 그런 이유로 프랑스, 독일, 오스트리아, 러시아, 영국, 미국 등 서양의 많은 나라가 로마의 후계자라고 주장한다. 하지만 로마의 진정한 후계자는 오늘날 터키 영토인 이스탄불을 수도로 삼고 1060년 동안 존속했던 동로마(비잔티움) 제국이다.

새로운 로마의 수도 콘스탄티노플과 동로마 제국의 탄생

동로마 제국의 기원은 서기 330년으로 거슬러 올라간다. 로마 황제 콘스탄티누스 1세(306~337)는 로마 제국의 수도를 로마에서 현재 터키의 이스탄불인 비잔티움으로 옮겼다. 그리고 자신의 이름을 따서 비잔티움을 콘스탄티노폴리스라고 바꾸었는데, 이것이 부르기 쉬운 콘스탄티노플로 정착된 것이다.

콘스탄티누스 1세가 수도를 옮긴 이유는, 로마를 중심으로 한 서쪽 지역은 게르만족이 연이어 침입해 방어하기 힘들고 경제력이 빈약한 반면, 콘스탄티노플을 중심으로 한 동쪽 지역은 서쪽보다 방어하기 쉽고 경제력이 좋았기 때문이다. 아울러 콘스탄티노플은 사방이 육지인 로마와 달리 항구도시이기 때문에 함대를 풀어 해안을 지킨다면 바다에서 쳐들어오는 적이 공격하기 어렵다는 이점도 있었다.

콘스탄티누스 1세는 우선 새 수도에 높이 12~15m, 길이 6.5km의 성벽을 쌓았다. 이 성벽은 테오도시우스 2세(408~450) 황제 때, 바깥에 두 개의 성벽을 더 쌓고 도시를 둘러싼 해안가에도 전부 성벽을 쌓는 것으로 보강되었다. 그리하여 콘스탄티노플은 삼중 성벽이 둘러싸고 있는데, 그 방어력이 매우 뛰어나 1000년 넘는 동로마 제국 역사상 외부의 공격으로 함락된 것은 1204년의 4차 십자군 전쟁과 1453년의 오스만 제국 침략밖에 없었다.

콘스탄티누스 1세는 수도를 옮기면서 로마에 있던 황궁과 전차 경기장, 원로원 등을 그대로 본떠 새로 건설했다. 이런 이유로 콘스탄티노플은 '새로운 로마'라는 뜻인 '노바 로마Nova Roma'로 불리기도 했다. 콘스탄티노플의 건축물 중 전차 경기장은 동로마 역사에서 매우 중요한 역할을 했다. 콘스탄티노플 시민들은 4마리의 말이 끌고 2개의 바퀴가 달린 전

©Bigdaddy1204

콘스탄티노플을 둘러싼 삼중 성벽. 중세
유럽과 서아시아를 통틀어 가장 높고
튼튼한 성벽이었다.

로마 황제 콘스탄티누스
1세의 대리석 조각상. 수도를
로마에서 콘스탄티노플로 옮긴
그의 시도로 로마는 나라의
생명을 1000년이나 늘릴 수
있었다.

©Jean-Christophe BENOIST

차에 1명의 기수가 탑승해 빠른 속도로 경기장을 돌고 도는 전차 경주를 굉장히 좋아했다. 시민들은 두 편으로 나누어 전차 경주를 응원하는 응원단까지 만들었는데, 녹색 옷을 입은 녹색당과 파란색 옷을 입은 청색당이 있었다. 두 응원단은 평소에도 극심하게 대립했는데, 전차 경주를 응원하다가 서로 싸우거나 심지어 황제의 정치에 불만을 품고 폭동을 일으키는 일도 있었다.

395년 로마 황제 테오도시우스 1세는 죽기 직전, 두 아들인 아르카디우스와 호노리우스에게 나라를 둘로 갈라서 나눠주었다. 물론 그 이전부터 로마 제국은 게르만족과 사산 왕조의 잇따른 침입에 시달리며 광대한 영토를 4명의 황제가 나누어 다스리기도 했으나, 테오도시우스 1세의 분할이 결정적인 역할을 해 이때를 기점으로 로마 제국은 동방과 서방으로 분열되었다. 아르카디우스가 맡은 로마의 동쪽은 동로마 제국이 되었고, 호노리우스가 맡은 서쪽은 서로마 제국이 되었다. 동로마 제국은 지금의 이스탄불인 콘스탄티노플을 수도로 삼았고, 서로마 제국은 현재의 밀라노인 메디올라눔을 수도로 삼았다.

서로마 제국은 빈약한 경제력과 게르만족의 계속되는 침략을 견디지 못하고 476년에 마지막 황제인 로물루스가 후계자를 남기지 않고 물러나면서 멸망했다. 그 후 서유럽은 색슨족과 프랑크족, 서고트족과 롬바르드족 같은 여러 게르만 부족이 각자 땅을 차지하고 군웅할거의 대혼란을 벌이는 중세 유럽의 암흑기로 넘어간다.

반면 동로마 제국은 이집트와 시리아같이 경제적으로 풍족한 지역 덕분에 계속 번영을 누렸으며, 국가체제를 안정적으로 관리해 서로마 제국

◆

성 소피아 대성당 내부.
동로마 제국 시절
만들어진 최고의 종교
예술 유적지로 꼽힌다.

ⓒChristophe Meneboeuf

이 멸망한 뒤에도 1000년 넘게 존속할 수 있었다.

동로마 제국의 최고 전성기는 유스티니아누스 1세(재위 527~565) 황제 시절이었다. 그는 녹색당과 청색당이 일으킨 니카의 반란(532)을 진압해 권력의 안전을 다진 후, 잃어버린 로마 제국 시절의 영토를 되찾겠다는 명분을 내걸고 북아프리카와 이탈리아로 군대를 보내 반달 왕국을 멸망시키고(534) 동고트 왕국마저 무너뜨려(552) 이탈리아 본토를 탈환했다. 비록 로마 제국의 전성기 시절에는 미치지 못했으나, 그 후 유스티니아누스 1세 시절보다 더 넓은 영토를 지배한 동로마 황제는 없었다.

유스티니아누스 1세는 대외 전쟁뿐만 아니라 내치에도 신경을 썼다. 그는 534년 학자들을 불러 로마 제국 시절부터 내려온 법 조항들을 정리한 《로마법 대전》을 발표했는데, 이 《로마법 대전》은 이후 서유럽 각국에 전해져 그 나라들의 성문법 형성에 큰 영향을 주었다. 아울러 유스티니아누스 1세는 312년 콘스탄티누스 1세가 밀라노 칙령을 발표해 기독교를 공인한 이래 국민 대부분이 기독교도가 된 동로마인들을 위해 537년 성 소피아 대성당을 건설했다. 이 소피아 대성당은 훗날 동로마 제국이 멸망한 뒤에도 계속 남아, 오늘날 터키의 이스탄불에서 볼 수 있다.

사산 왕조와
이슬람 제국의 전쟁

초창기 동로마 제국의 적대국은 지금의 이란인 페르시아를 지배하던 사산 왕조였다. 동로마 제국은 로마 제국 시절부터 사산 왕조(224~651)와 줄곧 전쟁을 벌여왔는데, 603년 사산 왕조의 황제인 호스로 2세가 동로마 제국의 동부 지역을 공격해, 619년까지 오늘날의 시리아와 예루살렘, 이집트 등을 빼앗은 일이 있었다.

그러나 동로마의 헤라클리우스 황제가 교회로부터 거둬들인 세금으로 군대를 보강하면서 곧바로 반격에 나서, 628년까지 사산 왕조의 군대를 크게 물리치고 사산 왕조의 왕궁인 다스타기르드를 불태워버렸다. 결국 빼앗긴 영토를 사산 왕조로부터 모두 돌려받으면서 전쟁이 끝났다.

이렇게 하여 사산 왕조의 위협은 끝났으나 630년대부터 동로마 제국은 더 강력하고 위험한 적수를 만났으니, 바로 이슬람 제국이었다. 원래 아라비아반도의 사막에서 유목 생활을 하며 살아가던 아랍인들은 630년 이슬람교를 창시한 예언자 무함마드에 의해 통일되었다. 무함마드는 632년에 죽었으나, 그의 친구인 우마르가 아랍인들의 새로운 지도자가 되었다. 우마르는 이슬람교의 깃발 아래 세계를 정복하겠다는 야심을 품고, 동로마 제국을 상대로 전쟁을 일으켰다.

636년, 시리아 남부 야르무크에서 벌어진 전투에서 동로마 정규군 5만 명은 그들보다 훨씬 적은 이슬람 군대에 전멸당했다. 638년에는 동로마의 영토이자 기독교의 성지인 예루살렘이 이슬람 군대에 점령되었고, 639년에는 시리아 전체가 이슬람 군대의 손에 넘어갔다. 641년에는 이집트가, 651년에는 트리폴리가, 680년에는 모리타니아가, 698년에는 카르타고(현재 튀니지)가 이슬람 군대에 함락되어, 사실상 북아프리카 대부분이 이슬람 제국의 영토가 되었다.

동로마 제국이 전쟁에 져서 사산 왕조에 영토를 빼앗긴 일이 있긴 했으나, 이슬람 제국에 빼앗긴 영토는 영영 되찾지 못했다. 그 이유는 전염병 창궐 때문이었다. 마침 이슬람 제국과 전쟁이 일어나기 전에 흑사병이 동로마 제국을 휩쓸고 지나가 수많은 군인과 백성이 죽었다. 그로 인해 동로마 제국은 군사력 보급에 심각한 차질이 생겨, 이슬람 제국의 침입에 제대로 대처하기 어려웠다. 여하튼 이슬람 제국의 출현은 동로마 제국에 치명적인 피해를 안겼다. 우선 이집트를 포함한 북아프리카와 시리아 지역을 빼앗긴 일은 실로 막대한 타격이었다. 특히 풍족한 곡창지대이자 많은 인구를 가진 이집트와 카르타고를 잃은 여파가 매우 컸다. 동로마 제국은 멸망할 때까지 그 손실을 회복하지 못했다.

로마 제국은 최소한 자국보다 더 강력한 나라와 전쟁을 벌이거나 적대 관계를 맺는 일이 없었고, 그래서 지중해의 유일한 초강대국으로 군림할 수 있었다. 반면 동로마 제국은 자국을 능가하는 초강대국인 이슬람 제국과 전쟁을 벌이는 최악의 상황을 맞아 전성기 로마 제국에 훨씬 못 미치는 2급 강대국 수준에 영원히 머무르게 되었다. 실제로 이슬람 제국에 북아프리카와 시리아 일대를 빼앗긴 이후 동로마 제국의 영토는 발칸반도와 소아시아 주변 지역에 머물렀다(간혹 뛰어난 황제들이 나타나 고토 회복에 나섰지만, 남부 이탈리아나 시리아 북부 정도였다). 로마 제국을 자처했으나, 실제 국력과 영토는 로마 제국 시절에 훨씬 못 미쳤다.

9~10세기의 중흥기

9세기에 접어들자, 동로마 제국은 쇠퇴기에서 벗어나 다시 부흥기를 맞이했다. 최대 적수인 이슬람 제국이 여러 나라로 분열되면서 예전처럼 나라의 존망을 위협하지 못하게 되어 동로마 제국은 한숨을 돌릴 수 있었다.

그래서 니케포루스 2세와 요한네스 치미스케스 같은 뛰어난 장군 출신 황제들은 군대를 이끌고 이슬람 세력을 상대로 원정에 나서, 크레타섬(961)과 시리아의 도시인 알레포(962)와 키프로스섬(965), 다마스쿠스(975)를 탈환하는 등 많은 성과를 거두었다. 물론 로마 제국 전성기에 비하면 매우 좁은 지역이었지만, 이슬람 제국의 기세에 밀려 곧 망할 것 같던 7세기 상황에 비하면, 상당한 성공이라고 할 만했다.

수도인 콘스탄티노플은 6세기에 기승을 부렸던 흑사병의 여파로 많은 인구를 잃었다. 12세기 무렵에는 어느 정도 회복해 콘스탄티노플의 인구가 약 40만 명이었는데, 이는 코르도바 칼리프국의 수도인 코르도바를 제외하면 유럽에서 가장 많은 인구가 사는 도시였다. 하지만 국제무역에서는 콘스탄티노플이 코르도바보다 더 뛰어났다. 지리적으로 유럽과 아시아를 연결하는 위치에 있다 보니, 유럽과 중동의 수많은 물류와 상인이 몰리면서 콘스탄티노플은 국제무역의 중심지로 발돋움했다.

동로마의 경제와 관련된 흥미로운 이야기가 하나 있다. 유스티니아누스 1세는 멀리 동쪽에 있는 중국에서 수입하는 비단 때문에 해마다 막대한 무역적자가 발생하자, 이 손실을 보충하기 위해 동방으로 기독교 성직자들을 보내 비단 만드는 방법을 알아내고, 그 원료를 콘스탄티노플로 가져오라는 지시를 내렸다. 성직자들은 현재 투르크메니스탄과 키르기스스탄의 접경 지역인 소그디아나Sogdiana를 방문해, '누에'가 뽕나무 잎을 갉아 먹고 내뿜는 실로 비단을 만든다는 사실을 알아내고는 그 누에들을 몰래 짐 속에 숨겨 콘스탄티노플로 가져왔다(552). 그 후 동로마는 자체적으로 비단을 생산해 판매하는 데 성공했다고 한다. 고려의 문익점이 붓 뚜껑 속에 목화씨를 숨겨서 고려로 가져와 목화를 재배했다는 이야기와 매우 비슷한데, 오늘날의 산업 스파이는 그 유래가 매우 오래되었던 셈이다.

동로마가 유럽 기독교권의 최강대국이다 보니, 유럽 각지에서 수많은 사람이 용병으로 돈을 벌기 위해 몰려들었다. 그중에서 가장 유명한 용병 부대는 982년 키예프 대공인 블라디미르가 동로마의 바실리우스 2세(재위 976~1025) 황제에게 보낸, '바랑기안 근위대Varangian Guards'라는 6000명의 중무장 보병부대였다. 이 바랑기안 근위대는 스칸디나비아반도에서 러시아와 우크라이나 지역으로 이주한 바이킹의 후손으로, 약 300년 동안 황제의 근위대이자 동로마의 최정예 부대 역할을 맡았다.

바랑기안 근위대에서 용병으로 복무하다 제대하고 고향으로 돌아간 바이킹들은 그동안 번 돈과 콘스탄티노플에서 살고 왔다는 이유로 큰 존경을 받았다. 또한 그들로부터 바랑기안 근위대와 동로마의 삶에 대해 들은 다른 바이킹들도 콘스탄티노플로 가서 바랑기안 근위대에 들어가려고 애썼다. 황량하고 가난한 북유럽에서 살았던 바이킹에게 콘스탄티노플은 눈부시게 찬란한 번영을 누리는 천국 같은 곳으로 여겨졌을 것이다.

이처럼 바랑기안 근위대는 바이킹과 밀접한 연관이 있었다. 노르웨이

바랑기안 근위대의 모습을 묘사한 삽화. 바이킹들로 이루어진
이들은 동로마 제국 최정예 부대로 명성이 자자했다.

의 왕족인 하랄 하르드라다Harald Hardrada(1015~1066)는 고향에서 왕위
계승 다툼에 휘말려 쫓겨나자, 콘스탄티노플로 달아나 바랑기안 근위대
에 입대했다. 이후 근위대의 사령관으로 오랫동안 근무하며 시칠리아 전
투에서 전공을 쌓았고, 벌어들인 돈을 가지고 노르웨이로 돌아가 왕위에
올랐다(1047년). 바랑기안 근위대는 바이킹 전사들의 근무지인 동시에, 바
이킹 왕국의 왕을 길러내는 터전이기도 했던 것이다.

서유럽의 배신

한동안 안정과 번영을 누리던 동로마 제국은 11세기 중엽부터 쇠퇴의 길에 접어들었다. 이슬람교를 믿는 동방의 셀주크튀르크족과 벌인 만지케르트 전투에서 패배하고 황제인 로마노스 4세마저 포로로 잡힐 정도로 수모를 당한 일이 크게 작용했다(1071). 튀르크의 침략에 위협을 느낀 동로마 제국은 같은 기독교도인 서유럽의 로마 교황과 귀족들에게 "이교도인 이슬람 세력의 압박에서 기독교도인 우리를 도와주시오"라고 구원 요청을 보냈다. 교황은 동서로 분열된 기독교 교회를 통합하고 최고 권력자가 되려는 목적으로, 귀족들은 이슬람교 세력의 지배를 받고 있는 성지 예루살렘을 되찾아 영웅이 되고, 풍요로운 동방을 차지하려는 목적으로 동로마의 요청을 받아들였다. 이로써 '기독교 형제 동로마를 이슬람의 위협으로부터 구하기 위해 싸운다'는 명분을 내걸고 군대를 보내 동부 지중해 일대를 공격한 것이 바로 십자군 전쟁의 시작이었다.

1096년에 벌어진 1차 십자군 전쟁에서 서유럽 귀족들이 이끈 군대는 이슬람 세력을 격파하고 예루살렘을 되찾았다. 만지케르트 전투에서 동로마를 위협했던 튀르크족이 1차 십자군 전쟁 무렵 여러 파벌로 분열되어, 십자군에 효과적으로 대항하기 어려웠던 사정도 작용했다. 하지만 이같은 성공에도 불구하고 동로마와 십자군 세력 사이에 불화가 감돌았다. 동로마는 십자군을 그저 야만인 용병 정도로 여기면서 자신들의 뜻대로 제어하려 했고, 십자군 세력은 이에 반발하며 자신들만의 독자적인 판단에 따라 움직이려 했다. 이로써 동로마와 십자군 간에 갈등이 점차 심해졌다.

그리하여 1204년 4월 13일, 4차 십자군은 동로마의 수도 콘스탄티노플을 공격해 함락시켰다. 명색이 기독교를 지킨다며 일어선 십자군이 왜 같은 기독교 세력인 동로마를 침략했는지에 대해서는 여러 가지 주장이 있으나, 가장 큰 이유는 십자군의 물주 역할을 하던 베네치아의 입김 때문이었다. 당시 베네치아는 서유럽에서 동부 지중해로 가는 십자군 병사들을 배에 태워주는 대가로 돈을 받고 군수물자 등을 대주면서 막대한 부를 쌓고 있었는데, 베네치아와 동로마는 상업적 이익을 두고 경쟁하는 사이여서 경쟁자를 억누르기 위해 그들이 일부러 십자군을 콘스탄티노플로 쳐들어가도록 유도했을 것이라는 주장이 유력하다. 아울러 1182년, 콘스탄티노플에서는 동로마인들이 대규모 폭동을 일으켜 서유럽인들을 학살하는 참변이 벌어진 사실이 서유럽에 알려지면서, 동포들을 죽인 동로마인들에 대한 증오와 복수를 부추기는 여론이 확산되었던 사실도 무시할 수 없다.

4차 십자군은 콘스탄티노플을 점령하고 라틴 제국을 세웠다. 하지만 라틴 제국은 혼란만 거듭하다가 1261년 동로마인들의 반격에 허무하게 무너졌다. 콘스탄티노플 함락 당시 피해가 워낙 커서 동로마 제국은 그 후 다시는 예전의 국력을 되찾지 못한 채 약소국으로 전락하고 말았다.

그리고 동로마가 십자군의 침략으로 고통스러워할 무렵, 튀르크족은 다시 힘을 길러 동로마를 위협해왔다. 도저히 자국의 힘만으로는 튀르크족을 막아내기 어렵다고 판단한 동로마는 또다시 서유럽에 구원병을 요청해 1302년, 카탈루냐 용병 부대를 불러왔다. 그러나 이 결정은 십자군보다 더 큰 재앙을 몰고 왔다. 카탈루냐 용병들은 지나치게 잔인하고 탐욕스러워 비싼 급료를 받으면서도 전혀 만족하지 못했으며, 심지어 땅을 내놓으라고 윽박지르기도 했다. 결국 동로마는 그들을 제거하려 했지만 그런 조치에 분개한 카탈루냐 용병들은 동로마의 영토인 현재의 그리스 곳곳에서 무자비한 학살과 약탈을 벌이며 막대한 피해를 줬다. 이 피해로부터 동로마는 끝내 회복하지 못했다.

결국 동로마는 자신들이 부른 구원병으로 인해 더 큰 타격을 입은 셈이었다. 그러자 동로마인들은 "교황의 면류관보다 이슬람교도들의 터번이 더 낫다!"라며 울분을 터뜨렸고, 증오스러운 서유럽인들보다 차라리 튀르크인들을 불러들여 안전을 보장받는 방안을 생각하기 시작했다.

튀르크족에게 최후를 맞다

13세기 초부터 14세기 초까지 서유럽인들에게 배신당한 동로마는 14세기 중엽에 이르러 새로운 위협에 시달렸다. 북쪽의 불가리아와 서쪽의 세르비아가 압박해오며 영토를 빼앗아가는 바람에 콘스탄티노플과 그리스 남부를 제외하면 남은 영토가 없었다. 그래서 동로마인들은 지금의 터키 땅인 소아시아에서 용맹을 떨치던 튀르크족의 일파 오스만튀르크족을 불러들였다(1352). 확실히 오스만튀르크족은 사납고 용맹해 동로마를 위협하던 세르비아와 불가리아를 코소보 전투(1389)에서 격파한 뒤, 속국으로 삼거나 아예 멸망시켜버렸다(1393).

코소보 전투를 그린 작품. 이 전투에서 패배한 세르비아는 오스만 제국의
속국으로 전락하고, 1세기 후에는 오스만의 공격을 받아 멸망하고 만다.
그 때문에 오늘날까지 세르비아인들에게 매우 안타까운 순간으로 기억되고
있다. (아담 스테파노빅Adam Stefanovic, 1870)

이로써 동로마는 세르비아와 불가리아의 위협에서 벗어났지만, 이두 나라보다 더 강력해진 오스만튀르크와 마주하게 되었다. 게다가 자신들의 막강한 힘을 확인한 오스만튀르크족은 동로마를 속국 취급하면서 압박하기 시작했다. 동로마인들은 그제야 오스만튀르크의 위험성을 깨달았지만, 이미 너무 늦은 뒤였다. 오랜 세월 외세의 침탈에 시달린 동로마는 약해질 대로 약해져 더 이상 오스만의 압박에 저항할 힘이 없었다.

그러자 동로마는 오스만의 속국 노릇을 하면서 살아남으려 애썼다. 한동안은 그런 방식이 통했으나, 1451년 메흐메트 2세가 오스만의 새로운 지도자가 되면서 사정이 달라졌다. 메흐메트 2세는 허약해질 대로 허약해진 동로마를 완전히 없애버리고, 콘스탄티노플을 오스만 제국의 수도로 삼아 세계를 정복하려는 야심 가득한 제왕이었다. 그리하여 1453년 4월 6일, 메흐메트 2세가 이끄는 10만의 오스만 군대는 콘스탄티노플을 포위하고 치열한 공격을 퍼부었다.

최악의 위기에 처한 동로마의 마지막 황제 콘스탄티누스 11세는 베네치아와 제노바의 용병을 빌려오면서까지 오스만의 침공에 필사적으로 저항했다. 하지만 7000명도 안 되는 군대로 10만 명의 대군과 맞서 싸우는 건 역부족이었다. 결국 5월 19일, 콘스탄티노플이 오스만 대군에 함락되었고, 콘스탄티누스 11세는 직접 칼을 들고 싸우다 전사했다. 이로써 2000년 넘게 이어져온 찬란한 로마 제국의 명맥이 역사 속에서 완전히 사라지고 말았다.

참으로 아이러니하게도 동로마 제국은 이슬람 세력으로부터 보호받기

오스만 군대에 함락된 콘스탄티노플.
(파우스토 조나로Fausto Zonaro)

위해 기독교 세력의 힘을 빌렸다가 오히려 그들에게 피해를 입었고, 기독교 세력으로부터 보호받기 위해 이슬람 세력의 힘을 빌렸다가 그들로 인해 멸망한 셈이었다.

기독교 문화의 전파자

1000년 넘게 존속한 동로마 제국은 후세에 많은 영향을 끼쳤다. 우선, 동로마 제국은 600년 동안 기독교 유럽의 보호자 역할을 했다. 서기 7세기부터, 타오르는 불길 같은 기세로 지중해 일대를 점령하던 이슬람 제국이 674년과 717년에 각각 10만 명 넘는 대군을 동원해 콘스탄티노플로 쳐들어왔으나, 동로마 제국은 이를 모두 격퇴했다.

이 승전으로 인해, 이슬람 제국의 동유럽 정복은 800년이나 미뤄졌다. 만약 이 두 번에 걸친 콘스탄티노플 공방전에서 동로마 제국이 패배하고 멸망했다면, 이슬람 제국은 그 기세를 몰아 동유럽으로 계속 쳐들어갔을 것이고, 그랬다면 오늘날 유럽은 기독교가 아니라 이슬람교 지역이 되었을 것이라고 많은 학자가 주장한다. 당시 유럽에서 10만 명이나 되는 이슬람 대군을 상대로 싸워서 이길 수 있는 강대국은 동로마밖에 없었기 때문이다.

둘째, 러시아를 비롯한 동유럽에 기독교를 전파해 그들을 유럽 문화권에 묶어두었다. 원래 러시아 같은 동유럽 지역은 슬라브족이 살았던 곳으로 자신들만의 전통 신앙을 믿었다. 또한 동유럽과 중앙아시아에 걸쳐 존속하던 하자르 왕국에서는 유대교나 이슬람교가 활동했다. 그런 이유로 9세기까지 동유럽은 기독교 문화권에 포함되지 않았다.

그런데 982년 키예프 대공인 블라디미르가 동로마 공주 안나와 결혼하는 대가로 동방 정교회(동로마 등 동유럽 국가들이 믿었던 기독교의 종파)를 받아들이면서 불가리아, 세르비아 같은 동유럽 국가도 기독교국이 되었다. 특히 러시아는 동방 정교회가 국교 역할을 하면서 동로마에 이은 세 번째 로마 제국이라고 주장했으며, 그로 인해 유럽과 아시아에 걸친 광활한 영토를 확보하는 정신적 명분을 얻을 수 있었다.

셋째, 고대 로마 제국이 남긴 유산을 동로마가 잘 보존해 서유럽에 물려주었다. 앞에서 거론한 대로 유스티니아누스 1세가 534년에 학자들을 시켜 정리한《로마법 대전》은 프랑스와 독일 등 서유럽에 전해져 근대 법전의 토대가 되었다. 그리고 콘스탄티노플이 오스만 군대에 함락되기 전, 위험을 느낀 동로마 학자들은 베네치아 등 이탈리아 도시로 달아났다. 이들이 동로마의 문화를 이탈리아인들에게 전해주면서, 고대 그리스와 로마의 유산을 중세에 되살린 르네상스가 일어났다.

넷째, 다소 사소해 보이지만, 동로마는 서유럽에 포크를 전해주었다. 원래 유럽에서는 음식을 맨손으로 집어먹었다. 오늘날 고급 레스토랑에서 나오는 핑거볼Finger Bowl도 음식을 손가락으로 집어 먹고 식사가 끝난 뒤 손가락을 물로 씻었던 유럽 문화에서 유래한 것이다. 그런데 10세기 무렵 동로마에서 식사용 도구로 포크가 등장했고, 이 포크를 1004년 베네치아의 귀족인 조반니 공작과 결혼한 동로마의 마리아 아르기 공주가 베네치아에 전했다. 당시 포크를 처음 본 서유럽인들은 "그냥 편리하게 손가락으로 음식을 집어 먹으면 되는데, 무엇 하러 귀찮게 포크로 찍어 먹어야 하느냐?"며 불편하게 여겼다고 한다. 또한 페트루스 다미아누스 같은 서유럽의 기독교 성직자들은 "포크는 허영과 사치의 도구이니, 신의 분노를 살 것이다"라며 거부반응을 보였다. 그런 이유로 포크는 서유럽에서 거의 사용되지 않았으며, 1700년대 와서야 비로소 일반화되기 시작했다.

이렇듯 동로마 제국은 로마 제국의 정통 후계자로서 기독교 문화를 보존하고 전파하면서 그 문화권을 유지하는 역할을 했다. 어쩌면 역사 속에서 그 역할을 충분히 하고 사라진 나라라고 볼 수도 있을 것이다.

6

스페인의
이슬람 왕국들

700년 동안 유럽에 존재했던
이슬람 세력

4세기 이후부터 유럽은 기독교 문화권이었고, 중세에는 기독교가 국교나 다름없었다. 그러나 유럽 서남쪽의 스페인은 8세기 이후부터 15세기까지 이슬람교 문화권에 속해 있었다. 게다가 중세 유럽이 낙후된 상태였던 것과 달리, 이슬람 문화권이었던 스페인은 눈부신 번영을 누렸다.

오늘날 유럽의 일부이자 독실한 기독교 국가인 스페인이 어쩌다 700년 동안이나 이슬람 문화권에 속해 있었을까? 이 물음에 대한 답을 찾으려면, 8세기 초의 이슬람 역사를 알아야 한다.

서고트 왕국을 정복한 이슬람 군대

원래 스페인은 갈색 피부와 검은색 곱슬머리를 가진 '이베리아' 계통의 원주민들이 살던 땅이었다. 그러다가 기원전 3세기경부터 로마인들이 쳐들어와 이베리아 원주민들과 200년 동안 전쟁을 벌인 끝에 승리해 500년 간 다스렸다.

한편 4세기 말, 우크라이나에서 살고 있던 게르만족의 일파인 서고트 족은 동쪽에서 쳐들어온 훈족을 피해 서쪽의 로마 제국 영토 안으로 침투해왔다. 410년, 이 서고트족은 마침내 스페인으로 이주해 군사력으로 로마인들을 지배하면서 서고트 왕국(415~711)을 세웠다. 하지만 왕위 계승이 안정적이지 못했고, 왕권이 약해 왕실과 귀족들 간에 대립이 심했다. 이런 상황에서 귀족들이 왕권에 대항하기 위해 외부 세력을 불러들였는데, 그것이 바로 이슬람의 침략으로 이어졌다.

서기 710년, 로데릭Roderik이 서고트 왕국의 새 왕으로 즉위한 것이 시작이었다. 로데릭 이전의 위티사왕Witiza을 따르던 자들은 위티사의 아들을 왕으로 세우려 했으나 로데릭이 왕이 되자, 그의 정통성을 인정하지 않겠다며 북아프리카를 지배하고 있던 이슬람 우마이야 왕조에 도움을 청했다. 우마이야 왕조는 이를 받아들여 711년, 타리크 이븐 지야드Tariq ibn Ziyad(?~720) 장군에게 아랍인과 베르베르인으로 구성된 군대를 주어 스페인 원정을 보냈다. 이때 타리크는 북아프리카와 스페인을 나누는 지브롤터 해협에 이름을 붙였는데, 지브롤터란 이름은 당시 타리크가 바다를 건너서 도착한 '타리크의 산'을 뜻하는 아랍어 '자발 타리크Jabal tariq'에서 나왔다.

타리크가 이끄는 이슬람 군대는 과달레테 강가 전투에서 로데릭이 지휘하던 서고트 왕국의 군대를 격파하고 로데릭도 전사시켰다. 이때 로데릭에 반대하던 서고트 귀족들은 타리크에게 항복했고, 타리크는 그들의

타리크 이븐 지야드의 모습을 묘사한 삽화.(테오도어 호제만Theodor Hosemann)

협조를 얻어 서고트 왕국 영토의 대부분을 점령해나갔다. 다만 타리크 및 그와 내통한 귀족들에게 반대한 다른 서고트 왕국 사람들은 험한 산악지역인 북쪽 아스투리아스로 달아났고, 거기서 아스투리아스 왕국을 세워

끝까지 이슬람에 맞서 싸웠다.

여하튼 타리크의 서고트 정복으로 인해 아스투리아스를 제외한 스페인은 약 780년 동안 이슬람의 지배를 받게 되었다.

우마이야 왕조의 생존자가 세운 코르도바 칼리프국

750년, 이슬람 제국의 아바스 왕조가 우마이야 왕조를 무너뜨리고 우마이야 왕족을 대부분 죽였으나, 간신히 살아남은 왕자 아브드 알라흐만Abd al-Rahman I(731~788)은 스페인으로 달아났다. 가급적 아바스 왕조로부터 멀어져야 한다는 생각 때문이었다. 하지만 아바스 왕조는 자신들에게 원한을 품고 있는 우마이야 왕조의 잔당 아브드 알라흐만을 그대로 두지 않았다. 아바스 왕조의 두 번째 칼리프인 알만수르는 스페인 현지의 반反우마이야 세력을 지원해 아브드 알라흐만을 제거하려 했으나, 아브드 알라흐만이 용맹하게 싸워 오히려 그들을 제압하는 바람에 스페인은 영원히 아바스 왕조의 손에서 벗어났다.

그렇게 6년에 걸쳐 스페인의 반우마이야 세력을 모두 제압한 아브드 알라흐만은 756년에 후後우마이야 왕조를 세웠다. 이런 아브드 알라흐만의 업적에 대해 정치적으로 적수였던 알만수르조차 감탄해 "혼자 바다를 건너 먼 나라로 가서 그곳의 적수들을 모두 제압하고 왕이 되었으니, 세상에서 가장 위대한 영웅이다!"라고 칭찬했다.

코르도바 칼리프국의
창시자인 아브드 알라흐만
1세.

후우마이야 왕조의 수도는 현재 스페인 남부
의 코르도바였다. 그래서 후우마이야 왕조를 코
르도바 칼리프국이라고 부르기도 한다. 788년에
아브드 알라흐만이 사망한 뒤 아들 히샴 1세(재위
788~796)가 두 번째 군주가 되었다.

796년에 히샴 1세는 죽고, 그의 아들인 알하캄
1세Al-Hakam I(재위 796~822)가 세 번째 군주가 되
었는데, 그의 집권기인 818년 3월에 대규모 폭동
이 일어났다. 외국인들로 구성된 왕실 근위대 병
사들에게 아랍 계통의 코르도바 시민들이 "너희
는 아랍어를 못 하니까, 귀가 안 들리거나 벙어리
들이 아니냐?"라고 조롱해, 이에 분노한 병사들이 시민들을 상대로 폭력
을 행사한 것이 시작이었다. 사태가 커지면서 마침내 코르도바의 수많은
시민이 왕실을 몰아내려고 폭동을 일으켰다.

수만 명에 달하는 시민이 궁궐로 몰려오자, 그들의 기세가 너무 막강해
알하캄 1세도 한때 죽음을 예감할 만큼 위기에 몰렸다. 그러나 왕실 친위
대가 시민들의 처소에 불을 질러 주위를 분산시킨 다음, 그들을 포위하고
공격해 폭동을 진압했다. 알하캄 1세는 친위대 병사들에게 폭동을 일으
킨 시민들의 집을 3일 동안 마음껏 노략질하라고 명령을 내렸다. 이때 시
민 수만 명이 병사들에게 죽임을 당했고, 간신히 살아남은 사람들은 배를
타고 이집트나 모로코로 달아났다.

알하캄 1세의 치세에 일어난 폭동으로 하마터면 무너질 뻔했으나, 이

스페인에 건너온 아랍인들이 쌓은 성. 스페인 사람들은 자국을 지배했던
아랍인들을 무어인이라 불렀다. 그래서 이 성을 '무어인들의 성'이라고
일컫는다(현재는 영국 영토라 영국 국기가 걸려 있다).

위기를 잘 넘기면서 오히려 집권 기반이 더욱 튼튼해져, 코르도바 칼리프
국은 오랜 기간 평화를 누렸다.

눈부신 번영과
찬란한 문화를 이룩하다

알하캄 1세의 아들인 아브드 알라흐만 2세(재위 822~852) 치세에 이르러
코르도바 칼리프국은 국력이 최고 전성기에 달했으며, 눈부신 번영을 누
리면서 찬란한 문화를 이룩했다. 당시 코르도바의 인구는 50만 명 정도였
는데, 그 무렵 서유럽 도시 중에서 인구가 3만 명 넘는 곳이 거의 없었다
는 사실을 고려하면 대단한 규모였다.

이슬람교 국가답게, 코르도바 칼리프국에는 모스크(이슬람교 사원)가 700
곳이나 세워졌다. 그중 현재까지 남아 있는 메스키타Mezquita 사원이 가
장 크고 화려했는데, 850개의 기둥이 건물을 떠받치고 있으며, 동서 길이
가 130m, 남쪽 길이가 180m에 달해 한꺼번에 2만5000명을 수용할 수
있었다.

또한 코르도바에는 15만 채의 집과 50개의 병원, 8만 개의 상점, 대학
교를 포함한 17개의 교육기관이 있었으며, 심지어 길거리에는 가로등까
지 설치되어 밤이 되면 불을 환하게 밝혔다. 그래서 코르도바의 시민들은
같은 시대의 서유럽 사람들보다 훨씬 풍족한 삶을 누렸다.

그 당시 아브드 알라흐만 2세 때 얼마나 부유했는지 알 수 있는 사례가

스페인 코르도바에 남아 있는 메스키타 사원.
코르도바 칼리프국 시절 세워진 이슬람 유적지다.

하나 있다. 842년 1년 동안 코르도바 칼리프국이 거둬들인 세금은 황금 100만 디나르였던 반면, 이슬람 세계의 맹주이자 세계 최강대국이던 아바스 왕조가 거둬들인 세금은 황금 80만 디나르였다. 코르도바 칼리프국의 영토는 약 50만km²로, 약 840만km²인 아바스 왕조의 16분의 1밖에 되지 않았는데, 세금 수입은 오히려 더 많았던 것이다.

이를 통해 코르도바 칼리프국이 풍요로웠다는 것, 반대로 아바스 왕조는 영토는 넓었으나 실질적인 소득은 그리 많지 않았다는 것을 알 수 있다. 물론 알무타심(재위 833~842)의 집권기에 스페인을 비롯해 모로코와 페르시아가 떨어져나간 이후라서, 아바스 왕조의 국력이 점점 쇠퇴하는 상황이었기 때문이기도 하다.

이슬람교 국가이긴 했지만, 유대인과 기독교도들도 코르도바 칼리프국 인구에서 상당한 비중을 차지했다. 기독교도가 유대인보다 많았는데, 그들은 이슬람의 지배를 받자 새로운 권력자들의 환심을 사기 위해 이슬람교로 개종하거나 예전의 신앙을 계속 지켜나갔다. 개종한 이들을 물라디muladi, 예전 신앙을 지킨 사람들을 모사라베mozarabe라고 불렀다. 물라디들은 이슬람교로 개종한 대가로 세금을 적게 냈고, 모사라베는 세금을 많이 내는 편이었다. 그러나 모사라베도 세금만 계속 내면, 생명과 재산, 풍습의 자유를 얼마든지 보장받을 수 있었다.

코르도바 칼리프국에서는 유대인이 높은 관직에 오르는 등 우대를 받았다. 인구에서 많은 비중을 차지한 기독교도를 견제하기 위해 코르도바 칼리프국의 지배층이 일부러 유대인을 키워주었기 때문이다. 한 예로 왕실의 주치의였던 하스다이 이븐 샤프루트Hasdai ibn Shaprut(915~970)는 유대인으로서, 아브드 알라흐만 3세의 명령을 받아, 비만으로 고생하던 레온 왕국(아스투리아스 왕국의 후계 국가)의 산초 왕자를 치료해주기도 했다.

전체 인구 중 비이슬람교도가 많다 보니, 그들과 어울려 살던 이슬람교도들도 이웃의 풍습에 물들곤 했다. 아랍인으로 이슬람교를 믿었던 철학자 아베로에스Averroes(1126~1198)는 '술과 돼지고기를 마시거나 먹지 말

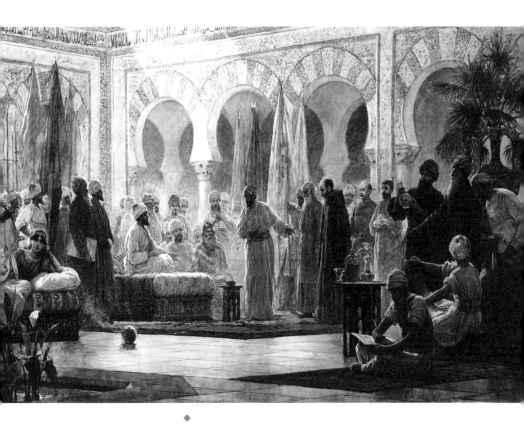

아브드 알라흐만 3세의 궁정을 묘사한 그림.(디오니시오
바이케라스 베르다구에Dionisio Baixeras Verdaguer, 1885)

라'는 이슬람교의 교리를 어기고, 그것들을 매우 즐겨 먹었다. 이는 술과
돼지고기를 먹던 기독교도들의 영향을 받은 탓이었다. 또한 아베로에스
는 고대 그리스의 철학자 아리스토텔레스의 저술을 연구해 그와 관련된
많은 논문을 썼는데, 이 논문들이 서유럽으로 흘러들어가 기독교 신학자

인 토마스 아퀴나스의 《신학대전》에 큰 영향을 주었다.

한편 아브드 알라흐만 3세는 936년 코르도바에서 서북쪽으로 5km 떨어진 언덕에 14년에 걸쳐 자프라Zaafra라는 새로운 도시를 세웠다. 자프라에는 아브드 알라흐만 3세가 기거할 '메디나 아사하라'라는 새로운 궁전도 만들어졌다. 4300개의 기둥이 떠받치고, 1만 5000개의 대문이 달린 이 궁전에는 1만 7500명의 노예와 6300명의 시녀가 살았는데, 그들을 먹여 살리기 위해 하루에 1만 5000개의 양고기 요리가 식탁에 올라왔다. 궁전 중심부에는 외국 사신들을 만나는 방이 있었는데, 황금과 대리석으로 장식되고 수은으로 이루어진 인공 연못이 들어섰으며 방과 통하는 8개의 문은 보석과 상아로 장식되었다. 동로마 제국을 제외하면, 같은 시대 유럽의 어떠한 왕이나 귀족도 그렇게 화려하고 아름다운 궁전을 갖지 못했으니, 코르도바 칼리프국이 얼마나 번영했는지 알 수 있다.

끝없이 이어지는 전쟁, 그리고 최후

달도 차면 기울어지듯, 코르도바 칼리프국의 번영도 영원히 계속되지는 못했다. 히샴 3세(재위 1026~1031)가 죽자, 코르도바 칼리프국은 왕족과 귀족들 간의 권력 다툼이 극심해져 여러 나라로 분열되었다. 그 후 코르도바 칼리프국처럼 스페인 대부분을 다스리는 통합 왕국은 등장하지 않았고, 여러 개의 작은 나라가 서로 대립하거나 손잡는 등 혼란이 계속되었다. 세계사에서는 그 기간을 '타이파Taifa 시대'라고 부르는데, '타이파'는 분파를 뜻하는 아랍어에서 유래한 말이다.

한편 이슬람교도들끼리 서로 싸울 무렵, 북쪽 아스투리아스 지역의 기독교도들은 점차 힘을 길러 침입자인 이슬람교도들을 쫓아낸 뒤 다시 옛날의 기독교 왕국을 되찾자는 명분을 내걸고 전쟁을 벌이기 시작했다. 이를 스페인 역사에서는 '레콩키스타Reconquista'라고 부르는데, '다시 정복한다'는 뜻이다.

11세기 무렵에는 스페인에서 카스티야와 레온, 나바라 같은 북쪽의 기독교 왕국들의 국력이 남쪽의 이슬람 세력들보다 더 강했다. 이슬람 세력은 기독교 왕국들을 두려워해 그들이 요구하는 대로 '파리야스'라는 세금을 바치는 대신, 침략하지 않겠다는 약속을 받아냈다. 그러나 기독교 왕국들은 계속 파리야스를 요구했고, 그들의 요구를 따르다 보니 이슬람 세력은 갈수록 국고가 줄어들었다. 게다가 파리야스를 열심히 내도 기독교 왕국들은 이슬람 세력을 가만히 내버려두지 않았다. 1085년, 카스티야 왕국의 국왕 알폰소 6세는 이슬람 세력이 지배하던 대도시 톨레도를 공격해 함락시켰다. 카스티야는 톨레도에 살던 모사라베들과 내통해 도시를 손쉽게 함락시킬 수 있었다.

이에 이슬람 세력은 큰 충격을 받았다. 기독교 왕국들에 돈을 바쳐도 무사할 수 없다는 사실을 깨달은 이슬람 세력은 북아프리카 모로코에 있던 알모라비드Almoravid 왕국에 도움을 요청했다. 알모라비드 왕국은 베르베르족이 세운 나라였는데, 같은 이슬람교 국가임에도 불구하고 스페인의 이슬람 세력보다 더 완고하고 엄격한 신앙생활을 하고 있었다.

스페인의 이슬람 세력으로부터 구원 요청을 받은 알모라비드 왕국의 군주 유수프 이븐 타슈핀Yusuf ibn Tashfin(1009~1106)은 1086년에 2만 명의 군대를 이끌고 스페인에 상륙했다. 그해 10월 23일에는 스페인 남부 살라카 평원 전투에서 알폰소 6세가 지휘한 카스티야 군대를 크게 무찔렀다. 이 패전으로 카스티야 군대는 1만 명의 인명 피해를 입었으며, 스페인 전체 지배자가 되겠다던 알폰소 6세의 야심도 꺾여버렸다. 아울러 기독교 세력이 그토록 바라던 스페인 재정복도 약 400년 더 늦어졌다.

1147년까지 스페인은 살라카 전투의 승자인 알모라비드 왕국의 입김에 이리저리 휘둘렸다. 그러다가 그들처럼 북아프리카를 건너 스페인으로 온 알모아데 왕국이 알모라비드 왕국을 대신해 이슬람 세력의 맹주가 되었다. 이렇게 이슬람 세력이 혼란을 거듭하는 동안, 기독교 세력은 살라카 전투의 패배를 딛고 다시 힘을 키워 복수를 다짐하고 있었다. 그리고 1212년, 카스티야 왕국의 아라곤과 나바라 왕국의 연합군이 라스 나바스 데 톨로사 전투에서 이슬람 연합군과 싸워 크게 이김으로써 스페인의 세력 판도는 완전히 기독교 쪽으로 기울었다. 승리한 기독교 세력은 여세를 몰아 이슬람 세력을 더욱 압박했고, 1236년에는 카스티야 왕국이 과거 찬란한 영화를 누렸던 코르도바 칼리프국의 수도 코르도바를 점령했다. 그 당시 스페인 이슬람 세력은 많이 쇠약해져 있었다.

잇따른 패배에 당황한 이슬람 세력은 1086년처럼 북아프리카의 다른 이슬람 세력인 베닌메리족에 도움을 요청해 그들을 불러들였으나, 카스티야 왕국의 국왕 알폰소 11세가 1240년 베닌메리족을 쳐부수고 그들을 북아프리카로 쫓아냈다. 사납고 용맹하기로 소문났던 북아프리카의 이슬람 지원군이 참패할 만큼, 당시 스페인 기독교 세력의 힘은 막강했다.

그러던 중 1238년에 스페인 남쪽 끝에 있던 도시 그라나다에 이슬람교도인 무함마드 1세(재위 1231~1271)가 세운 그라나다 왕국이 들어섰다. 그라나다 왕국은 높은 산지로 보호받아 기독교 세력의 침입에 잘 저항할 수 있었고, 북아프리카와 가까워 다른 이슬람 세력에 도움을 요청하기도 쉬웠다. 그라나다 왕국의 수도인 그라나다에는 알함브라 궁전이 들어섰는데, 건물 내부는 기하학적이고 세밀한 이슬람 특유의 아라베스크 양식으로 만들어져 보는 사람들이 그 아름다움에 감탄할 정도였다.

하지만 시간이 흐를수록 기독교 세력의 힘은 강해졌고, 그와 반대로 이슬람 세력의 힘은 약해졌다. 결국 그라나다 왕국은 카스티야 왕국을 비롯한 기독교 세력에 세금을 바치고 목숨을 구걸하며 근근이 살아가다, 1492년 1월 2일 그라나다 왕국의 국왕 무함마드 12세(1460~1533)가 카스티야 왕국의 여왕 이사벨라 1세와 아라곤 왕국의 국왕 페르난도 2세에게 항복함으로써 멸망하고 말았다. 무함마드 12세는 모로코의 도시 파스로 떠났고, 그라나다의 이슬람교도들은 기독교 왕국의 노예가 되었다. 이로써 781년간 이어진 이슬람 세력의 스페인 지배는 막을 내렸다.

스페인에 남아 있는 이슬람의 흔적들

코르도바 칼리프국을 포함해 이슬람 세력은 스페인을 781년 동안 지배했으나 후세 역사에서 이슬람 세력이 스페인에 남긴 유산은 그리 많지

무함마드 12세가 카스티야와 레온 왕국의 이사벨라 여왕과 아라곤 왕국의 페르난도왕에게
알함브라 궁전의 열쇠를 넘겨주며 항복하는 모습. 참고로 이사벨라 여왕과 페르난도왕이
결혼함으로써, 여러 나라로 분열되어 있던 스페인은 비로소 하나의 나라로 통일되어 오늘에
이르고 있다.(프란시스코 프라딜라 오르티즈Francisco Pradilla Ortiz, 1882)

않다. 독실한 기독교도였던 스페인 사람들은 오랫동안 이슬람의 지배를
받은 일을 매우 부끄럽게 여겨, 레콩키스타에 성공하자 남아 있던 이슬
람과 아랍 문화의 영향을 없애는 데 힘을 쏟았기 때문이다.

그라나다 왕국이 멸망하고 스페인 전체가 기독교의 지배를 받자, 스페인 왕실은 유대인과 아랍인들을 박해했다. 약 20만 명의 유대인이 재산을 빼앗기고 해외로 추방되었으며, 심지어 살아남기 위해 기독교로 개종한 이슬람교도인 모리스코Morisco조차 '원래 이교도이자 침략자인 아랍인들이었으니 믿을 수 없다'는 의심을 받아, 30여만 명이 북아프리카로 쫓겨났다. 간신히 스페인에 남은 소수의 모리스코들은 아랍식 문화나 풍습을 모두 버리고, 기독교식 문화와 풍습에 철저히 동화되어 살아야 했다.

그럼에도 불구하고 코르도바 칼리프국을 비롯해 이슬람 세력이 스페인에 남긴 유산은 결코 무시할 수 없다. 우선 아직도 스페인에 남아 있는 메스키타 사원이나 알함브라 궁전은 모두 이슬람 세력이 지은 건물이다. 이슬람교를 증오하던 스페인의 완고한 기독교도들도 이 두 건물만은 너무나 아름다워서 파괴하지 않고 그대로 남겨두었다. 그리고 오늘날 전 세계에서 수백만 명의 관광객이 메스키타 사원과 알함브라 궁전을 보러 와 스페인 정부에 막대한 관광 수입을 안겨주고 있다. 이슬람 세력이 본의 아니게 스페인에 남기고 간 선물인 셈이다.

또한 7세기 넘게 아랍인들과 이웃해서 산 덕분에 오늘날 스페인어에도 아랍어의 영향이 상당히 많이 남아 있다. 스페인어에 들어가는 알al은 아브드 알라흐만Abd al-Rahman 같은 아랍어 알al에서 영향을 받은 것이다. 아울러 스페인어에 포함된 단어 중 알바코라albacora(황새치), 아제드레즈ajedrez(체스), 알바하카albahaca(바질), 알칸포르alcanfor(방충제) 등은 모두 아랍어에서 유래했다.

맘루크 왕조

노예들이 세운
나라

인류 역사상 수많은 나라가 있었지만 그중에서 노예들이 세워 250년이나 유지한 나라는 중세 이집트의 맘루크 왕조밖에 없다. 이 기이한 나라는 중세 이슬람 세계에서 찬란한 빛을 발했다. 13세기 들어 몽골의 침략으로 중세 이슬람 세계가 거의 파멸 위기에 몰린 상황에서, 맘루크 왕조는 희망과 번영을 안겨다준 등불 같은 존재였다.

노예로 이루어진 용병 부대, 맘루크

맘루크 왕조의 기원은 노예로 구성된 일종의 용병 부대인 '맘루크Mamluk'로 거슬러 올라간다. 중세 이집트 사회를 다스리던 아랍인들은 오래전부터 외국인 노예를 사들여 맘루크라는 용병 부대를 만든 뒤, 그들을 전쟁에 내보내거나 치안을 유지하도록 했다. 중세의 국제적인 무역상인답게 아랍인들은 맘루크 대상을 아프리카의 흑인에서부터 유럽의 백인, 아시아의 황인에 이르기까지 폭넓게 잡았다. 그중에서도 튀르크족을 가장 선호했다. 중앙아시아 대초원 출신의 유목민족이었던 튀르크족은 용맹스러운데다 말을 타고 활을 쏘는 기마 궁술에 능숙해 뛰어난 기마병으로 평가받았다. 아랍의 문인 알자히즈Al-Jahiz(767~869)는 튀르크족 병사들에 대해 이렇게 서술했다.

말에 올라 탄 튀르크족 병사 1000명이 나란히 달리면서 한꺼번에 화살을 쏘면, 반드시 1000명의 적이 죽고 말 것이다. 어느 군대도 그들의 공격에 맞서 싸울 수 없다. 말에 탄 채로 화살을 쏘는 실력으로는 튀르크족 병사가 아랍인 병사보다 더 뛰어나다. 튀르크족 병사들은 말에 탄 채로 전후좌우 사방을 자유자재로 움직이며, 화살을 쏘면 사람과 동물을 반드시 맞힌다. 아랍인 병사가 화살을 한 번 쏠 동안, 튀르크족 병사는 화살을 무려 열 번이나 쏠 수 있다.

그런 이유로 8세기부터 아랍인들은 중앙아시아에서 튀르크족을 노예로 사들여 용병으로 고용했다. 그리고 11세기에 들어 튀르크족이 세운 셀주크튀르크는 중동을 침공해 현재의 이라크와 시리아를 정복했고, 소아시아 반도의 영유권을 둘러싸고 동로마 제국과 벌인 만지케르트 전투(1071)에서 대승리를 거두면서 강력한 위세를 떨쳤다. 셀주크튀르크는 11세기 말, 왕위 계승을 둘러싸고 분열되면서 몰락했지만, 중동 대부분은 여전히 튀르크족 군벌들이 지배하고 있었다.

한편 이집트의 통치자들은 중앙아시아보다 더 가까운 남부 러시아의 초원 지대에서 튀르크족 노예들을 사들여 맘루크로 고용했다. 이들도 중동에 정착한 동족들만큼 용맹스러워서, 1250년 4월 프랑스 국왕 루이 9세가 이끈 십자군의 침공을 격퇴했다.

그러자 당시 이집트의 군주 알무아잠 투란샤Al-Mu'azzam Turanshah는 맘루크 부대의 힘이 너무 커지는 것을 경계해 그들을 죽이거나 쫓아내고 자신에게 충성하는 새로운 군대를 만들려고 했다. 이에 반발한 맘루크들은 반

창을 쥐고 말을 탄 맘루크 병사들의 모습을 묘사한 그림.(다니엘 호프퍼Daniel Hopfer)

란을 일으켜 투란샤를 죽였다. 그리고 맘루크 부대의 사령관인 이즈 알딘 아이베크는 투란샤의 아버지 앗 살리흐의 아내 샤자르 알두르와 결혼해 자신이 이집트를 다스리는 새로운 술탄에 올랐다. 아이베크를 시작으로 이집트는 1517년까지 맘루크 부대의 사령관이 국왕이 되어 지배하는 맘루크 왕조 시대로 접어들었다.

십자군과 몽골군을 몰아낸
맘루크 왕조

사랑이 아니라 권력을 얻기 위한 결혼이었기에 아이베크와 샤자르의 관계는 곧 파탄 났다. 아이베크가 14세의 어린 소녀를 첩으로 맞아들이자, 분노한 샤자르는 남편을 단검으로 찔러 죽인 뒤 아이베크의 하녀에게 죽임을 당했다. 그러자 맘루크 부대원들은 고위 지휘관인 사이프 아드딘 쿠투즈Sayf ad-Din Qutuz를 새로운 술탄으로 추대했다.

그 무렵, 멀리 동방에서는 13세기 유라시아 대륙을 재패했던 몽골 군대가 이집트를 향해 서서히 다가오고 있었다. 몽골 제국을 세운 칭기즈 칸의 손자 훌라구는 1258년 이라크를 다스리던 아바스 왕조의 수도 바그다드를 점령하고 이슬람교의 시조인 예언자 무함마드의 자손인 칼리프 알무스타심을 죽였다. 이 소식을 듣고 이슬람교를 믿던 이집트인들은 마치 세상이 멸망하는 것 같은 큰 충격을 받았다.

2년 뒤, 훌라구가 보낸 사신이 맘루크 왕조의 수도 카이로에 도착해 서신을 전달했다. 그 서신에는 몽골군이 천하무적이고 어느 나라도 상대할 수 없으니, 맘루크 왕조가 항복하지 않으면 모조리 죽인다는 끔찍한 협박이 담겨 있었다. 그러나 쿠투즈는 몽골 사신을 죽이고 그 목을 카이로의 대문인 '밥 주웨일라'에 높이 매달아, 결코 항복할 뜻이 없음을 밝혔다. 예로부터 몽골인들은 사신을 죽인 나라는 반드시 공격했는데, 쿠투즈의 이런 행동에 분노한 훌라구는 이집트로 진군했다.

그런데 마침, 멀리 중국에서 남송 왕조와 전쟁을 벌이던 몽골 제국의 황제 몽케 칸이 갑자기 죽었다는 소식이 들려왔다. 일단 황제가 죽으면 몽골의 황족은 모두 모여 황제를 선출하기 위한 대회인 쿠릴타이를 갖는데, 훌라구도 서둘러 쿠릴타이에 참석하기 위해 동방으로 돌아가야 했다. 따라서 훌라구는 부하 장군 키트부카에게 약 1만의 병력만 맡겨놓고, 원정군 병력의 대부분을 이끌고 몽골 본토로 철수했다.

첩보를 통해 이 소식을 접한 쿠투즈는 제아무리 막강한 몽골군이라도 주력 부대가 떠난 이상, 충분히 승산이 있다고 여겨 1만2000명의 맘루크 기병부대와 수만 명의 보병을 이끌고 현재 이스라엘의 예루살렘 부근으로 진군했다. 1260년 9월 2일, 예루살렘 부근의 작은 마을인 아인잘루트에서 이집트 군대는 몽골 군대를 유인해 포위 섬멸하는 전술로 대승을 거두었다. 키트부카는 이집트 군대에 붙잡혀 처형을 당했고, 몽골군은 궤멸되었다.

아인잘루트 전투에서 이집트 군대가 몽골군을 격퇴함으로써 북아프리카의 이슬람 세계는 몽골의 위협에서 완전히 벗어났다. 만약 맘루크 왕조가 몽골을 막아내지 못했다면, 몽골군은 이집트를 정복하고 그 여세를 몰아 북아프리카까지 거침없이 휩쓸면서 서쪽의 이슬람 세계 전체를 폐허로 만들었을 것이다. 그런 재앙을 차단했다는 점에서 아인잘루트 전투의 승리와 맘루크 왕조의 역사적 의의는 매우 크다고 할 수 있다. 또한 아인잘루트 전투에서 승리를 거둬 맘루크 왕조의 강인함이 증명되었고, 아울러 이집트는 평화와 번영을 구가하며 중세 이슬람 문명권의 중심으로 떠올랐다.

한편 아인잘루트 전투를 마치고 이집트로 개선하던 쿠투즈는 부하인

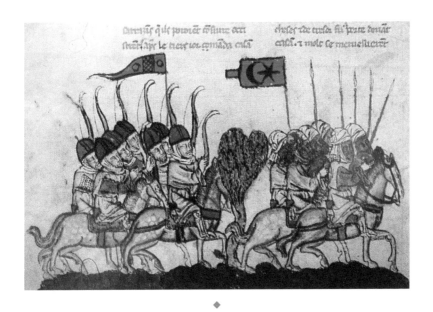

마믈루크 군대와 몽골 군대 간의 전투를 묘사한 그림. 몽골군은 중동에서 가장 풍요로운 이집트를 노리고 계속 쳐들어왔으나, 마믈루크 군대는 끝끝내 그들을 막아내고 이집트를 지키는 데 성공했다.

바이바르스 알분두크다리Baybars al-Bunduqdari에게 죽임을 당했다. 바이바르스는 마믈루크 고참 부대원들의 환심을 사서 새로운 술탄이 되었다. 비록 상관을 죽였으나, 바이바르스는 역대 마믈루크 왕조의 국왕 중 가장 위대한 영웅으로 꼽히며, 오늘날까지 이집트인들에게 칭송을 받고 있다. 그는 페르시아에 자리를 잡고 시리아로 쳐들어왔던 몽골군의 침략을 모두 격퇴했으며, 지중해 해안가에 자리 잡고 있던 갈릴리와 안티오크 같은 서유럽 십자군의 도시들도 대부분 공격해 함락시킴으로써 사실상 십자군의 시대를 끝냈다.

바이바르스가 죽은 뒤 술탄이 된 칼라운과 그의 후계자 알아슈라프 칼릴은 1291년 십자군의 마지막 도시인 아크레도 함락시켜 중동의 십자군은 막을 내렸다. 거의 200년 동안 중동을 침략하며 이슬람교도를 위협하던 서유럽 십자군이 튀르크족 용병인 맘루크에 패배하고 쫓겨난 것이다.

눈부신 번영을 누렸던
맘루크 왕조

몽골군과 십자군을 상대로 승리를 거둔 맘루크 왕조는 유럽과 인도양을 잇는 중계무역에서 수수료를 챙기며 눈부신 번영을 누렸다. 14세기 무렵, 맘루크 왕조 치하의 이집트에서 살았던 사람들이 남긴 여러 기록을 보면, 당시 얼마나 풍요로운 환경이었는지 알 수 있다.

1341년, 14번째 술탄인 알말리크 안나시르Al-Malik an-Nasir(재위 1310~1341)는 11명의 딸을 시집보내면서 한 명당 80만 디나르의 금화를 지참금으로 주었다. 또한 1356년, 23번째 술탄인 바드르 아드딘 하산Badr ad-Din Hasan(재위 1354~1361)은 자신과 같은 이름을 가졌던 21번째 술탄의 이름을 딴 '하산 모스크'를 건설하도록 지시했다. 3년 뒤 완공된 이 하산 모스크는 유럽에서 수입해온 제각기 다른 색깔을 가진 27개의 대리석을 재료로, 45m의 미나렛(첨탑)이 세워졌으며, 건물 안에 700여 명을 수용할 수 있는 대형 기숙사가 있었고, 거기에 머무르는 모든 사람에게 음식과 잠자리를 공짜로 제공했다. 아울러 모스크 안의 기도실 벽은 모두 황금과 은을 발라 실로 눈부시게 빛났다고 한다.

군주가 아닌 상인들도 세계 각지에서 몰려오는 무역에 손을 대며 엄청난 재산을 쌓았다. 한 예로 나시르 알딘 발리시란 상인은 인도와 예멘, 에티오피아에서 수입한 향신료를 베네치아, 피렌체, 제노바 등 이탈리아 도시에 팔아 돈을 벌었다. 또한 그는 향신료를 파는 무역상인들로 이루어진 조합의 지도자이기도 했다. 나시르는 1373년에 죽었는데, 아들에게 무려 100만 디나르의 금화를 유산으로 남겼다. 향신료 상인들의 재산이 얼마나 많았던지, 때로는 술탄들조차 그들에게 돈을 빌릴 정도였다.

아울러 맘루크 왕조 치하의 이집트를 방문한 외국인들은 모두 이집트를 가리켜 놀라운 번영을 누린다며 찬양했다. 오늘날 이탈리아 토스카나 주의 도시 볼테라에서 온 유대인 랍비(율법학자) 메슐람 벤 메나헴Meshullam ben Menahem은 1481년 6월 17일 맘루크 왕조의 수도인 카이로에 도착해 보고 느낀 감상을 이렇게 묘사했다.

이탈리아의 대도시 로마, 베네치아, 밀라노, 피렌체를 다 합쳐도, 부와 인구에서 카이로의 절반에도 못 미칠 것이다. 카이로의 부와 인구가 얼마나 방대한지에 대해 쓰자면 한 권의 책으로 써내도 모자란다.

메나헴이 카이로에 도착한 1481년 당시 맘루크 왕조는 오랜 흑사병의 창궐로 인구와 세금 수입이 많이 감소한 상황이었다. 그럼에도 불구하고 이렇게 카이로에 대해 찬사를 늘어놓았으니, 맘루크 왕조의 부가 절정에 달했던 1300년대 초반에 메나헴이 카이로에 도착했다면, 이보다 더 열렬

◆

맘루크 왕조의 23번째 술탄인 바드르 아브딘 하산이 1359년에 완공한 하산 모스크.
27가지 색깔의 대리석과 40m 높이의 석회석으로 만들어진 초호화 건축물이었다.
오늘날까지 무사히 보존되어 카이로 시내에 관광 명소로 남아 있다.

하게 찬양했을 것이다.

그런가 하면 14세기에 카이로를 방문한 페르시아인 칼릴 알자히리는
"페르시아에서 가장 큰 도시 10개를 합쳐도 카이로보다 작다"고 탄식했
으며, 1384년 카이로를 방문한 피렌체인 레오나르도 프레스코발디는 "피
렌체 인구 전체를 합쳐도 카이로 시내 한 곳의 사람들보다 더 적다"며 혀
를 내둘렀다. 20년 동안 카이로에서 비단과 포도주를 팔았던 베네치아인

엠마누엘 필로티는 "카이로는 세계에서 가장 큰 도시이며, 어떤 도시들보다 부와 번영에서 뛰어나다"고 감탄했다. 1348년 카이로의 인구는 50만 명에 달했는데, 이는 인구 20만의 파리나 5만의 런던보다 각각 2.5배, 10배나 많은 숫자였다.

그렇다면 일반 서민들의 생활은 어땠을까? 맘루크나 상인들에 비하면 이집트 서민들의 삶은 평범했다. 하지만 풍족한 경제적 번영에 익숙해서 그런지, 이집트 서민들도 다른 나라에 비하면 잘사는 편이었다. 1517년 맘루크 왕조가 오스만 제국의 군대에 멸망했을 당시 오스만 군대에 다가간 카이로 시민들은 그들을 자세히 살펴보고 깜짝 놀랐다. 평소에도 화려하고 세련된 옷을 입고 몸에 향수를 뿌리며 치장하는 데 정성을 기울이는 이집트인들에 비해, 오스만 군인들은 모두 지저분하고 더러운 옷을 입고 있어 행색이 너무나 초라했기 때문이다.

맘루크 왕조는 이슬람교를 믿었고, 인구의 절대다수도 무슬림(이슬람교도)이었다. 그러나 유대교나 기독교를 믿는 사람들도 엄연히 살고 있었다. 그들은 당국에 '지즈야'라는 세금을 내면 자신들의 종교를 계속 유지할 수 있었다. 다만 맘루크 왕조는 십자군과 싸운 경험 때문에 기독교도들을 좋아하지 않았고, 유대교 역시 이단으로 간주했다. 그래서 이집트에 사는 모든 기독교도는 기독교 신자라는 사실을 드러내기 위해 노란색 혹은 파란색으로 염색한 터번(모자의 일종)을 쓰고 다녀야 했으며, 만약 이를 어길 경우 이슬람교도들이 몰려가서 도둑질해도 처벌받지 않았다. 또한 맘루크 술탄들은 걸핏하면 유대교 율법학자인 랍비들을 잡아다 이슬람교로 개종할 것을 강요했고, 거부하면 처형하기도 했다.

흑사병, 맘루크 왕조의
번영을 끝장내다

그러나 맘루크 왕조의 번영도 결코 영원하지 못했다. 1347년부터 노예선을 타고 들어온 흑사병이 온 나라에 퍼지면서, 이집트는 걸핏하면 흑사병에 시달리는 위험을 안고 말았다. 맘루크 왕조가 멸망한 1517년까지 흑사병은 55차례나 발생했는데, 거의 3년 6개월마다 한 번씩 발병한 셈이다. 당시 정황을 묘사한 기록들에 따르면 이집트 인구의 3분의 1이 흑사병에 감염되어 사망했으며, 흑사병에 걸린 시체가 한 마을에서 1000구나 나온 적도 있었다고 한다.

흑사병은 부유한 자나 가난한 자, 상류층과 하류층을 가리지 않고 퍼져 나갔다. 몽골군과 십자군을 물리친 용감한 맘루크 병사들도 흑사병에 걸리면 꼼짝없이 죽었다. 당황한 맘루크 술탄들은 남러시아 초원에서 병사로 쓸 노예들을 계속 수입해왔지만, 그들은 배에서 내리자마자 카이로에 퍼져 있던 흑사병에 걸려 쓰러졌다.

물론 맘루크 병사들만 흑사병으로 죽은 건 아니었다. 인구 대다수를 차지하는 농민도 흑사병에 취약했다. 흑사병으로 죽은 농민이 얼마나 많았던지, 왕조 말기 무렵인 1500년에 거둬들인 토지 세금의 액수가 300년 전에 비해 무려 4분의 1로 줄어들었다고 한다. 흑사병의 창궐로 인구가 줄어들고 세금 수입이 감소해 맘루크 왕조는 큰 타격을 입었다. 16세기 오스만 제국이 위협하며 압박을 가해왔을 때, 맘루크 왕조는 위기에 빠지고 말았다. 군사력의 핵심인 맘루크 부대의 수가 줄어들고, 세금 수입이 적어 병사들에게 급료조차 제대로 주지 못하는 상황이었기 때문이다.

종말의 날,
바다와 육지에서의 패배

1500년대에 이르러 맘루크 왕조는 흑사병보다 더 무서운 적수를 만났다. 첫 번째 상대는 지금까지 맘루크 왕조와 전혀 마주친 적 없었던 유럽 서남부의 먼 나라 포르투갈이었다. 본래 유럽에서 가장 작고 가난한 왕국이었던 포르투갈은 유럽 본토의 패권 다툼에는 낄 형편이 못 되어 대서양으로 진출하는 데 모든 국력을 기울였다. 포르투갈 왕실의 적극적인 후원을 받은 항해사 바스코 다 가마는 함대를 이끌고 멀리 아프리카 남쪽 끝의 희망봉을 통과해 인도 서부 말라바르에 도착하는 새로운 항로를 개척하는 데 성공했다(1498).

이 사건은 세계사에 큰 변화를 불러일으켰다. 이제까지 유럽 나라들은 인도에서 나는 향신료를 수입하기 위해 맘루크 왕조를 통한 중계무역에 의존해왔는데, 바스코 다 가마가 새 항로를 열자 더 이상 맘루크 왕조에 수수료를 주면서 무역할 필요가 없어졌던 것이다. 반면 인도와 유럽을 잇는 중계무역을 통해 막대한 수입을 챙겨왔던 맘루크 왕조는 포르투갈의 새 항로 개척이 자국의 경제적 이익에 큰 손해를 끼친다고 판단한 뒤, 포르투갈의 해상무역을 차단하기 위해 해군을 인도양으로 보내 포르투갈의 무역선들을 공격했다. 물론 포르투갈도 자국 무역선들을 보호하기 위해 해군을 인도양으로 보내 맘루크 왕조에 맞서 싸웠다.

1509년 2월, 인도 서남부의 디우에서 맘루크 왕조와 포르투갈의 해군은 인도 무역의 지배권을 놓고 격전을 벌였다. 이 디우 해전의 승리자는 놀랍게도 맘루크 왕조보다 훨씬 작은 나라 포르투갈이었다. 포르투갈은 주앙 2세João Ⅱ(재위 1481~1495) 국왕 시절부터 해군력을 강화하고 제해권을 확보하기 위해 많은 대포를 실을 수 있는 큰 배를 만드는 일에 국력을 쏟았고, 그 결과 포르투갈의 갤리언galleon 선박들은 적의 배가 쏜 포탄을 막아내는 두꺼운 갑판을 갖추고 청동으로 만든 대포를 80개나 싣고 다니는 '바다의 요새'가 되었다. 심지어 포르투갈 해군은 1534년에 366개의 대포를 실은 거대한 전함 상주앙São João호까지 보유하고 있었다. 그래서 맘루크 왕조를 무너뜨린 오스만 제국조차 홍해 부근에서 포르투갈인들에게 여러 차례 참패당한 뒤 그들을 두려워할 정도였다.

반면 맘루크 왕조는 막강한 기병부대인 맘루크들이 활약하는 육상전투에는 강했지만, 배를 타고 바다에서 싸우는 해상전투에는 별다른 경험이 없었고, 포르투갈처럼 숙련된 선원이 많은 수의 대포를 조종하는 큰 군함과 함대도 없었다. 따라서 맘루크 왕조는 해전에서 포르투갈에 불리할 수밖에 없었다.

디우 해전에서 승리한 포르투갈은 17세기까지 인도양의 해상 무역을 장악하는 해양 강국으로 군림했다. 패배한 맘루크 왕조는 막강한 포르투갈 해군에 의해 인도로 가는 무역로가 사실상 차단되어 수입이 줄어들고 국력도 약해졌다. 세금 수입의 감소라는 경제난에 처하자, 맘루크 왕조는 백성을 상대로 걷는 세금을 더 올렸으나, 이미 오랫동안 흑사병에 시달

인도 서부 도시인 디우에 포르투갈인들이 쌓은 요새. 이 근처 바다에서 포르투갈 군대는 맘루크 군대와 디우 해전을 벌였으며, 맘루크 군대를 쳐부수고 승리를 거두었다. 반면 디우 해전의 패배로 맘루크 왕조는 해상무역권을 포르투갈에 빼앗기며 급속히 쇠퇴했다.

려 인구가 크게 줄어든 터라 그다지 효과는 없었다. 그러자 맘루크 왕조는 구리로 만든 가짜 금화를 만들어서 뿌렸다. 하지만 실물 화폐인 금이 들어가지 않은 동전은 그만큼 가치가 떨어졌고, 이런 가짜 금화는 맘루크 왕조의 경제적 신용도에 타격을 입히고 물가를 크게 올려 백성들의 삶만 더 나쁘게 만들고 말았다. 포르투갈과의 전쟁에서 패배한 후유증이 이토록 컸던 것이다.

하지만 맘루크 왕조를 멸망시킨 건 그들의 적인 유럽 기독교도들이 아니라, 그들과 같은 이슬람교를 믿던 오스만 제국이었다. 1453년 동로마 제국을 멸망시킨 오스만 제국은 그 후부터 미친 듯이 영토 확장에 몰두해, 지금의 세르비아, 알바니아, 불가리아, 루마니아 등지를 파죽지세로 정복해나갔다. 이때까지만 해도 맘루크 왕조와 오스만 제국은 사이가 그리 나쁘지 않았다. 서로 거리가 멀어 다툴 일이 없었고, 둘 다 이슬람 국가였기에 비교적 우호적인 관계를 유지했다.

그러나 1515년 셀림 1세가 오스만 제국의 새로운 군주가 되면서, 적대 관계가 되었다. 셀림 1세는 유럽보다 서아시아와 북아프리카 쪽의 영토를 정복하는 데 더 관심이 많았다. 그러려면 서아시아와 북아프리카의 오랜 맹주 역할을 하고 있던 맘루크 왕조를 반드시 정복해야 했다. 따라서 1516년 셀림 1세는 대군을 보내 맘루크 왕조를 공격했다. 이 소식을 접한 맘루크 왕조의 52번째 술탄 알과리Qansuh al-Ghawri(재위 1501~1516)는 직접 군대를 이끌고 현재 시리아의 알레포 북부 마르즈 다비크Marj Dabiq에서 오스만 군대를 맞아 싸웠다.

하지만 전투 결과는 너무나 뜻밖이었다. 몽골군과 십자군을 격파하며 한동안 이슬람 세계 최강의 군대로 군림했던 맘루크 군사들은 오스만 군대가 사용한 화승총과 대포의 위력 앞에 거의 전멸당하고 말았다. 심지어 알과리조차 오스만 군대에 목숨을 잃을 만큼, 맘루크 군대는 참담한 패배를 당했다. 마르즈 다비크 전투에서 승리한 오스만 군대는 시리아 지역을 장악한 뒤, 곧바로 이집트 본토로 쳐들어갔다.

한편 맘루크 지휘관들은 알과리의 양아들인 알아슈라프 투만베이Al-Ashraf Tumanbay(투만베이 2세, 1516~1517)를 새로운 술탄으로 선택했다. 그러나 투만베이가 물려받은 것은 맘루크 병사들에게 급여조차 줄 수 없는

마르즈 다비크 전투에서 맘루크 군대는 총사령관인 술탄 알과리마저
전사할 만큼 치명적인 패배를 겪었다.(1911)

텅 빈 국고였다. 급여를 받을 수 없다는 사실을 알아채자, 오랫동안 복무
한 맘루크 병사들은 아예 참전을 거부하겠다며 항의하고 나섰다. 노련한
베테랑 병사들이 빠지면 그만큼 전투력도 줄어든다는 점을 우려한 맘루
크 지휘관들은 투만베이에게 "빈민을 구제하려고 모은 자카트라도 털어
서 병사들에게 급료를 줘야 한다"고 제안했다. 하지만 투만베이는 "아무
리 나라에 돈이 없어도 빈민구제기금까지 털 수는 없다. 너무나 부끄러운
일이다"라며 거절했다.

그렇게 병사들의 급여 문제로 맘루크들끼리 옥신각신하는 가운데 오
스만 군대는 거침없이 이집트로 진군해 마침내 맘루크 왕조의 수도인 카

이로 외곽에 당도했다. 이집트로 통하는 지중해 해안 일대 도시들을 다스리고 있던 맘루크 관리들이 오스만 군대와 내통해 저항하지 않고 잇따라 항복한 결과이기도 했다. 급여도 제대로 못 주는 가난한 맘루크 왕조에 충성을 바칠 관리는 더 이상 없었다.

적이 코앞에까지 다다르자, 투만베이는 급여를 줄 수 없는 상황에서도 자신을 따르겠다고 나선 젊고 강직한 맘루크 병사들만 거느리고 오스만 군대와 싸우러 출정했다. 맘루크 군대와 오스만 군대는 고대 이집트 왕국의 수도로 '헬리오폴리스'라 불렸던 마타리아에서 전투를 벌였다. 이 전투에서 투만베이는 용감히 싸웠으나, 끝내 불리한 전세를 극복하지 못하고 오스만 군대의 포로가 되어 카이로의 대문인 '밥 주웨일라'에서 교수형을 당했다(1517. 4. 14). 옛날 몽골 사신을 죽여 그 목을 매달았던 곳에서 이제는 맘루크 군주가 똑같이 죽임을 당했으니, 참으로 얄궂은 일이었다.

투만베이의 죽음으로 맘루크 왕조의 마지막 저항은 막을 내렸다. 그리고 오스만 제국은 약 400년 동안 이집트를 지배했다.

이집트인들에게 남아 있는 맘루크

250년 동안 존속했으나 맘루크 왕조가 후세에 남긴 영향은 그다지 많지 않다. 오스만 제국의 오랜 지배에 이어 19세기에는 서구 열강인 영국의 지배까지 받아 맘루크 왕조의 유산은 대부분 역사 속으로 사라져버렸다.

다만 강력한 군대를 가지고 찬란한 번영을 누렸던 맘루크 왕조는 이집트인들에게 오랫동안 깊은 인상을 남겼다. 특히 이집트를 위협했던 몽골군과 십자군을 무찌른 술탄 바이바르스는 이집트인들에게 오랫동안 위대한 영웅으로 칭송받았고, 그의 무용담을 기록한 서사시 〈시라트 바이바르스〉는 지금까지 이집트인들에게 사랑받는 문학작품으로 남아 있다.

아울러 이스라엘에 맞서 싸운 팔레스타인 저항군 중 조직의 이름을 '아인잘루트'라고 지은 곳도 있었다. 맘루크 왕조가 막강한 몽골 침략군을 쳐부수었던 역사적 전승지의 이름을 따서 새로운 침략자인 이스라엘도 몰아내겠다는 아랍인들의 열망이 담긴 흔적이라고 볼 수 있다. 하지만 맘루크 왕조의 유산이 모두 긍정적인 것만은 아니다. 유대교도와 기독교도를 탄압했던 맘루크 술탄들의 정책은 이집트인들에게 계승되어, 오늘날에도 이집트에서 유대교도와 기독교도들은 이슬람교도들로부터 "보호비를 따로 바치지 않으면 가만두지 않겠다"는 협박을 당하는 등 탄압받고 있다. 아울러 이집트에서 오랫동안 살아온 토착 기독교도인 콥트교도들은 이슬람교도들의 위협과 폭행에 시달려, 기독교 국가인 미국과 유럽 등지로 이민을 떠난 사람이 많았다고 한다.

8

류큐 왕국

오키나와의
슬픈 역사

오늘날 일본 서남부의 오키나와는 따뜻한 날씨와 맑은 바다 같은 자연환경을 갖춰 수많은 한국인이 여행을 가는 관광지로 유명하다. 그러나 오키나와가 원래부터 일본 영토였던 것은 아니다. 원래 이곳에는 류큐琉球라는 왕국이 있었는데, 이 류큐 왕국은 중국과 일본 사이에서 독자적인 생활을 영위하고 있었다.

삼산 시대에서 왕국으로

원래 오키나와에는 15세기까지 각 지방이나 마을을 여러 호족이 다스리고 있었다. 오키나와와 관련된 역사 기록은 일본보다 중국에 더 많이 남아 있는데, 중국인들은 오키나와를 유구琉球라고 기록했다.

　몽골족이 중국을 차지하고 세운 원나라(1260~1368) 때 황제인 쿠빌라이

칸이 오키나와를 정복하려고 시도한 일이 있었다(1276). 그러나 오키나와는 중국 본토에서 너무 멀고, 당시 원나라는 베트남이나 미얀마 같은 동남아 지역을 상대로 전쟁 중이어서 오키나와 정복에 집중할 형편이 못 되었다. 그 때문에 오키나와는 원나라의 지배를 받지 않았다.

그러다가 1300년대부터 여러 호족이 힘을 길러 북산北山과 중산中山, 남산南山이라는 세 왕조를 세워 대립했는데, 이 시대를 가리켜 삼산三山 시대라고 부른다. 보통 삼산 시대는 북산의 파니지怕尼芝 가문이 들어선 1322년부터 중산 왕조의 상씨尙氏 가문이 류큐를 통일한 1429년까지 계속되었다고 본다.

1368년 명나라(1368~1644)가 중국 본토의 주인이 되자, 오키나와는 명나라와 우호관계를 맺었다. 1372년 중산 왕조의 왕인 찰도察度(재위 1350~1395)는 동생인 태기泰期를 명나라에 사신으로 보냈다. 북산과 남산을 제쳐두고 중산이 명나라와 교섭한 이유는 중산 왕조가 오키나와 왕조들 중에서 가장 강력했기 때문이다. 중산의 사신을 맞은 명나라 황제 주원장은 그에게 명나라의 달력인 대통력大統曆과 비단, 명주, 그리고 도자기와 쇠를 선물로 주었다. 태기가 이것들을 가지고 중산으로 돌아오자, 찰도는 주원장이 준 선물 중 쇠를 가지고 농기구를 만들어 농업 생산력을 발전시켰다.

이 기록을 통해 원래 오키나와에는 쇠가 부족해 농기구를 만들기 어려웠다는 것을 알 수 있다. 만약 오키나와에 쇠가 풍족했다면, 굳이 명나라에서 선물로 준 쇠로 농기구를 만들 필요가 없었을 것이다. 여하튼 농기구를 만들어 농사일에 힘쓴 덕분에 중산국은 곡물 생산량이 좋아져 나라

살림이 넉넉해졌고, 다른 두 왕가를 제압할 힘을 갖게 되었다.

　그러나 중산 왕조만이 명나라와 외교관계를 맺은 것은 아니었다. 중산의 성장에 위협을 느낀 북산과 남산 왕조도 1383년 명나라에 사신을 보냈다. 주원장은 북산과 남산의 사신들에게 은으로 만들어 금 도금을 한 도장鍍金銀印을 내려주었고, 사신들은 그것을 받아들였다. 이는 북산과 남산 왕조가 형식적으로나마 명나라의 종주권을 인정한다는 뜻이었다. 아울러 명나라의 힘을 빌려 중산의 위협으로부터 안전을 보장받으려는 의도도 있었다. 실제로 세 왕조가 서로 싸우자, 명나라는 종주국의 체면을 지키기 위해 전쟁을 그만두라는 명령을 내리기도 했다.

　다만, 오키나와는 중국과 거리가 먼 여러 섬인 데다, 당시 명나라는 북쪽의 몽골족을 경계하고 내부의 농민반란 같은 문제들을 처리하느라 오키나와에 주의를 집중하기가 어려웠다. 실제로 중산 왕조의 상씨尙氏 왕실이 1416년과 1429년에 각각 북산과 남산 왕조를 공격해 멸망시켰을 때, 명나라는 아무런 행동에 나서지 않고 그저 방관했다.

　한편 중산 왕조는 조선에도 사신을 보내 외교관계를 맺었다.《조선왕조실록 태조실록》1392년 12월 28일자 기사에는, "유구국琉球國의 중산왕 찰도가 신하로 일컫고 글을 받들어 통사通事 이선李善 등을 보내어 예물禮物을 가져와서 바치고, 아울러 사로잡혔던 남녀 8명을 송환했다"라는 내용이 실려 있다. 물론 찰도가 정말로 조선의 신하가 되겠다고 한 것은 아닐 테고, 그저 중산 왕조보다 국력이 강했던 조선의 기분을 적당히 맞추기 위한 립서비스라고 봐야 할 것이다. "사로잡혔던 남녀"는 일본 본토 해적인 왜구가 조선을 침략해서 납치한 백성을 오키나와에 노예로 팔아 그곳에 사로잡혀 있다고 표현한 것이다.

1394년 9월 9일자 《태조실록》에는 찰도가 사신을 보내 오키나와에 머물던 12명의 조선 백성을 돌려보낼 때, "산남왕山南王의 아들 승찰도承察度가 조선에 망명해 있으니, 그를 돌려보내주십시오"라는 글을 함께 보냈다는 내용이 있다. 중산 왕조의 위협에 두려움을 느낀 남산 왕조의 찰도 왕자(중산의 왕 찰도와 동명이인)가 조선으로 달아난 듯한데, 오키나와와 조선의 거리가 멀다는 점을 감안한다면 꽤나 흥미로운 사실이라고 할 수 있다. 그러나 실록의 뒷부분에 찰도를 오키나와로 돌려보냈다는 기록이 없는 것을 보면, 찰도는 그 후 계속 조선에서 살았을 것으로 추측된다.

류큐 왕국의 성립

중산 왕조는 1416년에 북산 왕조를, 1429년에 남산 왕조를 멸망시키고 오키나와를 통일해 류큐 왕국을 세웠다. 이때의 상씨 가문을 제1상씨 왕조라고 부르는데, 7명의 왕이 즉위해 1469년까지 계속되었다. 다음은 제1상씨 왕조의 왕과 집권 기간이다.

> 1대: 상사소尙思紹(1406~1421)
>
> 2대: 상파지尙巴志(1421~1439)
>
> 3대: 상충尙忠(1439~1444)
>
> 4대: 상사달尙思達(1444~1449)
>
> 5대: 상금복尙金福(1449~1453)

6대: 상태구尙泰久(1453~1460)

7대: 상덕尙德(1460~1469)

앞서 언급한 것처럼 류큐는 조선과 교류가 잦았는데,《조선왕조실록》
에는 류큐와 관련된 기사가 자주 보인다. 1433년 7월 19일자《세종실
록》을 보면, 류큐의 배 만드는 기술자가 모형으로 작은 배를 만들어 세
종대왕에게 바쳤다는 기록이 나온다. 이는 류큐의 기술자가 조선에 와
서 살고 있었음을 보여주는 대목이다.

같은 해 8월 18일자 기사에는 그 배를 만드는 기술자의 이름이 오보야
고吾甫也古라고 나오는데, 이 오보야고가 조선의 여인과 결혼했다는 내용
도 언급된다. 아마 오보야고는 조선 여인과 부부가 되어 조선에서 아이
를 낳고 완전히 정착해 살았던 모양이다. 1434년 3월 18일자《세종실록》
에는 한강의 서쪽인 서강西江에 오보야고 같은 류큐인들이 만든 배를 띄
워 조선의 배와 서로 강물 위를 나란히 달리게 하는 시험을 했는데, 류큐
인들이 만든 배가 약간 빨랐지만 속도에서는 큰 차이가 없었다는 기록이
있다.

그런가 하면 1462년 2월 16일자《세조실록》에는 1월 25일 제주도에서
배를 타고 바다를 건너다가 바람에 떠밀려 2월 2일 류큐 북쪽의 구미도仇
彌島까지 갔다가 다시 조선으로 돌아온 양성梁成이라는 사람이 보고 겪은
일이 상세히 적혀 있다. 구미도 안에는 돌로 만든 작은 성이 있는데, 섬의
주인은 거기서 가족들과 살았고, 섬의 다른 사람들은 성 밖에서 집을 짓
고 살았다. 구미도에서 류큐 왕국까지의 거리는 바람이 좋으면 배로 이틀

거리였다. 양성은 구미도에 머무른 지 한 달 뒤 배를 타고 류큐 왕국으로 가서, 공관公館에서 지냈다. 공관은 류큐의 수도에서 5리(약 2km) 떨어진 거리에 있었고, 공관 옆에는 흙으로 만든 성이 있었는데 100여 채의 집에 조선과 명나라 사람들이 살고 있었고, 매일 한 집씩 양성에게 음식과 물을 공급해주었다.

공관에 머무른 지 한 달 뒤 양성은 류큐의 왕이 사는 왕성王城으로 갔다. 왕성을 지키는 성벽은 세 겹으로 되어 있는데, 외성外城에는 창고와 마구간이 있었고, 중성中城에는 왕과 궁궐을 지키는 시위군侍衛軍 200여 명이 상주하고 있었으며, 내성內城에는 2, 3층의 전각殿閣이 있었다. 왕성의 전체적인 모습은 조선 왕궁의 근정전勤政殿과 같았는데, 류큐의 왕이 길일吉日을 골라 그 전각에서 지냈으며, 판자板子로 지붕을 덮고 판자 위에는 납을 진하게 칠했다. 위층에는 진귀한 보물을 보관하고, 아래층에는 술과 음식을 저장했으며, 왕은 중간층에서 시녀 100여 명을 거느리고 지냈다.

류큐 왕국의 지형은 중간이 좁고 작았으나 남쪽과 북쪽은 긴 편이었다. 큰 강은 없고, 도읍에서 동북쪽으로 5일 거리에 큰 산이 있었으나, 산에는 멧돼지를 제외하면 별다른 짐승이 없었다. 섬 안에는 군현郡縣을 설치하고 돌로 만든 성안에 관官의 수령이 한 명씩 있었다. 백성들이 사는 집은 빼곡하게 몰려 있거나 따로 멀리 떨어져 있었는데, 관아건 개인의 집이건 모두 한 일자一字 모양이어서 구부러진 곳이 없었고, 띠풀茅草로 지붕을 덮었다.

류큐 왕국은 항상 따뜻해 서리와 눈이 없고 추운 겨울이 4월과 같아 풀과 나무가 시들거나 떨어지지 않았다. 또한 옷에는 솜을 두지 않고, 말먹이는 항상 푸른 풀을 사용했다. 류큐인들은 부모가 죽으면 매년 7월 15일 절에 가서 쌀과 물을 바쳤고, 승려가 불경을 읽는 가운데 부모의 이름을 쓴 위패에 절을 했다. 류큐 왕국의 노비는 모두 일본인이었다. 이들은 일본 각 지역의 영주들이 팔아넘긴 사람들이었다. 류큐인들의 옷은 대체로 조선의 옷차림과 비슷했고, 검은색과 흰색을 좋아했다. 다만 임금과 신하, 백성에 이르기까지 모두 머리에 관이나 두건을 쓰지 않았다. 조선이나 명나라에서 관과 두건을 쓰고 다닌 것과 대조적이었다. 류큐인들은 맨발로 다녔고, 소와 말의 가죽을 관아에 바쳐 갑옷을 만들게 했다. 음식을 먹을 때는 숟가락과 젓가락이 없었고, 억새풀을 꺾어서 젓가락같이 만들어 사용했다.

원래 류큐인들은 동전 만드는 법을 몰라 명나라의 동전을 가져다 썼는데, 1457년 명나라 사람들이 류큐에 와서 동전 만드는 방법을 가르쳐 주어 비로소 동전을 만들어 교환수단으로 사용했다. 류큐인들은 도둑질을 하지 않았으나, 일본인 노비들은 도둑질을 했다. 도둑이 붙잡히면, 죄가 큰 자는 죽였고 죄가 가벼운 자는 섬으로 귀양을 보냈다. 류큐에는 소, 말, 돼지, 닭, 개 등의 가축과 제비, 까마귀, 참새, 뻐꾸기 등의 새가 살았는데, 류큐인들은 앵무새를 좋아해 중국에서 수입해오기도 했다. 류큐는 섬나라이기 때문에 해산물은 풍부했으나, 육지에서 나는 과일은 유자와 귤, 감밖에 없었다. 채소는 파, 부추, 마늘, 생강, 무, 상추, 토란, 마 등이 있었다.

일본에 복속되다

1469년 류큐에서 왕위를 둘러싼 내란이 일어나 상덕왕이 죽임을 당해 제1상씨 왕조는 막을 내렸다. 1년간의 혼란을 거쳐, 상원尚圓(재위 1470~1476)이 1470년에 새 왕으로 즉위해 류큐는 제2상씨 왕조의 지배를 받게 되었다. 이때 류큐는 명나라와 동남아시아, 조선과 일본을 잇는 해상 중계무역에 힘써 상당한 번영을 누렸다.

그러던 류큐 왕국에 1590년대부터 심상치 않은 위협이 몰려오기 시작했다. 100년 넘는 전국시대의 혼란을 끝내고 일본을 통일한 도요토미 히데요시는 오랫동안 일본인들의 숙원이었던 대륙 정복을 추진했고, 그 일환으로 명나라 공격의 징검다리가 될 수 있는 조선을 노리고 임진왜란을 계획했다. 그리고 류큐에 사신을 보내, "내가 장차 조선을 치려고 하는데 너희 류큐가 식량과 군사를 보내서 도우라"고 요구했다. 하지만 도요토미 히데요시의 요구에 따라 임진왜란에 협조한다면, 이는 조선의 동맹국인 명나라와 적이 되는 셈이었기에 류큐 왕실은 거부했다. 히데요시는 1592년에 대군을 조선으로 보냈으나, 1598년에 사망함으로써 임진왜란은 실패했다.

그러나 류큐의 재앙은 이제부터 시작이었다. 일본 규슈의 시마즈 가문은 임진왜란에 참전했다가 큰 타격을 입어, 그 피해를 보충해야 했다. 그런데 마침 시마즈 가문의 영토와 가까운 류큐 왕국이 좋은 먹잇감이었다. 류큐는 해상 중계무역을 하면서 큰 부를 쌓고 있었지만, 군사력이 빈약하고 인구도 적어 얼마든지 이길 수 있다는 자신감이 들었던 것이다.

그리하여 1609년 시마즈 다다쓰네島津忠恒(1576~1638)는 600개의 조총으로 무장한 3000명의 군사와 100척의 배로 류큐 왕국을 침공했다. 이 전쟁은 너무나 어이없이 끝났다. 오랫동안 평화롭게 지내오던 류큐 왕국은 제대로 된 저항 한번 해보지 못했다. 반면 일본의 전국시대와 임진왜란에서 사납고 용맹한 전투력을 보인 시마즈 가문의 군사들은 류큐 왕국을 순식간에 제압하고, 류큐의 국왕인 상녕왕尚寧王(재위 1589~1620)과 그 왕자를 사로잡아 본거지로 끌고 갔다. 상녕왕은 1611년 시마즈 가문에 복속되고 매년 돈과 공물을 바친다는 조약을 맺은 뒤, 풀려나 류큐로 돌아갔다.

자체 군사력이 빈약하고 인구도 적었던 류큐는 명나라에 사신을 보내 자국의 상황을 알리고, 군대를 보내달라고 요청했다. 그러나 당시 명나라의 신종 황제는 "류큐는 바다 멀리 떨어져 있어, 군대를 보내기 어렵다"며 거절했다.

이런 태도는 11년 전 임진왜란 당시 당한 조선을 돕느라 많은 군대를 보내는 바람에 막대한 돈과 물자를 소모한 일 때문인 듯하다. 실제로 신종 황제는 조선에 군대를 보내면서 조선 백성들을 위해 쌀을 100만 석이나 보내줬는데, 그 일이 명나라 재정에 큰 부담이 되었다. 그런데 조선보다 거리가 먼 류큐에까지 군대를 보낸다면, 다시 국가재정에 큰 부담이 될 것이니 명나라로서는 주저할 수밖에 없었다. 아울러 당시 명나라는 동북쪽에서 위협을 가하는 여진족과, 나라 안에서 들끓는 농민반란 때문에 임진왜란 때처럼 또다시 외국을 돕느라 막대한 군비를 써가며 원정에 나설 여력이 없었다.

신하들을 거느리고 있는 류큐의 국왕 상녕왕의 초상화. 그는 시마즈
침략군에 무릎을 꿇는 수모를 겪었다.(쇼겐코向元湖, 1796)

　　이로써 류큐는 사실상 시마즈 가문의 지배를 받는 반식민지로 전락했
다. 다만 시마즈 가문은 류큐 왕실을 없애지 않고 그대로 두었는데, 자비
심 때문이 아니라 류큐 왕실을 허수아비로 남겨둔 상태에서 단물만 빨아
먹는 편이 쉽고 편하다는 계산하에 내린 결정이었다. 시마즈 가문의 지배

를 받게 된 류큐인들은 자국에서 생산되는 모든 산물과 부를 시마즈 가문에 바쳐야 했다. 한 예로 류큐에서는 흑설탕이 특산품이었는데, 류큐인들은 이 흑설탕을 열심히 만들어 대부분 시마즈 가문에 바쳤다. 만약 류큐인이 흑설탕에 손을 대면, 류큐에 주둔하던 시마즈 가문의 무사들이 그 류큐인의 손목을 칼로 잘라버렸다고 한다. 그만큼 시마즈 가문의 지배는 혹독했고, 류큐인들은 시마즈 가문의 착취에 시달림을 당했다.

19세기 중엽, 이처럼 힘들게 살던 류큐인들의 마지막 희망마저 완전히 빼앗는 사건이 벌어졌다. 1870년대부터 일본은 제국주의 정책을 본격적으로 폈는데, 그 정책 중 하나가 형식적으로나마 독립 왕국이던 류큐를 완전히 합병하기로 한 것이었다. 류큐가 완전히 일본의 영토가 된다면 이를 발판 삼아 대만과 중국, 동남아시아까지 영향력을 뻗을 수 있으니, 제국주의 열강이 되기를 간절히 원하던 일본으로선 류큐가 매우 중요한 곳이었다.

일본의 속셈을 알아차린 제2상씨 왕조의 19번째 왕인 상태왕尙泰王(재위 1848~1879)은 임세공任世功과 채대정蔡戴程, 향덕굉向德宏을 중국 청나라에 몰래 보냈다. 세 사람은 상태왕으로부터 "청나라에서 군대를 빌려 류큐로 데려와, 일본을 몰아내는 일을 성사시켜야 한다"는 명령을 받았다.

세 사람은 일본의 감시를 피해 힘들게 배로 바다를 건너, 마침내 1877년 4월 청나라에 도착했다. 그리고 청나라의 실권자인 이홍장에게 류큐의 위험한 상황을 알리고 도와달라고 요청했다. 그러나 이홍장은 그 요구를 거부했다. 애초에 류큐는 청나라의 영토가 아니니, 굳이 청나라가 군대까지 보내 도와줄 이유가 없었다. 게다가 당시 청나라는 유럽 제국주의 열강들과 신경전을 벌이느라 한창 국력을 쏟아붓고 있어 멀리 류큐에까지 군대를 보낼 여력이 없었다.

이홍장에게 거절당하자 세 사람은 슬피 울면서 칼로 목을 찔러 목숨을 끊고 말았다. 이 사실을 알게 된 일본 정부는 행여 청나라가 마음을 바꿔 류큐 문제에 간섭할까 봐 서둘러 군대와 경찰 600명을 보내 류큐의 왕궁인 슈리성을 점령하고 류큐 왕실을 없앤 뒤, 류큐를 일본 영토인 오키나와로 편입한다고 선언했다. 400년 넘게 이어져온 류큐 왕국은 이렇게 역사 속에서 영원히 사라졌다.

류큐의 마지막 왕인 상태왕. 중국 청나라에 밀사를 보내 구원을 요청했으나, 끝내 거부당했다.

일본의 영토가 된 오키나와는 일본인들로부터 차별과 멸시를 받았다. 심지어 제2차 세계대전 중에 일본과 전쟁을 벌이던 미군이 오키나와에 상륙하자, 일본군은 오키나와 주민들에게 집단자살을 강요하거나, 폭탄을 지고 미군을 향해 돌격하라고 윽박지르는 등 비인간적인 횡포를 부렸다. 그 때문에 아직도 오키나와인들은 일본 정부에 대한 감정이 매우 나쁘고, 심지어 류큐 왕국 시절처럼 독립해야 한다는 여론도 일부 존재한다.

하지만 일본이라는 국가가 망하지 않는 한, 오키나와가 독립하긴 매우

류큐의 왕궁인 슈리성. 현재 오키나와를 찾는 외국인 관광객들이
자주 방문하는 장소다.

어려울 것이다. 현재 오키나와는 일본에서 가장 가난한 지역이라서 중앙
정부의 원조 없이는 자립이 어렵고, 인구도 140만 명 수준이다. 오늘날 류
큐 왕국의 영화는 그저 관광지인 슈리성 일대에서만 찾을 수 있다. 해상
무역으로 번성했지만 자신을 지킬 힘이 없었던 나라의 슬픈 역사다.

남명

한족이 흘린 피눈물의 세월
240년

1644년 중국 명나라 숭정崇禎 황제는 이자성李自成의 반란군이 북경에 들이닥치자, 스스로 목을 매어 죽었다. 보통 이 사건을 가리켜 명의 멸망이라고 하지만, 사실은 명이 완전히 망한 것은 아니었다. 양자강 남쪽에 명나라의 잔존 세력인 남명南明이 남아 있었기 때문이다. 하지만 남명은 많은 인구와 넓은 영토를 가졌음에도 불구하고, 그들보다 훨씬 소수인 만주족의 청나라에 삽시간에 무너지고 말았다. 그 뒤 명나라 한족은 240년 동안 만주족의 지배를 받았다. 어째서 그렇게 되었을까?

어리석은 황제, 주유숭

원래 명나라의 수도는 현재의 남경南京이었다. 그러다가 세 번째 황제인 영락제 시절 북경北京으로 옮겼으나, 만일의 사태에 대비해 남경을 제2의 수도로 삼고 많은 수의 관리와 병사를 항상 주둔시켰다. 그리고 숭정 황제가 자살하고 북경이 이자성의 반란군에게 점령당하자, 아직 남아 있던 명나라 잔존 세력인 남명은 남경을 수도로 삼았다.

남명 정권은 처음부터 불안정하게 출발했다. 우선 숭정 황제를 대신할 새로운 황제를 뽑는 일을 두고 궁중에서 파벌 싸움이 벌어졌는데, 부정부패로 악명 높았던 환관 위충현魏忠賢을 따랐던 엄당閹黨에서는 명나라 황족 중에서 가장 나이 많은 주유숭朱由崧(1607~1646)을 황제로 추대하자고 주장했다. 반면 청렴한 선비들로 구성된 동림당東林黨에서는 "주유숭은 탐욕스럽고 사치스러운 사람이라서 지금 같은 위기 상황에 군주로 어울리지 않는다"며 반대했다.

하지만 황실의 법도와 정통성을 외치는 엄당의 주장이 더 힘을 얻어, 결국 남명 정권은 주유숭을 황제로 옹립했다(주유숭은 훗날 홍광제弘光帝라는 시호를 받았다). 동림당 측에서는 불만스러웠지만, 일단 주유숭을 황제로 인정했다.

문제는 그때부터 시작되었다. 우선 주유숭은 자신의 힘으로 황제가 된 것이 아니라, 신하들의 권력 다툼 끝에 엉겁결에 황제 자리에 올라 아무런 힘이나 권위가 없는 허수아비에 불과했다. 당시 남명 정권은 안으로 마사영馬士英, 좌량옥左良玉, 허정국許定國 같은 군벌 및 엄당과 동림당 간의 권력 다툼이 매우 치열한 상황이었다. 게다가 밖에서는 산해관을 통과해 이자성을 북경에서 몰아내고 북경의 새로운 주인이 된 청나라가 양자강 남쪽으로 밀고 내려오려 호시탐탐 기회를 엿보고 있었다.

이렇게 정권이 안과 밖으로 위기에 처했을 때, 제정신을 가진 지도자라면 내부의 파벌 싸움을 잘 조정한 뒤 외부의 침략에 대비하겠지만, 주유숭은 남명 정권의 심각한 파벌 싸움과 권력 쟁탈전을 그저 멍하니 바라볼 뿐이었다. 이것만으로도 그는 황제로서 자격이 없었다. 더구나 동림당이 우려한 대로 주유숭은 사치와 탐욕에 찌들어 살았다. 매일 깊은 궁궐에 틀어박혀 커다란 황금 그릇에 술을 담아놓고 계속 마셔대면서, 백성들한테 "궁녀로 쓸 예쁜 여자들과 정력제로 쓸 두꺼비를 바쳐라"라고 강요했다. 그러고는 궁녀들을 상대로 밤마다 음탕한 쾌락을 즐겼고, 장군들이 달려와 "청나라 군대가 계속 남쪽으로 쳐들어오고 있으니, 우리 쪽 군사를 모아서 막아야 합니다!"라고 보고해도 "짐이 미인들과 즐기고 있는데, 왜 쓸데없는 소리로 흥을 깨느냐?"라며 어리석은 소리만 늘어놓았다.

이러니 남명 백성들은 주유숭을 존경하기는커녕, 술과 여색만 탐하는 어리석은 황제라는 뜻의 '두꺼비 천자天子'라고 비웃으며 업신여겼다. 여기에 주유숭이 황제 자격이 있는지 큰 의문을 던진 사건이 발생했다. 바로 명나라 말기와 청나라 초기에 걸쳐 중국을 뒤흔들었던 이른바 주삼태자朱三太子 사건이었다. 남경 거리에 "나는 죽은 숭정 황제의 아들인 주자환朱慈煥, 즉 주삼태자다! 나야말로 진정한 황제이니, 주유숭은 나에게 황제 자리를 넘겨라!"라고 주장하는 젊은이가 나타났던 것이다.

이 사건을 접한 주유숭은 당황하면서 군사를 보내 자칭 주삼태자를 서둘러 감옥에 가두었다. 하지만 주삼태자의 말은 남경 백성들 사이에서 계속 퍼져나가, 주유숭의 정통성에 심각한 타격을 가했다. 심지어 일부 백성들은 주삼태자를 새로운 황제에 앉혀야 한다고 주장하기도 했다. 그리고 남명에 가담한 수많은 지식인은 주유숭의 무능함과 불확실한 정통성

문제 등으로 인해 주유숭 정권이 머지않아 망할 것이라는 불길한 예측을 내놓았다. 학자인 유종주劉宗周(1578~1645)는 "갈수록 세상의 흐름이 나빠지고 있다. 나라가 망하는 꼴을 보는 것밖에 할 수 있는 일이 없다"라며 탄식했고, 역시 학자인 진자룡陳子龍(1608~1647)은 "가까운 시일 내 나라가 망하리라는 것을 누구나 느끼고 있었으리라"라며 절망을 토로했다.

연이은 변절과 항복

남명 정권이 내부의 권력 다툼과 주삼태자 사건 등으로 혼란에 휩싸여 있는 사이, 북쪽의 청나라 군대는 서서히 남쪽으로 내려오고 있었다. 물론 당시까지만 해도 남명 정권은 최소한 40만 명의 군대를 갖고 있었기에, 똘똘 뭉쳐 청나라에 맞서 싸웠다면 얼마든지 승산이 있었다.

그런데 남명 정권을 지지하던 군벌들은 내분과 투항으로 자멸하고 있었다. 좌량옥은 주유숭을 못마땅하게 여겨 "황제 주위에서 나라를 망치는 간신들을 토벌하겠다!"며 반란을 일으켰다. 이 반란을 진압하느라 남명 정권은 많은 병력을 소모했고, 반란에 실패하자 좌량옥의 아들 좌몽경左夢庚은 군대를 이끌고 청나라에 항복했다. 그러자 양자강 북쪽에서 군대를 이끌던 허정국도 청나라 군대에 항복하고 그들의 앞잡이가 되어 남경으로 쳐들어왔다. 두 군벌은 주유숭의 무능함과 파벌 싸움에 진저리가 난 나머지, 썩어빠진 남명 정권보다는 강성한 청나라에 붙는 것이 더 이익이라고 판단했던 것이다.

하지만 남명의 모든 장군이 청나라에 항복한 것은 아니었다. 동림당에 속한 사가법史可法은 1645년 4월 25일 양주에서 청나라 15만 대군을 맞아 최후까지 결사항전하다, 30만 명의 양주 백성과 함께 청나라 군대에 죽임을 당했다. 그러나 사가법이 그토록 처절하게 싸우고 있는데도 불구하고 남명의 다른 장군들은 동림당 인물인 사가법을 미워해 아무도 군대를 이끌고 도우러 가지 않았다. 이런 극심한 분열과 대립은 결국 남명을 무너뜨리는 결정적인 원인으로 작용했다.

양주가 함락되고 청나라 군대가 쳐들어오자, 주유숭은 겁에 질려 신하들이나 환관들에게 알리지도 않고 혼자 도망쳐버렸다. 중국 역사상 이렇게 비겁한 황제는 거의 없었다. 신하와 환관들은 나중에야 그 사실을 알고 어찌할 바를 몰라 우왕좌왕했으며, 정부의 기능이 완전히 마비되어버렸다. 혼자만 살겠다고 도망친 주유숭은 오래가지 못했다. 1645년 5월 28일, 남명의 장군인 전웅田雄과 마득공馬得功은 주유숭을 붙잡아 청나라에 넘기고 항복했다. 주유숭은 북경으로 끌려갔는데, 청나라 조정으로부터 "너는 자격도 없으면서 황제가 된 사기꾼이다!"라는 비웃음을 받았다. 그리고 1년 동안 감옥에 갇혀 있다가 1646년 5월 처형되었다. 더욱 비참한 사실은 청나라가 주유숭을 끝까지 정식 황제가 아닌, 황족을 사칭해 황제가 된 파렴치한 범죄자로 여겼다는 것이다.

한편 군벌들 말고도 청나라에 항복하고 변절한 사람이 많았다. 그중에서 가장 유명한 사람은 명나라 말기 학자인 전겸익錢謙益(1582~1664)이다. 전겸익은 명나라 만력제萬曆帝(재위 1572~1620) 무렵 한림원편수翰林院編修 벼슬을 지냈고, 만력제 시대의 역사를 기록한《신종실록神宗實錄》편찬에

남명의 장군 사가법. 그는
양주에서 최후까지 청군에 맞서
항전하다 끝내 전사하고 말았다.
그런 이유로 오랫동안 충신으로
추앙받았다.(17세기)

스스로 청나라에 찾아가 항복한
명나라 관리 전겸익. 명나라의 이름
높은 학자였던 그가 청나라에 항복한
사건은 남명의 지식인들에게 큰
충격을 주었다.

참여할 만큼 학문을 인정받았다. 이후 남명 정권이 성립되자 남경을 찾아가 주유숭에게 예부상서禮部尙書(현재의 교육부 장관) 벼슬을 받았다.

하지만 1645년 5월 청나라 군대가 남경을 함락시키자 청나라 군대를 찾아가 항복했으며, 남명의 관리와 병사들을 상대로 '명나라는 이미 끝났으니 다들 쓸데없는 저항을 그만두고, 어서 청나라에 항복해 생명과 재산을 보존하라'는 내용을 담은 글을 직접 써서 널리 퍼뜨렸다.

엄격한 유학자였던 전겸익이 왜 '오랑캐 만주족'의 정권인 청나라에 항복했는지는 정확히 알 수 없다. 다만 당시 남명 정권에 가담한 지식인들이 남긴 글을 보면, 전겸익 같은 지식인들의 고뇌를 알 수 있다. 우선 황종희黃宗羲(1610~1695)와 전징지錢澄之(1612~1693), 구식사瞿式耜 같은 남명의 지식인들은 반청反淸 세력을 다음과 같이 묘사했다.

오랑캐 청나라에 맞서 나라를 지키겠다고 모여든 자들은 대부분 강이나 호수에서 도적질하던 수구水寇들이나, 혹은 범죄를 저지르던 불량배들이다. 이들은 관아의 명령에 복종하지 않고, 가는 곳마다 자기들 마음대로 사람을 죽이고 불을 지르며 가축을 남김없이 잡아먹으니, 백성들은 그들을 청나라 군대보다더 무서워했다. 심지어 이들은 관아의 명령을 듣지 않고, 대낮에 사람을 죽여서 그 내장을 뽑아 관아 대문에 전시해놓는 극악무도한 짓마저 저질렀다. 이렇게 규율이 없는 자들을 어떻게 믿겠는가?

_《황종희전집黃宗羲全集》

그렇다면 범죄자가 아닌 일반 백성들로 구성된 반청 세력은 어떠했을까? 여기에 대해서도 남명의 지식인인 왕부지王夫之(1619~1692)는 부정적인 입장을 보였다. 그는 반청 의병義兵들에 대해 "그들은 부자들의 종이나 소작인이 대부분이며, 주인들의 강요 때문에 억지로 나선 것이라 사기가 낮고 겁이 많아서 제대로 싸울 수 있는 자는 전체의 10분의 1도 안 된다. 이렇게 나약한 자들이 아무리 많아봤자 어떻게 강력한 청나라 군대를 상대로 이길 수 있겠는가?"라고 혹평했다.

아울러 이자성과 장헌충 같은 농민반란군이 각 지역을 휩쓸고 다니는 혼란이 계속되면서, 명말청초의 중원에서는 노비 같은 사회 하층민들이 부자나 지식인 같은 상류 계층을 상대로 살인과 강도질 같은 폭력을 행사하는 일이 잦았다. 남명의 지식인인 계육기計六奇(1622~?)가 남긴《명계남략明季南略》과《명계북략明季北略》에 따르면 청나라 군대가 온다는 소식을 들은 노비들이 노비문서를 불태우고 주인을 죽였으며, 길거리를 떠돌던 노비들은 부자나 지식인을 만나면 모든 물건을 빼앗고 팔과 다리를 잘라 잔인하게 죽였다고 한다. 이런 반청 세력의 불안한 속사정을 잘 알던 전겸익은 청나라와 맞서 싸우겠다고 모여든 무장 세력을 믿지 못하고 그들을 싫어했을 것이다. 또한 그도 부자이고 지식인이다 보니 노비들의 폭동을 두려워했을 것이고, 차라리 강력한 청나라에 항복하고 그들의 보호를 받아야 자신의 생명과 재산을 계속 유지할 수 있으리라 여기지 않았을까?

청나라에 항복한 전겸익은 1646년 청나라로부터 예부우시랑禮部右侍郎 벼슬을 받았다. 전겸익의 변절과 항복은 남명의 지식인들에게 큰 충격을 주었다. 그도 그럴 것이, 중국 역사에서 지식인들의 역할은 매우 중요했다. 어떠한 왕조도 지식인들의 도움 없이는 오래가지 못했다. 한 예로 진시황의 진나라는 막강한 군사력으로 중국을 통일했지만, '책을 불태우고 지식인들을 땅에 파묻어 죽이는' 이른바 분서갱유焚書坑儒 같은 탄압을 가했기 때문에, 지식인들의 반발을 사서 불과 15년 만에 망해버렸다. 따라서 어떤 왕조든 지식인들을 잘 관리해야 그들의 도움을 얻어 오랫동안 존속할 수 있었다.

그런데 남명의 지식인들을 미개한 오랑캐라고 깔보았던 청나라가 전겸익의 항복을 받아들여 그에게 벼슬을 주자, 남명 지식인들 사이에서는 "청나라가 우리를 우대하니, 그들을 지지해도 괜찮을 듯하다"라는 우호적인 여론이 감돌았다. 그래서 전겸익 이상으로 청나라에 배타적인 태도를 보이던 황종희 같은 지식인도 청나라에 우호적인 모습을 보이며, 청의 중국 지배를 돕게 되었다. 지식인들의 잇따른 투항과 변절은 곧 남명 정권의 기반을 크게 약화시켰다. 나라의 인재가 될 지식인들이 적대 진영으로 대거 넘어갔으니, 당연한 일이었다.

남명 정권의 최후

비록 수도인 남경이 허무하게 무너지긴 했지만, 남명 정권이 곧바로 끝장나지는 않았다. 남명의 잔당들은 주율건朱聿鍵을 새 황제로 추대하고 다시 청나라에 맞서 싸울 준비를 했다. 그런데 주율건의 황제 즉위에 반대하는 다른 파벌은 주율오朱聿鐭를 황제로 세웠다. 이렇게 되자 남명은 졸지에 두 명의 황제를 모시게 되었고, 남명에 소속된 사람들도 누구를 황제로 섬겨야 할지 혼란에 빠졌다. 그로 인해 남명 내부의 분열과 갈등이 더욱 극심해졌고, 심지어 주율건과 주율오를 섬기는 파벌들끼리 싸우는 내전까지 벌어졌다. 함께 힘을 합쳐 청나라와 싸워도 모자랄 판에 이런 내전까지 벌이니, 남명은 쇠퇴와 몰락에 가까워질 수밖에 없었다.

그러는 사이, 청나라 군대는 계속 남하해 1645년 7월 강음현江陰縣에서 저항하는 남명 백성 17만 명을 잔혹하게 학살했다. 그리고 1646년 청나라 군대는 복건성福建省과 광동성廣東省을 공격해 주율건과 주율오의 정권을 무너뜨렸다. 주율건은 감옥에 갇혀 죽었고, 주율오는 스스로 목숨을 끊었다.

이 타격에서 간신히 살아남은 남명 세력은 다른 명나라 황족인 주유랑朱由榔을 새로운 황제로 추대하고, 중국 서남부 오지인 운남성雲南省으로 달아났다(죽은 뒤 주유랑은 영력제永曆帝라는 시호를 받았다). 그곳은 미얀마와 국경을 맞대고 있어, 유사시엔 달아나 미얀마의 보호를 받을 수 있다는 장점이 있었다.

하지만 1657년 청나라가 영력제의 본거지인 운남에 쳐들어오자 주유랑은 미얀마로 도망쳤다가 현지인들에게 붙잡혔고, 1662년 6월 1일 청나라 군대에 넘겨져 죽임을 당했다. 아이러니하게도 주유랑을 죽인 장본인은 청나라에 항복한 옛 명나라 장군 오삼계吳三桂였다. 오삼계는 직접 활줄로 주유랑의 목을 졸라 죽여버렸다. 명나라에 충성을 맹세했던 한족 장군이 한때 자신이 섬겼던 명나라 황실의 후손을 직접 없애버렸으니, 파렴치한 배신의 극치였다. 남명의 저항이 대부분 실패한 원인은 앞에서 언급했듯이 군벌들 간에 내분이 잦아 따로따로 청군에 저항하다 각개격파당한 것에 있었다. 아울러 남명 백성들로 구성된 반청 의병들은 청군에 비해 무기와 장비, 훈련 등에서 뒤떨어진 민병대 수준이어서 불리할 수밖에 없었다.

물론 남명의 군대가 청나라에 모두 패배한 것은 아니었다. 이정국李定國 (1620~1662)과 정성공鄭成功(1624~1662)은 강력한 군대를 동원해, 청나라를 상대로 여러 차례 승리를 거두었다. 이정국은 원래 명나라 말기의 반란군 지도자인 장헌충張獻忠(1606~1647)의 부하였는데, 1647년 사천성

四川省에서 장헌충이 청나라 군대에 의해 전사하자, 남은 병사들을 이끌고 남명 정권에 합류했다. 당시 남명에 속한 군벌들은 서로 권력을 놓고 싸우다가 불리하면 청나라에 항복해버렸고, 백성을 상대로 착취와 약탈을 일삼았다. 그러나 이정국은 휘하 병사들에게 약탈을 엄격히 금지해 백성들의 지지를 받았고, 군사들도 사기가 높고 전투력이 강했다. 사실상 이정국의 군대는 남명 정권에서 거의 유일하게 청나라와 싸워 이길 수 있는 부대였다.

1652년, 현재 중국 광시좡족자치구 구이린시에 해당하는 계림桂林에서 이정국은 8만 명의 군대를 이끌고 청나라 장수 공유덕孔有德이 지휘하는 청나라 군대와 싸워 크게 이겼다. 패배한 공유덕은 자살했고, 승리한 이정국은 북쪽으로 올라가서 형양과 장사, 악주 지역을 공격해 점령했다. 이 소식을 들은 청나라 조정에서는 황족인 니강尼堪에게 10만 명의 대군을 주어 이정국을 토벌하도록 했다. 니강의 대군이 내려오자, 이정국은 일부러 형양성까지 거짓으로 후퇴해 그를 끌어들인 다음, 숲속에 숨겨두었던 복병으로 기습해 니강을 죽이고 또 한 번 청나라군을 크게 무찔렀다.

청나라와의 전공에서는 정성공도 이정국에 뒤지지 않았다. 정성공은 해상무역과 해적질을 함께하던 정지룡鄭芝龍의 아들인데, 아버지와 함께 남명 정권에 가세해 청나라에 맞서 싸웠다. 그러나 정지룡이 청나라에 항복하자, 분노한 정성공은 "내가 불효자가 되더라도 결코 오랑캐 청나라에 굴복하지 않으리라!"라면서, 자신을 따르는 병사들을 모아 청나라에 대한 투쟁을 이어나갔다. 1659년 5월, 정성공은 수천 척의 배에 17만 명의 대군을 태우고 청나라에 빼앗긴 남경을 탈환하는 전투를 벌였다. 남경 입구인 진강에서 청나라 군대 1만 명을 전멸시키고 남경 외곽에 도착하자, 반청을 내세운 수많은 의병이 몰려와 함께 남경을 포위했다. 이 소식이 북경의 청나라 조정에 전해지자, 황제인 순치제는 "혹시 정성공이 남경을 되찾고 북경까지 쳐들어올지도 모르니, 중원을 버리고 만주로 돌아갈 준비를 해야 한다!"라며 두려워할 정도였다. 그러나 용감한 이정국과 정성공도 끝내 남명을 부흥시키지는 못했다.

우선 이정국은 그가 섬겼던 영력제(재위 1649~1662) 주유랑과 동료인 손가망에 의해 몰락했다. 주유랑은 의심이 많아 이정국이 혹시 반란을 일으키지 않을까 두려워해 그의 말을 따르지 않았으며, 손가망도 이정국의 공훈을 질투해 그를 돕지 않고 권력 다툼을 벌이다 1655년 청나라에 항복해버렸다. 손가망은 아예 청나라 군대의 앞잡이가 되어 주유랑 정권을 무너뜨리는 데 공헌했다. 그렇게 주유랑이 청나라 군대에 붙잡혀 죽자, 미얀마에 머물던 이정국은 병을 얻어 1662년 7월 11일 숨을 거두었다.

정성공은 초반에 청군을 격파하고 그 기세를 몰아 배와 군사를 이끌고 남경을 공격했으나, 남경에 주둔한 청나라 군대의 기습을 받고 참패해 대부분의 군사를 잃고 대만으로 도망쳐버렸다. 그리고 대만을 점령한 이후 계속 그 안에 틀어박혀 가끔 중국 남부 해안을 공격하는 것 이외에는 청나라에 맞서 싸우려고 하지 않았다. 이는 정성공이 사실상 자신만의 독자적 정권을 세우고 남명 정권에서 이탈했다고 봐야 한다. 정성공이 죽자, 그의 후손들은 청나라를 상대로 조선처럼 변발하지 않고 조공을 바칠 테니 독립을 허락해달라고 애걸했으나 끝내 거부당하고, 1683년 청나라 군대의 공격을 받아 몰락했다.

남명을 지탱하던 두 기둥인 이정국과 정성공은 공교롭게도 같은 해인 1662년에 사망했다. 이로써 남명 정권은 사실상 망한 것이나 다름없었다. 간신히 살아남은 극소수 잔당들은 주본현朱本鉉을 황제로 추대하고 사천성의 변경 지역을 떠돌아다녔으나, 1664년 주본현이 죽자 완전히 소멸해버렸다. 양자강 남쪽의 광활한 영토와 풍족한 경제력에, 많은 인구를 가졌음에도 불과 20년을 넘기지 못하고 멸망해버렸으니, 남명의 최후는 참으로 허망했다.

남명이 남긴 유산

비록 내부의 분열과 청나라의 공세 앞에 20년 만에 망하긴 했지만, 그래도 이민족인 만주족에 맞서 한족의 나라를 지켜내려 했다는 점에서 남명은 한족에게 깊은 인상을 남겼다. 청나라 시절, 반란을 일으킨 백련교와 천리교, 태평천국 같은 세력들은 모두 "우리는 오랑캐 만주족을 몰아내고 한족의 나라를 되찾겠다!"고 주장했다. 특히 태평천국을 일으킨 홍수전은 "나는 명나라를 세운 주원장의 후손이다. 그러니 오랑캐 청나라를 없애고 명나라를 다시 세울 것이다"라면서, 자신의 군대가 여러 지역을 점령할 때마다 "만주족은 한 명도 살려두지 말고, 한족 백성은 한 명도 해치지 말라!"고 명령했다. 그래서 태평천국의 군대가 남명의 옛 수도였던 남경을 점령했을 때, 그곳에 주둔하던 만주족 군사들과 그들의 가족 3만 명은 태평천국 군대에 모조리 학살당하고 말았다. 어떤 의미에서 볼 때, 이런 살육은 200년 전 양주와 강음에서 청나라 군사들이 한족인 남명 백성을 학살한 일에 대한 보복이었을 것이다.

1862년 태평천국이 청나라 군대에 의해 멸망한 뒤에도 한족의 반청 감정은 계속됐는데, 1906년 호남성과 강서성에서 청나라를 무너뜨리기 위한 한족의 조직인 '동맹회'가 반란을 일으키면서 발표한 선언문에서도 그 흔적을 볼 수 있다. 동맹회는 선언문에서 "우리는 만주족을 몰아내고 한족의 나라를 세울 것이다. 그렇게 함으로써 소수 이민족의 독재를 끝내고, 4억 동포들에게 평등과 자유를 줄 것이다. 만주족 오랑캐의 지배하에서는 행복할 수 없기 때문이다"라고 언급했다. 또한 1911년 신해혁명을 일으켜 청나라를 무너뜨리는 데 성공한 혁명가 쑨원孫文은 새 정부인 중화민국을 설립한 뒤, 정부 인사들과 함께 명나라의 세 번째 황제였던 영락제의 무덤을 방문했다. 쑨원은 영락제를 위해 성대한 제사를 지내면서, 자신이 신해혁명을 일으킨 이유에 대해 이렇게 설명했다.

청나라의 만주족 오랑캐는 한족 백성을 상대로 잔인한 억압과 착취를 일삼았습니다. 그들이 다스린 수백 년 동안, 한족 백성은 너무나도 끔찍한 고통에 시달렸습니다. 만주족 오랑캐는 한족을 영원히 지배하려고 했습니다. 그러나 마침내 우리 한족이 무기를 들고 일어나 만주족과 싸워 그들을 굴복시키고 승리했습니다. 그리고 우리는 한족의 나라를 다시 세웠습니다. 이 감격스러운 사실을 선조들께 알리고자 오늘 우리들이 온 것입니다.

한족 왕조인 남명은 명나라를 계승했고, 영락제는 남명의 조상이라고 할 수 있다. 즉, 쑨원은 자신이 세운 중화민국이 남명의 정신적 후계자라고 선언하기 위해 일부러 영락제의 무덤을 찾아가 제사를 지내며 저런 말을 했는지도 모른다.

신해혁명을 일으켜 청나라를 무너뜨린 쑨원. 그는 명나라의 세 번째 황제인 영락제의 무덤을 찾아가 자신이 만주족의 지배로부터 한족을 해방시켰다고 선언했다.

청나라가 무너지자 한족이 가장 먼저 한 일은 바로 머리카락을 뒤로 길게 땋은 변발을 모조리 잘라버린 것이다. 본래 한족은 부모에게 물려받은 머리카락을 잃어서는 안 된다는 유교의 가르침에 따라 상투를 틀었는데, 청나라가 중원을 점령하면서 만주족의 문화인 변발을 억지로 받아들여야 했다. 물론 한족은 결코 변발을 순순히 받아들이지 않았다. 청나라와 싸우던 남명의 한족 백성들은 변발에 크게 반발했고, 양주와 강음에서 수십만 명의 한족이 청나라 군대와 싸우다 죽은 것도 변발을 거부했기 때문이다.

한족이 변발을 거부하자, 청나라는 "만약 가족 중에서 변발을 하지 않는 자가 있으면 가족 전체를 죽이고, 마을 주민 중에서 변발을 하지 않는 자가 있으면 마을 주민을 전부 죽이겠다!"라며 강경하게 나섰다. 그러자 목숨을 건지기 위해 어쩔 수 없이 변발을 해야 했다. 그런데 1911년 신해

혁명으로 청나라가 무너지자, 청나라의 지배에서 자유로워졌다는 의미로 지긋지긋한 변발을 잘라버렸던 것이다.

여하튼 20년의 짧은 세월이었으나, 남명은 한족의 나라라는 정체성을 심어주었고, 그러한 정신적 유산은 압제자인 청나라의 힘이 약해진 20세기에 부활해 마침내 청나라를 무너뜨리고 새로운 한족의 나라를 세우게 했다고 평가할 수도 있을 것이다.

10

시크 왕국

신앙과 자유를 지키기 위해
싸운 시크교도들

19세기 들어 영국은 아프리카, 아시아, 오세아니아 등지로 군대를 보내 방대한 영토를 점령하고 식민지로 삼았다. 영국의 해외 식민지 중 가장 중요한 곳은 넓은 영토와 많은 인구를 가진 인도였다. 하지만 영국이 인도를 식민지로 삼기까지 200년이 걸렸다. 시크교를 믿는 시크 왕국이 강하게 저항했기 때문이다.

힌두교와 이슬람교가 융합된 시크교

시크교는 15세기 말, 인도 서북부 펀자브 지역에 살던 철학자 나나크 Nanak(1469~1539)가 창시했다. 나나크는 인도의 토착 종교인 힌두교와 10세기부터 인도에 들어온 외래 종교 이슬람교를 섞어서 시크교를 만들었다. 시크교에서 신은 오직 하나뿐이었기에, 신의 모습을 그림이나 조각 등으로 나타내는 것을 철저히 금지했다. 또한 사람이 죽으면 동물이나 다른 사람으로 다시 태어난다는 환생을 믿었으며, 환생의 반복을 끊고 영원한 행복을 얻기 위해서는 도덕적으로 살고 항상 신에게 기도하면서 인간이 신과 하나가 되어야 한다고 가르쳤다. 나나크는 시크교를 만들면서 특정한 사제 계급을 정하지 않고, 모든 신도가 종교 행사를 맡을 수 있도록 했다. 그리고 '최초의 책'이라는 뜻의 경전,《아디 그란트Adi Granth》를 만들어 신도들에게 시크교의 가르침을 익히도록 했다.

시크교가 창시될 무렵, 인도는 무굴 제국(1526~1857)의 지배를 받고 있었다. 무굴 제국의 3대 황제인 아크바르(1542~1605)는 시크교를 포함한 모든 종교에 관용을 베풀어, 시크교는 평화롭게 안정기를 구가할 수 있었다. 그러나 아크바르의 뒤를 이어 자한기르(1569~1627)가 황제로 즉위하면서 시크교는 위기에 몰리기 시작했다. 자한기르의 아들인 쿠스라우의 시크교도 스승 아르준이 아버지에 맞서 반란을 일으키라고 쿠스라우를 은밀히 회유한 사실이 발각되자, 시크교는 무굴 제국에 의해 반역 선동 세력으로 규정받아 혹독한 탄압을 받았다. 무굴 제국뿐만 아니라 이슬람교와 힌두교 역시, 시크교를 이단으로 간주해서 박해했다. 이렇게 되자 시크교도들은 자신들과 종교를 지키기 위해 무기를 들고 맞서 싸웠고, 아예 독자적인 나라를 세우려고 했다.

한편 무굴 제국은 18세기 이후부터 제위를 둘러싼 내분과 서북방의 페르시아와 아프가니스탄 등의 침략에 시달리면서 쇠약해졌다. 그러자 각지의 토후들이 자신들만의 세력을 구축해, 인도는 군웅할거의 혼란에 빠졌다.

시크교 창시자 나나크와 시크교 지도자들을 그린 그림.
시크교는 지금도 인도에서 활발하게 활동하고 있다. (19세기)

시크 왕국을 이끈 지도자,
란지트 싱

'펀자브의 사자'라 불리던 란지트 싱Ranjit Singh(1780~1839)은 열두 살의 나이로 시크교 지도자 자리에 올랐다. 그는 신도들에게 강력한 무기와 우수한 조직을 갖추게 함으로써, 시크교단의 군사력을 대폭 증강했다. 란지트 싱은 1797년에 아프가니스탄을 공격해 승리를 거두었고, 1799년 7월에는 펀자브의 수도인 라호르를 점령한 뒤, 1801년에 자기가 펀자브 지역을 다스리는 '마하라자maharaja(대왕이란 뜻)'라고 선언했다. 마침내 시크교도들은 오랜 꿈이던 시크 왕국을 세우게 된 것이다.

시크 왕국을 건설한 란지트 싱은 본격적인 국가체제를 꾸려나가기 시작했다. 독자적인 화폐를 만들고 주변 세력을 복속시키면서 영토를 넓혀 갔다. 그리고 1802년에는 인도 북부 최대 물류 중심지인 암리차르를 점령해 더욱 위세를 떨쳤다.

란지트 싱은 동쪽으로도 진출하려 했으나, 1809년 영국에 저지당하고 수틀레지강 동쪽으로는 영토를 확장하지 않겠다는 약속을 담은 암리차르 조약을 체결했다. 1757년, 영국은 플라시 전투에서 인도의 패권을 놓고 경쟁하던 프랑스를 물리친 이후, 인도에서 계속 세력을 키워갔다. 이 사건 이후 란지트 싱은 영국을 견제하기 위해 프랑스와 손잡고 프랑스군에서 제대한 장교들을 초대해 시크 군대의 조직을 서구식으로 바꾸었다. 그 결과, 시크 왕국의 군사들은 퀴라시에Cuirassier(흉갑기병)와 드라군Dragoon(용기병) 같은 프랑스식 군대 편제를 갖추었다.

시크 왕국의 창시자 란지트 싱. 그가
세운 시크 왕국은 강력한 힘으로 한때
인도에서 맹위를 떨쳤다.

시크 왕국의 부대 중에는 고르쿠라 사르다르Ghorchurra sardar라는 전통 양식의 기병대도 포함되어 있었다. 이들은 사람과 말 모두 철제 사슬로 만든 갑옷을 입은 채 긴 창을 쥐고 돌격하는 창기병으로 활동했다. 그들은 영국군조차 "세계 최고의 기병대"라고 칭송할 만큼 뛰어났다.

시크 군대에는 소총과 포병부대도 있었다. 란지트 싱이 프랑스에서 소총과 대포를 만드는 기술자들을 불러들여 직접 제작하도록 했기 때문이다. 특히 란지트 싱은 크고 무거운 포탄을 날리는 중포重砲 heavy artillery를 만들도록 했다. 1828년 무렵, 시크 군대는 8파운드짜리 포탄을 날리는 중포 130문과 280문의 선회포旋回砲, swivels를 다루는 포병 3778명을 보유할 정도로 막강해졌다. 그러나 대포들이 너무 크고 무거워, 말이 아닌 코끼리를 이용해서 운반해야 했다.

란지트 싱은 이렇게 강력한 군대를 이끌고 1816년 물탄을 함락시켰으며, 그해 말에는 아프가니스탄의 페샤와르를 점령했다. 또한 1819년 7월에는 카슈미르 지역을 놓고 아프가니스탄 부족들과 벌인 전투에서 승리해 카슈미르를 장악하는 데 성공했으며, 1820년에는 인더스강 유역까지 손에 넣었다. 이후 1834년에 다시 원정을 시작해 카슈미르 동부 지역인

1847년 〈런던 뉴스London News〉에 실린 시크 군대의 삽화.
코끼리가 크고 무거운 중포를 운반하고 있다. 다만 시크 군대의
중포는 영국군의 대포보다 연사 속도가 느려 영국군과의 전투에서는
그다지 쓸모가 없었다.

라다크까지 영토에 편입시켰으며 3년 뒤에는 페샤와르를 침공한 아프가
니스탄 부족들을 격퇴했다. 이렇듯 시크 왕국은 강력한 군사력을 가진 나
라로 성장했다.

파벌 싸움으로 위기에 처한
시크 왕국

1839년 6월 란지트 싱이 세상을 뜨자, 그의 후계자 자리를 놓고 내란이
일어났다. 란지트 싱의 여러 아들이 왕위 쟁탈전을 벌였던 것이다. 란지
트 싱의 아들 중에서 인기가 없던 카라크 싱Kharak Singh은 몇 개월 만에
모든 권력을 잃고, 감옥에 갇혀 지내다 사망했다. 그러자 재능은 있지만
카라크 싱과는 사이가 좋지 않은 그의 아들 칸와르 나우 니할 싱Kanwar
Nau Nihal Singh이 돌아와 권력을 잡았으나, 그 역시 몇 달 뒤 갑자기 사망
하고 말았다.

란지트 싱의 아들과 손자가 잇따라 죽자, 시크교 공동체인 신드한왈리
아스Sindhanwalias와 힌두교 공동체인 도그라스Dogras가 서로 권력과 영
향력을 장악하기 위해 권력 다툼을 벌였다. 시크 왕국은 시크교도들이 세
운 나라였지만, 모두가 시크교도는 아니었다. 도그라스는 신드한왈리아
스에 선수를 쳐, 1841년 1월 란지트 싱의 장남이지만 사생아라서 적법한
아들로 인정받지 못하던 셰르 싱Sher Singh을 왕위에 앉혔다.

한편, 란지트 싱 사후에도 시크 군대는 1839년 2만9000명에서 1845년
8만 명 이상으로 계속 규모가 급속하게 증가했다. 이는 영국을 의식한 결
과였다. 란지트 싱이 죽고 나서, 인도를 지배하던 영국 동인도 회사는 시
크 왕국과 인접한 펀자브 주변에 군사의 수를 늘리고 있었다.

이런 와중에 펀자브와 영국 지배 영토의 경계선을 이루고 있던 수틀레
즈강에서 불과 몇 마일 떨어진 신드Sindh 지역이 1843년 영국군에 점령

되었다. 이렇게 되자 시크 왕국과 영국의 관계에 더욱 긴장감이 고조되었다. 그때 시크 왕국 내 분쟁에서 밀린 도그라스가 영국에 도움을 요청했다. 그러자 동인도 회사에서는 즉각 시크 왕국에 군대를 보내자는 의견이 힘을 얻었다. 당시 인도 대부분 지역은 영국의 지배를 받고, 오직 시크 왕국만 독립된 상태였다. 따라서 영국 입장에선 시크 왕국만 정복한다면 인도 전체가 자기들의 손에 들어오는 것이었다. 도그라스의 지원 요청은 결국 시크 왕국을 파멸시키는 계기가 되었다.

1차 영국 – 시크 전쟁

동인도 회사에서는 무력 원정을 외치는 의견이 거세 마침내 1845년 12월 10일, 벵골에 주둔하고 있던 영국군의 벵골 군단Bengal Army 1만 명은 1840년 중국에서 벌어진 아편전쟁에 참전했던 휴 거프 경Sir Hugh Gough 의 지휘 아래, 헨리 하딩과 함께 수틀레즈강을 건넜다.

영국군은 3~4개의 보병과 기병부대로 구성되었으며, 각 부대 측면에는 두 마리 말이 이끄는 기마 포병 42문이 딸려왔다. 그들은 무게가 가볍고 포탄을 빨리 쏠 수 있는 경포병 부대였다.

휴 거프 경은 무거운 보급품과 함께 행군하는 병사들의 처지를 감안해 인도에서 비교적 날씨가 서늘한 12월을 택했다. 수틀레즈강을 건너고 8일 지난 12월 18일 오후, 영국군은 무드키Mudki 마을에 도착했다. 시크 군대의 지휘관 랄 싱Lal Singh이 이끄는 시크군 정찰병들은 이 소식을 본대에 알렸고, 후방에서 대기하고 있던 시크군 약 2만 명이 무드키 마을로 몰려왔다.

이리하여 무드키 마을에서 첫 전투가 벌어졌다. 늦은 저녁, 시크군이 보유한 약 22문의 대포가 포격을 개시하자 휴 거프 경은 30문의 경포로 응사했다. 포격이 끝나자 시크군 기병대는 이때 최정예 기병대인 고르쿠라 사르다르 부대까지 투입해 영국군의 양 측면을 포위하려 했다. 하지만 영국군 보병은 사각형의 밀집 방진을 형성하면서 총검을 내세우고 사르다르 기병들을 상대로 사격하면서 그들의 돌격을 막아냈다. 그러는 동안 영국의 경무장 용기병 연대는 돌격을 감행했으나, 시크교 보병들이 쏘아대는 총탄에 많은 병사가 죽거나 다쳤다.

기병대의 돌격이 끝나자 어두운데도 불구하고 영국군은 서둘러 진격했다. 그러나 시크군도 만만치 않았다. 비록 초반에는 밀렸으나, 시크군 보병들은 필사적으로 저항했고, 포병들도 영국군에 완전히 제압당할 때까지 계속 포도탄grapeshot(산탄의 일종)을 발사했다. 전투가 시작되고 두 시간 정도 지나자, 시크군은 사기가 떨어져 철수했다. 시크군이 떠난 뒤 영국군은 마을에 설치된 캠프로 돌아왔다.

무드키 전투에서 영국군의 사망자는 215명, 부상자는 657명이었다. 패퇴한 시크군의 피해 규모는 정확히 알려지지 않았으나, 약 3000명이 죽거나 다쳤고 15문의 대포를 잃었다. 무드키 전투에서 영국군은 일단 승리했으나 시크군에 치명타를 안기지는 못했고, 전황을 크게 결정짓지도 못했다. 하지만 서전에서 시크군을 상대로 이겼다는 점이 병사들의 심리에 좋은 영향을 끼쳤다.

한편, 12월 21일에서 22일까지 휴 거프 경의 지휘 아래 영국군은 펀 자브의 페로제샤Ferozeshah 마을에서 랄 싱이 이끄는 시크군과 맞붙었 다. 이 전투에서 승리했지만, 영국군은 19세기 인도에서 치른 전투 중 가장 큰 피해를 입었다. 후방인 벵골에서 8000명의 증원군이 파견되어 전력이 증강된 영국군은 휴 거프 경의 지휘 아래 펀자브 깊숙이 진격해 들어가 페로제샤 마을 외곽에 도착했다. 척후를 통해 페로제샤 마을에 3만에서 5만 정도로 추정되는 시크군이 랄 싱의 지휘 아래 주둔해 있다 는 사실을 알아낸 휴 거프 경은, 이번에야말로 시크군에 치명타를 입히 기로 결심했다.

12월 21일 오후 3시 30분, 휴 거프 경은 공격을 개시했다. 전투의 막을 연 것은 영국군 포병대였다. 그들은 주로 경무장 포병이었다. 포병의 연 사 속도에서는 경포를 쓰는 영국군이 중포를 사용하는 시크군보다 앞섰 다. 그것을 본 존 리틀러John Littler 장군은 시크군이 영국군의 포격에 대 부분 전멸했다고 판단해 62보병연대를 이끌고 시크군 진지를 공격했으 나, 오른쪽 측면에서 시크군 기병대의 역습을 받고 위기에 처했다. 그때 영국군 기병 제3연대가 나서 리틀러 장군과 그의 부대를 구조했지만, 이 미 62보병연대는 병력의 거의 절반을 잃은 상황이었다.

하지만 영국군의 공격은 계속 이어졌다. 장교 해리 스미스가 페로제 샤 마을 주변에 배치된 시크군 주둔지를 공격하자 시크군 병사들이 달려 나와 치열한 격전을 벌였다. 그러나 난투극이 계속되면 통솔이 이루어지 지 않을 것을 우려한 휴 거프 경과 하딩은 새벽이 되자 병사들을 철수시 켰다. 그리고 정오에 다시 북서쪽으로 진격해 랄 싱이 지휘하는 시크군을 막다른 상황으로 몰아붙였다. 그 무렵 시크군의 포병은 치명적인 피해를 입어 거의 전멸에 가까운 상태였다.

영국군은 포병을 앞세워 서쪽에 있던 시크군 지휘관 테즈 싱Tej Singh의 군대로 진격했다. 테즈 싱은 영국군이 공격해오자, 남은 병력을 이끌고 북쪽으로 질서정연하게 철수했다. 시크군이 수틀레즈강 밖으로 물러나자, 휴 거프 경의 군대는 그들을 뒤쫓아 북쪽으로 향했다. 하지만 이미 시크군이 모두 후퇴한 뒤여서, 전투는 더 이상 벌어지지 않았다. 게다가 연이어 전투를 치르느라 영국군도 피해가 컸다. 페로제샤 전투에서 영국군은 총 694명이 전사하고 1721명이 부상을 당했다. 시크군의 피해는 대략 사상자 3000명에 3문의 대포를 영국군에 빼앗긴 정도였다.

무드키와 페로제샤 전투에서 이렇다 할 승기를 잡지 못한 영국군은 마침내 알리왈Aliwal 전투에서 본격적인 우세를 보이기 시작했다. 알리왈 전투 직전, 시크군은 연이은 패배로 사기가 크게 떨어져 낙심한 상태였다. 하지만 시크군의 사령관 란조드 싱 마지티아Ranjodh Singh Majithia는 병력을 증강하고 전열을 재정비했다. 그는 수틀레즈강을 가로질러 소브라온Sobraon에 교두보를 설치하고, 기병대를 보내 루디아나Ludhiana의 영국군 요새를 자주 습격해 휴 거프 경을 위협했다. 이에 휴 거프 경은 별동대를 이끌고 있던 해리 스미스 경에게 시크군의 후방을 공격하도록 지시했다.

해가 바뀐 1846년 1월 16일, 해리 스미스 경은 시크군의 전초기지인 파테가르Fategarh와 다름코트Dharmkot를 탈환했다. 하지만 시크군의 사령관 란조드 싱은 루디아나의 영국군을 계속 기습하면서, 그들의 주력을 섬

1차 영국-시크 전쟁에서 치열한 격전이 벌어진 페로제샤 전투.
이 전투에서 영국군과 시크군은 서로 비슷한 피해를 입혔다.

시크군의 주요
지휘관이었던 랄 싱.
그는 영국군과의 전투에서 중요한
역할을 맡았다.(1845년경)

멸할 목표로 해리 스미스 경의 별동대와는 직접 싸우지 않았다. 해리 스미스는 부도왈Buddowal에 주둔하고 있던 시크군을 습격했다. 그러나 시크군의 힘을 경계하고 있던 휴 거프 경은 해리 스미스에게 자그라온Jagraon을 경유해 루디아나에 영국군 부대를 집결시키고 병력과 물자를 보충한 뒤 시크군을 상대하도록 지시했다.

1월 21일, 부도왈을 떠나 루디아나 요새로 향하던 해리 스미스의 좌익 부대는 시크군의 고르쿠라 사르다르 기병부대로부터 쉴 새 없이 후방을 공격받았다. 그럼에도 불구하고 스미스는 그 부대를 이끌고 루디아나 요새까지 도착하는 데 성공했다. 그리고 네팔인들로 구성된 구르카Gurkha 용병 2개 대대가 포함된 여단 병력이 델리에서 도착해, 스미스 부대의 전력을 증강했다.

휴식을 끝낸 스미스는 1만2000명의 군대를 이끌고 다시 부도왈을 향해 전진했다. 시크군은 수틀레즈강에서 물러나 알리왈에서 지원 병력을 기다리고 있었다. 1월 28일, 스미스의 군대는 조심스럽게 알리왈에 주둔한 시크군에게 다가갔다. 시크군은 수틀레즈강과 분드리의 알리왈 마을 사이 산등성이 6.4km 지역을 점유하면서 영국군을 기다리고 있었다. 알리왈 마을에 도착한 스미스는 곧바로 모든 포병에게 시크군을 향해 일제 포격을 퍼붓게 하는 한편, 휘하의 4개 보병대대에 알리왈 마을을 점령하고 시크군의 중심부를 돌파하도록 지시했다.

시크군은 스미스의 좌익 부대를 교란하려고 했다. 얼마 동안 그들의 기병대는 영국군의 좌익 측면을 위협하기도 했다. 그러나 영국인과 인도인으로 구성된 영국군 '여왕의 16창기병연대16th The Queen's Lancers'가 돌격해 시크군을 분산시키고 시크군의 주력부대를 공격했다. 16창기병연대와 맞닥뜨린 시크군 병사들은 이탈리아 나폴리 출신 용병인 파올로 디 아비타빌레Paolo Di Avitabile의 지휘를 받고 있었다. 아비타빌레는 16창기병연대가 돌진해오자, 보병들에게 기병대를 방어할 사각형 방진을 형성하도록 명령했다. 그런데도 16창기병연대는 시크군에 많은 피해를 입혔다. 시크 중심부의 보병들은 말라버린 시내의 수로를 방어하기 위해 노력했다. 그러나 영국군의 벵골보병연대는 스미스가 지휘하는 벵골기마포병대의 엄호 포격을 받으면서 수로 방어망을 돌파하는 데 성공했다. 영국군이 몰려오자 시크군은 사기를 잃고 군수물자 대부분을 그대로 놓아둔 채 말라붙은 수로를 건너 도망쳤다. 알리왈 전투에서 시크군은 2000명의 사상자를 냈으며, 67문의 대포를 잃었다. 반면 영국군은 673명의 사상자를 냈으며, 그중 가장 용감하게 싸운 16창기병연대에서는 144명의 사상자가 발생했다.

세 차례에 걸쳐 벌어진 영국과 시크 왕국의 기나긴 전초전은 마침내 1846년 2월 10일, 소브라온 전투에서 절정을 맞았다. 알리왈 전투에서 스미스가 불리한 상황에서도 시크군을 격퇴하고 수많은 노획물을 얻자, 휴 거프 경과 해리 스미스는 다시 활기를 되찾았다. 그러면서 그들은 아직 주력을 온전하게 보존하고 있는 시크 왕국에 치명타를 날릴 섬멸전을 기획했다. 그 무렵, 시크군은 연이은 참패로 인해 사기가 떨어져, 수틀레즈 강 너머로 물러난 상태였다.

한편 2월 10일, 영국군의 공성용 대포siege guns 35문이 기차에 실려 도착했다. 영국군은 이 공성용 대포들로 소브라온의 요새 벽을 향해 2시간 동안 포탄이 바닥날 정도로 포격했다. 해리 스미스와 월터 길버트 소장이 지휘하는 사단은 시크군 좌익 측면에 위장공격을 시도했다. 그와 동시에 로버트 헨리 딕 소장은 시크군 우익 측면을 공격했으나 거센 반격을 받아 전사하고 말았다.

그러는 사이 영국군의 구르카 용병들과 벵골연대는 참호 앞쪽을 따라 시크군을 향해 공격을 감행했고, 여러 군데에서 시크군을 물리쳤다. 영국군 기병대와 기마포병대의 공격으로 시크군의 우익 부대와 요새는 큰 손상을 입었다. 시크군 지휘관 테즈 싱은 전황이 불리해지자 서쪽으로 도주해버렸다. 사령관이 달아나자 시크군의 사기는 떨어졌고, 반대로 영국군은 더욱 힘을 내어 요새로 진입했다. 테즈 싱이 떠나자, 그를 대신한 지휘관 샴 싱Sham Singh과 많은 시크 병사가 손에 칼을 들고 영국군을 향해 달려들다가 총탄과 포탄에 맞아 사망했다. 강을 헤엄쳐 도망가려던 시크 병사들 또한 영국군이 발사한 대포에 맞아 죽었다. 결국 1만 명의 시크군 병사가 전사해 영국군은 요새 전체를 장악하는 데 성공했다.

이로써 소브라온 전투에서 영국군은 시크군의 주력을 섬멸했다. 승리한 영국군은 수틀레즈강 동쪽의 모든 영토와 함께 카슈미르와 잠무 지역까지 차지했다. 또한 시크 왕국은 자국 내 대도시인 라호르에 영국군의 주둔을 허용했으며, 영국에 75만 파운드에 이르는 거액을 전쟁 배상금으로 지불했다. 영국은 시크 왕국의 군사력을 보병 2만 명, 기병 1만2000명

코이누르 다이아몬드가
박힌 영국 왕관.(1919년경)

으로 축소하도록 했다.

이 밖에도 영국군은 시크 왕국이 가지고 있던 무굴 황제들의 보물인 코이누르 다이아몬드도 얻어 빅토리아 여왕에게 바쳤는데, 여왕은 이 다이아몬드를 왕관에 박았다. 그 후 역대 영국 국왕들은 즉위식 때 코이누르 다이아몬드가 박힌 왕관을 쓰는 것을 의례로 삼고 있다.

2차 영국-시크 전쟁, 시크 왕국의 멸망

1차 영국-시크 전쟁에서 시크 왕국이 패배했지만, 전쟁의 불씨는 꺼지지 않았다. 대다수 시크인이 전쟁 피해로 인해 영국을 미워하고 영국이 불리한 협정을 강요한 것에 대해 깊은 불만을 품었다. 그리고 적절한 기회가 오면, 다시 맞서 싸우기를 간절히 원했다.

2년이 지난 1848년 4월, 물탄 지역의 힌두교도 지배자 데완 물라지 Dewan Mulraj가 영국의 지나친 세금 징수에 불만을 품고 반란을 일으켰다. 그러자 영국에 강한 반감을 가지고 있던 시크인들은 9월 14일, 지도자 셰르 싱을 중심으로 봉기해 데완 물라지와 힘을 합쳐 반反영 투쟁에 나섰다. 이것이 2차 영국-시크 전쟁의 시작이다.

한동안 잠잠했던 시크인들이 다시 반기를 들었다는 소식이 동인도 회사에 보고되자, 휴 거프 경은 대규모 군대를 소집해 반란 진압에 나섰다. 11월 22일 새벽, 휴 거프 경이 지휘하는 영국군 1만5000명은 람나가르

2차 영국-시크 전쟁 때 람나가르 전투를 묘사한 삽화.
전투 자체에서 발생한 피해자는 그리 많지 않았다.

Ramnagar에서 셰르 싱이 이끄는 시크군 3만 명과 교전을 벌였다. 이 전투에서 영국군은 21명이 전사하고 55명이 부상하는 가벼운 피해를 입었으며, 시크군은 자신들이 불리해지자 재빨리 달아나는 바람에 정확한 피해 규모가 알려지지 않았다.

　해가 바뀐 1849년 2월 21일, 구지라트Gujrat 전투에서 영국군은 세 시간에 걸쳐 96문의 중포를 동원해 집중포격을 퍼부어, 시크군을 분쇄하고 최종 승리를 거두었다. 영국군의 벵골 기마포병대와 기병대는 도망가는 시크군을 무려 19km나 쫓아가서 무자비하게 섬멸했다. 전황이 불리해지자 반란을 일으킨 주동자 셰르 싱은 결국 휴 거프 경에게 항복했으며, 주로 기병대로 구성된 2만 명의 시크군을 해산시켰다. 같은 해 4월 2일, 펀자브 지역 전체가 정식으로 영국 영토에 합병되었다. 이로써 시크 왕국은 멸망하고 말았다.

비록 패배하긴 했지만, 영국인들은 시크인들의 용맹을 높이 평가했다. 2차 영국-시크 전쟁에 직접 참전했던 한 영국인 관찰자는 시크 군사들을 가리켜 "그들은 악마처럼 거칠고 사납게 싸웠다. 나는 지금까지 그렇게 용감한 전사들을 본 적이 없다. 그들은 총검 앞으로 뛰어들어, 그들을 방금 쏘아 뜨겁게 달구어진 총을 맨손으로 움켜쥐었다"라고 회상했다.

전쟁에서 승리한 영국은 시크군 기병대의 용맹성에 주목해 그들을 영국군 휘하 군대로 편성했다. 그리고 세포이 용병들이 영국군에 맞서 항쟁을 일으키자, 시크인들은 영국군 편에 서서 세포이들의 저항을 진압했다. 세포이 병사들은 무굴 제국의 부활을 외쳤는데, 시크인들로서는 자신들을 탄압했던 무굴 제국의 부활을 원치 않았기 때문이다.

시크 왕국이 남긴 유산

시크 왕국의 멸망 이후, 시크교도들은 영국의 지배를 받다가 1947년 인

◆

시크교의 성지인 황금 사원. 방문자들에게 무료 숙식을 제공하며,
인도의 관광 명소로 자리 잡았다.

도가 독립하자 인도 연방의 일원이 되었다. 그러나 시크교도들은 독자적
인 나라를 이루고 세계 최강대국인 영국과 맞서 싸웠던 시크 왕국의 추억
을 잊지 못한다. 그래서 지금도 인도의 많은 시크교도는 그들이 사는 편
자브 지역이 인도에서 독립해 새로운 나라로 탄생해야 한다고 믿고 있다.
인도 정부는 이런 분리 독립 움직임을 나라의 분열을 부추기는 매우 위험
한 일로 여기고 있으며, 군대를 동원해 진압하기도 했다. 하지만 그런 탄
압에 분노한 시크교도들은 1984년 10월 31일 인도의 인디라 간디 총리
를 총으로 사살했다.

오늘날에는 시크교도들의 분리 독립 움직임이 잠잠해졌지만, 언제 또다시 움직임이 거세질지 모르는 상황이다.

한편 펀자브 지역에 있는 시크교도들이 세운 황금 사원에서는 여행자들에게 음식과 잠자리를 무료로 제공하는데, 평화와 자비를 강조한 시크교의 원래 가르침을 따른 것이다. 이 황금 사원은 펀자브 지역을 찾는 외국인들의 관광 명소로 자리 잡았다.

마라타 제국

이슬람교에 맞선
힌두교도의 나라

인도의 토착 종교인 힌두교는 창조의 신 브라흐마, 유지의 신 비슈누, 파괴의 신 시바를 섬기며, 인간은 죽어서 사람이나 동물로 다시 태어난다는 환생을 주요 교리로 믿고 있다. 그리고 현재 인도의 힌두교 신자 수는 8억 명에 달하며, 인도는 세계 최대 힌두교 국가다. 하지만 인도 역사에서 힌두교가 항상 지배적인 위치에 있었던 것은 아니다. 12세기 이후 인도는 서북쪽에서 쳐들어온 이슬람 세력의 지배를 받았고, 힌두교를 믿는 토착민들은 이슬람교를 믿는 외래 집단의 압제에 시달렸다. 그러자 힌두교 신앙을 지키기 위해 이슬람에 맞선 세력이 등장했으니, 바로 마라타 제국이다.

무굴 제국과 맞선 마라타족

인도 남부, 데칸고원의 토착민인 마라타족Mahrathas은 작은 체구에 검은 피부를 지니고 매우 용맹했으나, 정치적 통일을 이루지 못해 오랫동안 부족집단으로 살아왔다. 그러다가 17세기 들어 부족을 넘어 국가체제로 단합할 움직임을 보였다. 그러한 원인을 제공한 장본인은 당시 인도의 대부분을 지배하고 있던 무굴 제국이었다.

무굴 제국은 튀르크족 이슬람교도인 바부르Babur(1526~1530)가 인도를 정복하고 세운 나라여서 지배층은 이슬람교를 믿고, 피지배층인 절대다수의 인도인은 힌두교를 믿었다. 다만 무굴 제국의 세 번째 황제인 아크바르Akbar(1556~1605)는 힌두교도들의 신앙을 인정하고 관용을 베풀었으나, 네 번째 황제인 자한기르Jahangir(1605~1627)는 그러한 관용정책의 상당 부분을 취소하고 힌두교를 핍박해 힌두교도들의 불만이 높아졌다. 마라타족 역시 오랫동안 힌두교를 믿어온 터라, 무굴 제국의 종교 탄압에 위기감을 느껴, 마라타족 단결의 필요성을 절감하고 있었다.

마라타족을 하나의 국가로 단합하게 만든 지도자는 시바지Shivaji(1627~1680)였다. 1659년에 그가 살던 성이 적군에게 포위당해 물과 식량이 바닥나자 거짓으로 항복하겠다면서 적장인 아프잘 칸Afzal Khan에게 접근한 다음, 몰래 가져간 단검으로 칸의 심장을 찔러 죽였을 만큼, 그는 용감하고 교활한 인물이었다. 또한 시바지는 마라타 국가의 재정을 확보하기 위해, 주변 지역을 상대로 적극적인 약탈을 감행했다. 아울러 재빨리 움직이며 치고 빠지기 위해 마라타 군대를 가볍게 무장한 경기병과 보병들로 채웠다. 이들은 약탈에 뛰어났고, 많은 적이 몰려오거나 상황이 불리해지면 서둘러 철수해 전력을 무사히 보존할 수 있었다.

한편 당시 무굴 제국의 여섯 번째 황제 아우랑제브는 데칸고원에서 활발히 활동하는 마라타족이 무척 눈에 거슬렸다. 따라서 우선 신하인 샤이스타 칸Shayista Khan에게 군대를 주어 마라타족을 정복하도록 했다. 하지만 샤이스타 칸은 밤중에 시바지가 지휘하는 마라타 군대의 기습을 받고 패배했다. 승리한 시바지는 1664년 오늘날 인도 서부 해안의 항구도시인 수라트를 약탈하고 나서 자신이 왕이라고 선언했다.

마라타 제국의 창건자인
시바지.(1680)

　시바지의 기세가 만만치 않음을 알아챈 아우랑제브는 강경책에서 회유책으로 전술을 바꾼 다음, 그를 궁궐로 초대하겠다고 속여 무굴의 수도인 델리로 불러들였다. 시바지는 황제를 직접 만나고 싶은 마음에 델리를 방문했다. 그러나 아우랑제브는 시바지를 감옥에 가두었다. 아우랑제브는 처음부터 시바지를 사로잡을 생각이었던 것이다. 하지만 대담하고 교활한 시바지는 감옥에서 빠져나와 궁궐 밖으로 달아난 뒤, 무굴 군대의 추격을 피하기 위해 일부러 거지 행색을 하며 9개월 동안 남쪽으로 걸어간 끝에 마라타 왕국으로 무사히 돌아왔다. 귀환한 뒤에도 당분간 시바지는 무굴 제국과 적대하지 않고, 겉으로는 평화롭게 지내며 자극하지 않도록 애썼다. 그러면서 안으로 힘을 길러 4만 명의 기병과 1만 명의 보병, 1200마리의 코끼리와 3000마리의 낙타로 이루어진 강력한 군대를 거느리게 되었다. 아울러 수라트에서 활동하는 프랑스인 상인들을 통해 서양의 총기와 대포도 사들였다.

1674년, 시바지는 자신이 차트라파티Chatrapati라고 선언했다. 이는 '왕들의 왕'이라는 뜻으로, 왕보다 더 높은 칭호인 황제에 해당하는 것이었다. 즉, 아우랑제브와 같은 위치에 있다고 대담하게 주장한 것이다. 시바지의 황제 선언 소식을 들은 아우랑제브는 무척 분노했다. 당시 인도 대륙에서 황제와 같은 칭호를 쓰는 군주는 오직 자신밖에 없었기 때문이다. 그런데 일개 지방의 반란군 지도자가 황제라고 선언했으니, 내버려두면 무굴 제국의 위신이 떨어지고 주변의 다른 세력들이 제국을 우습게 볼 수도 있는 일이었다.

아우랑제브는 대제국인 무굴의 국력을 총동원해 무려 50만 명의 병사와 5만 마리의 낙타, 3만 마리의 코끼리로 이루어진 어마어마한 대군을 이끌고 직접 원정에 나섰다. 마라타족이 제아무리 힘을 길렀다고 해도, 이 정도 규모면 얼마든지 제압할 수 있었다. 또한 아우랑제브는 뛰어난 장군이어서, 모두 그의 승리를 의심치 않았다.

하지만 마라타족의 근거지인 데칸고원으로 내려간 무굴 대군은 아무리 열심히 싸워도 도무지 승리를 거둘 수 없었다. 가장 큰 이유는 시바지가 무굴 군대와의 정면승부를 극도로 피했기 때문이다. 시바지는 마라타족에게 "무굴 군대가 공격해오면 데칸고원의 높은 산 위로 달아나고, 무굴 군대가 물러나면 재빨리 공격하라"고 지시했다. 그래서 마라타족은 치고 빠지는 게릴라전을 펼쳤고, 온갖 무거운 무기와 장비들을 몸에 잔뜩 지닌 무굴 병사들은, 가볍게 무장하고 날렵하게 움직이며 산을 잘 타는 마라타 병사들을 도저히 따라잡을 수 없었다.

말을 타고 달리는 마라타족 기마병.(헨리 토머스 올켄Henry Thomas Alken, 1828)

또한 마라타족의 기동성 외에도 아우랑제브를 불리하게 만든 요소가 하나 더 있었다. 그것은 바로 어머어마한 규모의 대군이었다. 아우랑제브의 원정군에는 병사들만 포함된 것이 아니라, 군생활에 필요한 각종 물건을 파는 상인들과 음악을 연주하는 악공들, 요리와 빨래를 해주는 여자들까지 포함되어 있었다. 그렇게 군대를 따라다니는 사람들이 임시 거주지로 쳐놓은 천막들이 자그마치 48km나 늘어져 있었다고 한다. 그래서 무굴 군대는 주변 사람들로부터 '움직이는 도시'라고 불렸다. 한데 이렇게 딸린 인원이 많으니, 무굴 군대는 기동성이 거의 없어, 날렵하게 치고 빠지는 마라타족 군대에 제대로 대응할 수 없었다. 아무리 나라가 부유해도 이렇게 많은 사람을 계속 먹이고 재우고 입히고 치료해주려면 엄청난 양의 식량과 물자, 돈이 필요한데, 아우랑제브 원정군이 데칸고원에 계속 머무르자 무굴 제국의 국고는 바닥나고 경제는 파탄 직전에까지 몰렸다.

결국 1707년 아우랑제브는 더 이상 원정을 강행하는 것이 무리임을 깨닫고, 군대를 돌려 델리로 향하던 길에 88세의 나이로 세상을 떠났다. 아우랑제브 사망 이후, 무굴 제국은 13년 동안 7명의 황제가 들어설 정도로 제위를 둘러싼 내분이 극에 달해 사실상 대제국으로서의 힘과 권위를 잃고 허수아비로 전락하고 말았다. 마라타족을 멸망시키려 나섰다가 오히려 그 자신이 먼저 망하고 말았으니, 참으로 아이러니한 일이었다.

파니파트 전투의 패배, 인도 통일의 꿈이 저물다

무굴 군대와 싸우는 사이, 시바지는 1680년 53세의 나이로 죽었다. 그의 아들이자 후계자인 삼바지Sambhaji(1657~1689)가 무굴 군대에 사로잡혀 고문을 당하다 죽자 삼바지의 동생인 라자람 1세Rajaram I(1670~1700)는 세 번째 차트라파티가 되어 마라타족을 이끌고 계속 무굴 군대와 맞서 싸웠다. 네 번째 차트라파티인 시바지 2세(1696~1726)는 아우랑제브가 전쟁을 포기하고 철수하는 모습을 지켜보며, 무굴 제국에 대한 승리를 선언했다.

무굴 제국이 무너지는 동안 다소 차이는 있지만 마라타 제국도 정치적

변화를 맞았다. 1720년부터 실권이 시바지의 왕실에서 페슈와Peshwa(재상)에게 넘어갔던 것이다. 다만 페슈와인 바지 라오Baji Rao(1700~1740)는 왕실의 권위를 존중했으며, 외래 세력인 이슬람 왕조를 몰아내고 다시 힌두교로 인도를 통일하려 했던 시바지의 야심을 계속 밀고 나갔다. 바지 라오의 지휘 아래 마라타 군대는 북쪽으로 올라가며 여러 도시를 점령해 나갔다.

바지 라오가 1740년에 죽자 그의 아들인 발라지Balaji(1720~1761)는 새로운 페슈와가 되어 계속 마라타 제국의 북벌을 밀어붙였다. 이때 마라타 제국의 영토는 히말라야산맥과 인더스강까지 닿았다. 사실상 인도 대부분이 마라타 제국의 수중에 들어와 시바지가 바랐던 힌두교 통일국가의 꿈이 이루어진 것처럼 보였다. 이 무렵 무굴 제국은 너무나 쇠약해져 마라타 군대의 진격을 막아낼 힘이 없었다. 그러나 무굴의 지배층은 가만히 앉아서 멸망을 기다리지만은 않았다. 그들은 지금의 아프가니스탄 지역을 지배하던 아흐메드 샤 두라니Ahmaed Shah Durrani(1722~1772)에게 도움을 요청했다. 독실한 이슬람교 신자이던 아흐메드는 무굴인들을 도와 이교도인 힌두교도들과 싸우기 위해 군대를 이끌고 인도로 향했다.

마침내 1761년 1월 14일, 델리 북쪽의 파니파트 평원에서 마라타 군대와 두라니 군대 간에 전투가 벌어졌다. 이 파니파트 평원은 1526년 4월 21일, 무굴 제국의 시조인 바부르가 델리 술탄 왕국의 국왕인 이브라힘 로디의 군대와 싸워서 이긴 역사적인 장소였다. 235년 만에 다시 벌어지는 파니파트 전투에서 마라타족이 이긴다면 명실상부한 인도의 주인이 되는 것이었다.

1761년 파니파트 전투를 묘사한 그림. 이 전투에서 패배한 마라타 제국은 인도를 통일해
힌두교 제국을 세우겠다는 야심을 접어야 했다.(1770년경)

하지만 역사의 흐름은 끝내 마라타족을 비켜갔다. 7만 명의 마라타 군대는 그들보다 수적으로 우세한 10만 명의 두라니 군대에 패배하고 말았다. 원인은 지형에 있었다. 마라타 군대는 산악지대에서 치고 빠지는 게릴라전에는 능숙했으나, 대열을 갖추고 평지에서 정면으로 벌이는 전투에는 서툴렀다. 일찍이 마라타 제국의 시조인 시바지가 무굴 군대와 평지에서의 정면대결을 회피한 것에는 다 이유가 있었다. 그런데 마라타족은 그런 교훈을 잊고 파니파트 전투에서 자신들에게 불리한 정면대결에 나섰다가 결국 참패하고 말았던 것이다.

이 파니파트 전투의 패배로 인도 전역을 힌두교로 통일하겠다는 마라타 제국의 야망은 산산조각 났다. 그렇다고 마라타족이 완전히 몰락한 것은 아니었다. 승리한 아흐메드는 곧바로 전리품을 챙겨 아프가니스탄으로 돌아갔고, 마라타족은 다스리던 영토와 인구가 워낙 넓고 많아 패전의 피해를 금방 회복할 수 있었다.

새로운 적, 영국의 등장

하지만 마라타족을 끝장낸 세력은 그들이 그토록 미워하던 오랜 적수 이슬람교도가 아니라, 전혀 예상치 못한 영국이었다. 영국은 17세기 들어 동인도 회사를 설립하고, 인도를 비롯한 동양을 상대로 무역을 해오고 있었다. 즉, 동인도 회사는 영국 정부를 대신해 동양에 영국의 세력이 침투할 수 있도록 관리하는 집단이었다. 그리고 해상무역의 안전을 위해 영국

정부로부터 군사를 모아 훈련시키고 군대를 편성할 권한도 얻었다. 초창기에는 영국 본토와 인도를 연결하는 무역에만 신경 썼다. 17세기 초 무굴 제국은 상당한 강대국이었고, 인구나 국력에서 동인도 회사 따위가 넘볼 상대가 아니었기 때문이다.

그러나 18세기 들어 무굴 제국이 쇠퇴하고 인도가 마라타 왕국, 시크 왕국, 마이소르 왕국 등 여러 나라로 분열되자, 동인도 회사는 단순히 무역만이 아니라 영토 확장의 야욕을 드러내기 시작했다. 더구나 인도는 영국 본토보다 훨씬 드넓고 풍요로운 영토를 갖고 있어, 동인도 회사로선 군침이 당기는 먹이였다.

아울러 18세기 무렵, 영국을 비롯한 유럽 열강들은 그들끼리 치열한 군사 경쟁을 벌여 군사기술이 매우 발전해 있었다. 한 예로 1746년 인도에서 근무하던 어느 영국인은 "영국인 포병들은 1분에 5~6발의 포탄을 발사할 수 있다. 그러나 인도인 포병들은 15분에 1발씩 발사하는 것이 고작이다"라고 영국과 인도의 대포 기술을 비교하면서, 영국 포병이 인도 포병보다 대포의 장전과 발포 속도에서 더 빠르다고 전했다.

여기에는 나름의 사정이 있었다. 유럽에서는 대포의 무게를 줄이는 대신 장전과 발포 속도를 늘리는 쪽으로 대포의 제작 기술과 전술이 옮겨간 데 반해, 인도에서는 15세기 시절처럼 계속 크고 무거운 중포重砲 수준에 멈춰 있었다. 한 예로 무굴 제국 시절 제작된 라자 고팔Raja Gopal은 40톤 무게의 초대형 대포였는데, 포탄을 장전하는 데만 거의 반나절이 걸리고 화약 낭비도 심해 그다지 효율적이지 않았다. 이런 기술 차이는 전투에서 승패를 가르는 중요한 역할을 했다.

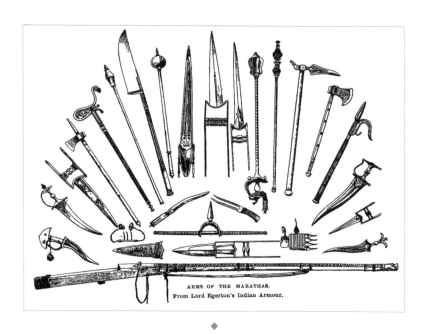

ARMS OF THE MARATHAS.
From Lord Egerton's Indian Armour.

마라타족 병사들이 사용한 무기들을 나열한 삽화.(《인도의 역사History of India》, 1906)

영국과 마라타 제국이 적대관계에 돌입한 것은 1773년에 마라타족이
델리 동쪽과 히말라야산맥 남쪽에 있던 오우드 왕국을 공격한 것이 시작
이었다. 오우드 왕국은 동맹인 영국에 도움을 요청했고, 영국은 군대를
보내 마라타족과 대치했다. 그러나 영국군을 본 마라타족이 얼마 후 철수
해버려 전투는 벌어지지 않았다. 하지만 이 사건으로 마라타족은 영국을
경계하게 되었고, 2년 뒤 1차 영국-마라타 전쟁(1775~1782)이 발발했다.
영국 동인도 회사가 이미 차지하고 있던 항구도시 뭄바이 주위의 영토를
합병하려 한 조치가 뭄바이 동쪽 데칸고원에 근거지를 두고 있던 마라타

족의 반발을 산 것이 원인이었다. 이 1차 영국-마라타 전쟁에서 영국 측은 인도인 용병 세포이sepoy가 대부분인 9만3000명의 군대를 동원했고, 마라타족은 14만6000명의 군대로 맞서 싸웠다.

마라타족은 병력이 훨씬 많았으나, 훈련이 잘되고 규율이 잘 갖춰진 영국군에 패배했다. 1차 영국-마라타 전쟁에서 승리한 영국은 뭄바이 부근의 도시 살세트Salsette를 차지했고, 마라타족으로부터 30만 루피의 배상금을 받아냈다. 하지만 정작 승자인 영국 쪽은 불만이 높았다. 막대한 군사비를 지출한 것에 비하면 30만 루피는 너무 적었고, 차지한 영토도 고작 살세트뿐이라서 실제로 얻은 것이 별로 없다는 이유였다. 다만 1차 영국-마라타 전쟁이 끝나고 영국과 마라타 제국은 서로 20년 동안의 평화협정에 서명한 상태였다. 아울러 영국은 마라타족뿐만 아니라 인도 전체를 식민지로 삼는 작업에 착수하고 있어, 당분간 마라타족을 놓아두기로 하고 전쟁을 마무리지었다.

그렇게 해서 21년간 이어오던 불안한 평화는 1803년, '2차 영국-마라타 전쟁(1803~1805)'이 시작되면서 끝났다. 마라타 제국 내 파벌 싸움이 전쟁의 원인이었다. 18세기 말부터 마라타 제국은 파벌 싸움이 극심했는데, 그중에서 괄리오르Gwalior와 인도르Indore의 대립이 치열했다. 괄리오르의 지도자인 다울라트 라오 신디아Daulat rao Sindhia(1779~1827)와 인도르의 지도자 야슈완트라오 홀카르Yashwantrao Holkar(1776~1811)는 서로의 영토로 쳐들어가 주민들을 죽이고 약탈을 저지르며 무력 충돌을 빚었다.

그러던 중 1802년, 마라타 제국의 중요한 도시 푸나에서 벌어진 전투에서 홀카르의 군대가 신디아와 그를 편든 페슈와 바지 라오 2세(1775~1851)

의 군대와 싸워 크게 이겼다. 그러자 바지 라오 2세는 동인도 회사가 지배하고 있던 바세인으로 달아나 보호해달라고 요청했다. 영국 측은 그 요청을 받아들이는 대가로 바지 라오 2세를 상대로 마라타 제국 영토의 일부인 마하라슈트라에 6000명의 영국군을 주둔시켜 영국에 넘겨주고, 아울러 마라타 제국의 모든 외교 업무를 영국의 감독을 받도록 하는 바세인 조약을 맺었다. 이 바세인 조약으로 인해 마라타 제국은 전쟁에 패배한 것도 아닌데 영국의 내정간섭과 착취를 받는 반半식민 상태로 전락하고 말았다.

바세인 조약 체결 소식을 듣고 신디아와 홀카르는 격렬하게 반대했으나, 서로 내분이 끝나지 않은 터라 영국에 제대로 항거할 수 없었다. 그러자 영국군 사령관인 아서 웰즐리Arthur Wellesley 장군이 인도에서 9500명의 영국군을 이끌고 마라타 제국의 영토로 진격했다. 아서 웰즐리는 바로 1815년 나폴레옹의 프랑스군을 워털루 전투에서 격파한 웰링턴 공작이었다. 그만큼 뛰어난 명장이었던 그는 마라타족을 상대할 때도 능수능란한 각개격파 전략을 구사했다. 우선 그는 신디아를 공격해 마라타족의 강력한 요새 아마드나가르Ahmadnagar를 점령했다. 그리고 1803년 9월 23일 벌어진 아사예Assaye 전투에선 9500명의 병사를 동원해, 2만 명의 보병(전통 방식대로 싸웠던 마라타족 부대)과 4만 명의 기병, 그리고 유럽식으로 훈련받은 1만800명의 새로운 보병들로 이루어진 7만800명의 마라타 군대와 정면대결을 벌여 기적 같은 승리를 거두었다.

이 믿기지 않는 결과는 웰즐리의 뛰어난 지휘력과 영국군 보병들의 우수한 규율과 집단전술, 그리고 마라타족 내부의 심각한 내분 때문이었다.

아사예 전투를 묘사한 삽화. 이 전투에서
마라타 군대는 병력에서 7분의 1도 안 되는
영국군에 대패하는 굴욕을 겪었다.
(윌리엄 히스William Heath, 1815)

마라타족 병사들이 썼던 투구와
갑옷.(러시아 상트페테르부르크
에르미타주 박물관)

당시 마라타 군대는 라고지 본슬레Raghoji I Bhonsle와 신디아가 지휘하고 있었는데, 신디아와 불화를 빚었던 본슬레가 자신의 군대를 이끌고 도망치는 바람에 마라타족은 혼란에 휩싸여 정면으로 돌격해오는 영국군의 공세를 제대로 막아내지 못했던 것이다. 훗날 웰즐리는 자신이 거둔 수많은 승전 중에서 아사예 전투가 가장 훌륭했다고 회고했다. 반면 아사예 전투에서 6000명의 사상자를 내고 참패한 마라타족은 영국과의 전투에서 열세임을 드러내면서 위신이 크게 추락했다.

본슬레와 신디아는 1803년 11월 1일 라스와리Laswari에서 제라드 레이크Gerard Lake(1744~1808) 장군이 지휘하는 영국군과 싸웠다. 그러나 아사예 전투에서 워낙 많은 병력이 도망가거나 영국군에 항복해 동원할 수 있는 병력이 고작 보병 9000명과 기병 5000명에 불과했다. 그런데도 마라타 병사들은 영국군에 맞서 완강히 저항했으며, 승리한 레이크 장군조차 그들을 가리켜 "나는 이제까지 마라타족처럼 용감한 병사들을 본 적이 없다. 그들은 악마나 영웅처럼 싸웠다"라고 높이 평가했다. 물론 그런 칭찬은 라스와리 전투에서 패배한 마라타군에게 아무런 위로도 되지 못했다. 용감히 싸웠는데도 불구하고 마라타군이 패배한 것은 신디아의 군대를 훈련시키고 지휘했던 프랑스군 장교 피에르 퀴예르페롱Pierre Cuillier-Perron과 루이 부르캥Louis Bourquin이 영국군에 항복해버렸기 때문이다.

1803년 11월 28일 아르가온Argaon 전투에서 본슬레와 신디아는 웰즐리가 지휘하는 영국군에 또다시 패배했다. 마라타 군대는 모든 대포와 군수물자를 영국군에 빼앗길 만큼 참패를 당했다. 계속되는 패배로 더는 전쟁을 할 수 없게 된 신디아는 1803년 12월 30일 영국군과 수르지-안잔가온Surji-Anjangaon 조약을 맺었다. 이 조약으로 인해 마라타 제국은 로타크Rohtak, 구르가온Gurgaon, 델리, 아그라Agra, 브로치Broach 같은 중요한 지역을 모두 영국에 넘겨주었다. 신디아를 굴복시킨 영국군은 1804년 4월 6일부터 홀카르를 상대로 전쟁을 벌였다. 홀카르는 열심히 싸웠으나 영국군의 강력한 공세에 밀려 결국 1805년 12월 24일, 영국과 라지가트Rajghat 조약을 맺고 통크Tonk와 람푸라Rampura, 분디Bundi를 넘겨주었다.

수많은 패배와 영토 할양에도 불구하고 마라타족이 영국에 완전히 굴복한 것은 아니었다. 마라타군의 탈영병들과 그들에게 합류한 농민들은 핀다리Pindari라는 집단을 이루어 말을 타고 각 지역을 돌아다니며 약탈을 일삼았다. 이 핀다리의 지휘관 중 아미르 칸 로힐라Amir Khan Rohilla(1769~1834)와 치투 칸Chitu Khan은 각각 홀카르와 신디아 군대의 장군이었다. 그 밖에도 마라타 제국의 세력가들은 핀다리들을 도와주면서 이들이 영국을 괴롭혀주길 바랐다.

핀다리는 일종의 유목민과 같아, 말을 타고 무리 지어 이동하면서 약탈을 통해 생계를 이어나갔다. 이들은 1804년 마술리파탐Masulipatam의 해안에서 339개 마을을 습격해 682명을 죽이고 3600명을 고문해 4000만 파운드의 재산을 약탈했고, 1808년과 1809년에는 구자라트Gujarat를, 1812년에는 미르자푸르Mirzapur를 약탈했다. 계속되는 약탈의 성공에 힘입어 1814년에는 핀다리의 수가 3만 명으로 늘어났다. 1816년에는 영국 동인도 회사가 지배하고 있는 영토까지 쳐들어가 약탈을 저질렀다.

그러자 영국은 핀다리들을 가만히 내버려두었다간 점령지의 세금 수입과 치안이 불안하다고 판단하고, 이들을 토벌하기로 했다. 영국의 인도 총독 프랜시스 로던 헤이스팅스Francis Rawdon-Hastings(1754~1826)는 벵골에서 북쪽과 동쪽으로, 구자라트에서 서쪽으로, 그리고 데칸에서 남쪽으로, 사방에서 핀다리들을 몰아붙이고 포위해 완전히 소멸시킬 전략을 세우고 이를 위해 12만 명(1만3000명의 영국인과 10만7000명의 세포이)의 병력과 300개의 대포로 이루어진 대군을 동원했다. 영국군은 신속히 이동했고, 작전은 정확하게 이루어져 1818년 1월까지 핀다리들은 말와Malwa와 참바Chamba 지역에서 추방되었다.

한편 핀다리들의 지도자 중 한 명인 카림 칸Karim Khan은 다른 핀다리 지도자들과 연합전선을 이루어 영국군에 맞서 싸우자고 제안했으나, 치투 칸이 거절해 핀다리들은 영국과 따로따로 싸워 불리할 수밖에 없었다.

결국 이리저리 달아나며 영국군과 게릴라전으로 맞서던 카림 칸은 1819년 2월 15일 영국 육군 소장 존 맬컴John Malcolm(1769~1833)에게 항복했다. 그리고 1819년 2월 말까지 대부분의 핀다리 지도자들도 영국군에 항복했다. 치투 칸은 추종자들에게 버림받고 정글로 도망쳤다가 호랑이에게 물려 죽었고, 그의 시체는 1819년 2월 말 영국군이 입수했다. 이로써 핀다리들은 영국군에 의해 소멸되었다.

한편 핀다리들을 제압하기 위해 마하라슈트라에 주둔 중이던 영국군이 이동하자, 1817년 11월 푸나의 마라타족은 영국에 맞서 반란을 일으켰다. 이것이 3차 영국-마라타 전쟁(1817~1818)이다. 그러나 이번에도 영국군이 승리했다. 1817년 11월 21일 마히드푸르Mahidpur 전투에서 마라타족은 정오부터 다음 날 오전 3시까지 영국군에 맞서 싸웠으나, 홀카르 군대에 있던 가푸르 칸Gafur Khan이 영국군과 내통하는 바람에 패배하고 말았다. 마라타족은 더 이상 저항할 힘을 잃었고, 1818년 마라타족 지도자 대부분이 존 맬컴에게 항복했다.

헤이스팅스 총독은 마라타 제국의 실질적인 최고 지도자 자리인 페슈와를 없애버리고, 남아 있던 마라타 제국의 영토 마하라슈트라를 동인도 회사에 완전히 합병시켰다. 그리하여 한때 인도 대부분을 차지했던 마라타 제국은 모든 영토를 잃고 완전히 사라지고 말았다.

결국 세워진 힌두교의 나라

비록 마라타 제국은 멸망했으나, 인도에서 이슬람교 세력을 몰아내고 다시 힌두교의 나라를 세우겠다는 그들의 꿈은 결국 이루어졌다. 1947년 인도 독립 당시, 힌두교도와 이슬람교도들 간의 종교갈등으로 힌두교를 믿는 인도와 이슬람교를 믿는 파키스탄으로 분열된 것이다. 그리하여 인도는 힌두교도가 인구의 절대다수를 차지하며, 사실상 힌두교의 나라가 되었다. 물론 인도에도 여전히 이슬람교도들이 살고 있지만, 사회의 주도권은 엄연히 힌두교도들이 장악하고 있다.

오늘날 인도 뭄바이의 남부 게이트웨이Gateway에는 마라타 제국의 시조인 시바지의 동상이 세워져 있다. 세계 최강대국인 영국에 맞서 당당하게 투쟁했던 마라타 제국의 영화를 그리워하는 사람들이 남긴 작품이다. 또한 시바지와 마라타 제국을 추종하는 힌두교 우익 정당 시브 세나Shiv

◆

인도 뭄바이에 세워진 시바지 동상. 지금도 시바지를 추종하는 힌두교 우익
정당들은 인도에서 강력한 영향력을 발휘하고 있다.

Sena는 아직도 인도에서 강력한 정치적 영향력을 발휘하는데, 이들은 인
도가 순수한 힌두교의 나라가 되어야 한다고 주장한다.

마라타 제국은 1818년에 사라졌으나, 아직도 인도에는 마라타 제국의
그림자가 짙게 깔려 있는 셈이다.

참파 왕국

베트남 남부의
인도 문화권

원래 베트남은 하나의 나라가 아니라, 북쪽의 대월大越과 남쪽의 참파 Champa라는 서로 다른 왕국이 대치하고 있었다. 대월은 중국 남쪽에 살던 월족越族이 내려와서 세운 나라이고, 참파는 힌두교를 믿었던 인도의 말레이 계통 주민들이 세운 나라였다. 서기 2세기에 등장한 참파 왕국은 북쪽의 대월과 치열하게 다툼을 벌였으나, 15세기 들어 대월의 대규모 공세에 큰 타격을 받고 사실상 대월의 속국으로 전락했다. 그리고 19세기 무렵, 대월에 완전히 합병되어 사라졌다.

참파의 성립

참파가 역사에 처음 모습을 보인 것은 서기 192년이다. 중국의 사서인 《진서晉書 외국전外國傳》에 구련區連이라는 사람이 임읍국林邑國을 세웠다는 내용이 기록되어 있는데, 이 임읍국이 바로 참파였다. 중국인들은 시대에 따라 참파를 다르게 불렀는데, 서한에서 수나라 때까지는 임읍이라 했고, 당나라 때는 환왕環王, 송나라·명나라 때는 점성占城이라고 했다.

임읍의 시조인 구련은 중국인들이 부른 이름이고, 참파의 비문에는 스리 마라Sri Mara라고 기록되어 있다. 하지만 스리 마라의 자손들만이 참파의 왕이 된 것은 아니었다. 참파의 역사를 연구했던 프랑스 역사학자 조르주 마스페로Georges Maspero(1872~1942)에 따르면, 참파에는 192년부터 1471년까지 15개 왕조가 들어섰다. 왕이 워낙 많아 여기서 전부 소개할 수는 없다.

그렇다면 일반적인 참파인들의 삶은 어떠했을까?《진서 외국전》에는 이러한 기록이 실려 있다.

임읍 사람들은 성격이 거칠고 사나우며, 전쟁이 나면 산을 잘 타고 물에 쉽게 들어간다. 날씨는 언제나 따뜻하며, 사람들은 옷을 벗고 알몸으로 다닌다. 사람들의 피부는 검은색인데, 그것이 보기 좋다고 말한다. 결혼은 여자가 남자에게 먼저 신청을 해서 이루어지고, 사람이 죽으면 시체를 들판에서 불에 태운다. 국왕은 머리 꼭대기에서 목까지 구슬과 옥을 꿰어서 왕관으로 삼는다.

참파인들의 피부색이 검다는 것은 그들이 검은 피부와 곱슬머리를 가진 말레이 계통(또는 오스트로네시아) 인종임을 뜻한다. 또한 참파가 위치한 베트남 남부는 열대기후라 항상 따뜻하고, 1년에 네 번이나 농사를 지을 수 있다. 참파인들이 알몸으로 다닌다는 대목은 참파 지역의 날씨가 더워

서일 수도 있겠지만, 일설에 따르면(《남제서 외국전 역주》, 동북아역사재단) 당시 참파에 인도의 종교인 자이나교가 전해져 그 영향으로 참파인들이 알몸으로 다녔다고도 한다. 자이나교는 브라만교에서 갈라져나온 종교인데, 신도들에게 알몸으로 다녀도 부끄럽지 않다고 가르쳐 자이나교 신도들은 모두 벌거벗고 다녔다.

하지만 《양서梁書 제이전諸夷傳》에 따르면 참파 국왕은 법복法服을 입었는데, 이는 브라만교 승려들이 입었던 옷을 가리킨다. 참파에서도 국왕만큼은 옷을 입었던 셈이다.

《진서》보다 나중에 기록된 다른 중국의 역사서들에서도 참파인들의 생활상이 자세하게 묘사되어 있다. 다음은 그 내용을 요약한 것들이다.

임읍(참파) 사람들은 거칠고 사나워서 싸우기를 좋아했다. 그들은 나팔 대신, 바다에서 나는 소라고둥의 껍데기를 불어서 소리를 냈다. 나라 안에 남자들이 많고 여자가 적어서 여자가 남자들보다 더 귀중하게 여겨졌다. 브라만교 성직자들이 사람들에게 지식과 학문을 가르쳤다. 사람이 죽으면 들판에 시체를 갖다놓아 새들이 그 시체를 다 먹어치우고 뼈만 남으면, 뼈를 불에 태우고 남은 가루를 바다에 던져 장례식을 마친다. 임읍 사람들은 황금과 은으로 사람의 조각상을 만들었는데, 10명의 사람이 끌어안을 만큼 컸다. 445년 교주交州(현재 베트남 북부)의 자사刺史(지방관리)인 단화지檀和之(?~456)가 임읍을 공격했을 때, 황금으로 만든 조각상을 녹여서 수만 근의 황금을 노획했다.

_《남제서南齊書 만동남이전蠻東南夷傳》

임읍 사람들은 종이 대신 나뭇잎에 글을 쓴다. 귀에 구멍을 뚫어 귀고리를 하며, 귀족은 가죽으로 만든 신발을 신고, 신분이 낮은 사람은 신발을 신지 않는다. 남자와 여자 모두 고패古貝(목면과 면화)로 만든 옷을 허리에 두르고 다닌다. 범죄자는 코끼리로 하여금 발로 밟아 죽이게 한다. 결혼식은 8월에만 열리는데 같은 성씨끼리도 결혼할 수 있으며, 여자가 먼저 남자에게 청혼한다. 결혼생활 중에 남편이 아내보다 먼저 죽으면, 아내는 혼자서 늙어 죽을 때까지 머리카락을 풀어헤친 채로 살게 했다.

_《양서 제이전》

임읍 사람들은 깊이 파인 눈과 높은 코에 검은색 곱슬머리를 가졌다. 백성들은 모두 신발을 신지 않고, 넓게 짠 베로 몸을 감싸 옷으로 삼는다. 야자나무의 잎들로 돗자리를 짠다. 결혼할 때는 먼저 중매를 서는 사람을 통해 황금이나 은으로 만든 팔찌와 술 두 병, 물고기 몇 마리를 신부의 집에 예물로 보낸다. 결혼식 주례는 브라만교 성직자가 맡는다.

신분에 따라 장례 기간도 달라지는데, 왕은 7일, 관리는 3일, 서민은 하루 동안 장례를 치른다. 시체는 상자에 넣고 수레에 실어 물가로 가져가 불을 지핀 장작 위에 놓고 태워버린다. 그런 다음, 왕의 시체는 황금 항아리에 넣고 관리의 시체는 구리 항아리에 넣어 바다에 띄운다. 단, 서민의 시체는 질그릇에 넣어 강에 뿌린다. 장례식에 참석한 사람들은 물가에서는 슬프게 울다가 집에 돌아오면 울지 않는다. 임읍 사람들은 모두 부처를 섬기며, 인도의 산스크리트 문자를 쓴다.

_《수서隋書 남만전南蠻傳》

환왕環王은 원래 임읍이었다. 그곳은 날씨가 항상 따뜻해 1년에 두 번 벼가 익는다. 사람들은 빈랑나무 열매의 즙으로 술을 만들어 마시며, 사향麝香(노루에서 채취한 향료)을 하루에 두 번 몸에 바르고 두 번 씻어낸다. 나이가 많거나 신분이 높은 사람을 만날 때는 손과 발을 모은 상태에서 머리가 땅에 닿도록 허리와 고개를 숙여 큰절을 한다. 왕은 양포포陽蒲浦, 왕비는 타양아웅陀陽阿熊, 태자는 아장포阿長逋, 재상은 파만지婆漫地라고 부른다.

_《신당서新唐書 남만전南蠻傳》

《진서 외국전》에서는 참파인들이 벌거벗고 다닌다고 했는데, 《양서 제이전》에서는 목면과 면화로 만든 옷을 허리에 두르고 다닌다고 기록되어 서로 맞지 않는다. 아마 세월이 흐르면서 참파인들에게도 옷을 입는 문화가 전해진 모양이다. 《남제서 만동남이전》에서 참파인들이 "황금과 은으로 사람의 조각상을 만들었는데, 10명의 사람이 끌어안을 만큼 컸다"는 부분은 《신당서 남만전》에서도 반복되는데, 불상이라고 기록되어 있으나 사실은 힌두교의 신들을 상징하는 신상으로 보인다.

그런데 송나라의 역사서 《송사宋史 점성전占城傳》에는 참파인들이 이슬람교를 믿으며, 아랍식으로 옷을 입었다는 기록이 있다. 이를 두고 역사가들은 송나라 때부터 참파인들이 이슬람 문화를 받아들였다고 본다.

참파의 군대

인종과 문화에서 인도에 가까웠던 만큼, 참파의 군대도 고대 인도의 군대 구성을 그대로 닮았다. 인도에서 전투용 코끼리가 군대의 주력이고, 보병은 보조적인 요소에 불과했던 것처럼 참파의 군대도 마찬가지였다.《신당서 남만전》에 따르면 환왕(참파)의 군대는 전쟁이 벌어지면 병사들이 코끼리를 타고 싸우는데, 대나무로 만든 노弩(쇠뇌)와 던지는 투창을 무기로 사용하며, 전투용 코끼리의 수는 총 1000마리에 달했다. 하지만 코끼리는 너무 크고 무거워 코끼리가 많이 포함될수록 군대의 움직임이 느려졌고, 그에 따라 전쟁이 길어지고 전황이 지지부진해지는 일이 잦았다.

12세기 중엽까지도 참파에서는 말을 타고 싸우는 기마전술을 몰랐던 듯하다.《송사 점성전》에 따르면, 1171년 배를 타고 바다를 건너던 복건성 출신의 송나라 사람이 바람에 휩쓸려 참파에 표류한 일이 있었다. 마침 그는 참파와 크메르의 군대가 서로 전쟁하는 광경을 보았는데, 모두 코끼리를 타고 싸워서인지 전쟁의 승패가 결정 나지 않고 지지부진했다. 그래서 그가 참파의 왕인 자야 인드라바르만 4세Jaya Indravarman IV(재위 1167~1192)에게 "전쟁에서 이기려면, 말을 타고 활을 쏘는 기술을 배워야 합니다"라고 가르쳐주자 왕이 기뻐하면서 그를 현재 중국의 하이난섬海南島으로 보내 수십 마리의 말을 사오게 한 뒤, 그 말들로 기마부대를 만들어 전장에 투입하자 크메르 군대를 크게 이겼다고 전해진다. 빠른 속도의 기마병이 코끼리를 내세운 느린 크메르 군대를 압도해 승리한 것이다.

그런데 다음 해인 1172년 참파인들이 말을 사러 해남도에 다시 오자, 송

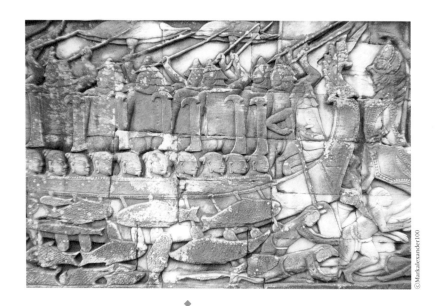

◆

캄보디아의 앙코르와트에 새겨진 참파 군사들의 모습. 12세기까지 참파의
군사력은 동남아 최강대국이었던 캄보디아가 경계할 만큼 상당히 강력했다.

나라 관청에서는 그들이 말을 사지 못하게 막았다. 이것은 송나라 황제 효
종孝宗이 외국에 말 판매를 법으로 금지한 데 따른 조치였다. 당시 송나라
는 북쪽의 금나라와 싸우느라 말이 많이 필요했기에, 참파에 말을 팔아버
리면 그만큼 군대에서 쓸 수 있는 말이 부족해지기 때문이었다. 아울러 참
파가 송나라에서 사들인 말들로 대규모 기마부대를 만들어 군사력이 강성
해지면, 송나라에도 위협을 가할지 모른다는 우려도 작용했다.

《수서 남만전》 등의 사서에 따르면, 참파에서는 두 발로 걸어 다니며 싸
우는 보병들은 근접 전투에서 삭槊(긴 창)과 도刀(한쪽 면에만 날이 있는 칼)를

사용했고, 원거리 전투에서는 대나무로 만든 활과 화살을 썼는데, 화살촉에 독을 바른다고 언급되어 있다. 그들은 가슴과 배와 사타구니를 가리는 갑옷을 입었지만, 다리에는 아무런 보호 장비도 착용하지 않았다. 왕을 지키는 호위병은 5000명 정도였는데, 좋은 집안의 아들들로 이루어졌다.

중국 및 크메르와의 전쟁

전통적으로 참파의 적국은 북쪽의 대월 및 중국, 그리고 서쪽의 크메르였다.

중국이 참파를 크게 위협한 것은 몽골족이 세운 원나라가 중국을 다스릴 무렵이었다. 원나라 황제 쿠빌라이 칸은 대월과 미얀마 같은 동남아 국가들을 정복하기 위한 전쟁을 추진하던 중 참파가 동남아를 오가는 원나라 사신들을 붙잡아 가두자, 참파를 적대국으로 간주하고 군대를 동원해 공격하라고 지시했다(1282년 10월). 1282년 11월 원나라 군대가 참파의 항구도시 점성항占城港(현재 베트남 꿔년Qui Nhon)에 도착했다. 점성항 서쪽의 목성木城 앞에서 진을 친 원나라 군대는 참파 국왕 인드라바르만 6세 (재위 1266~1287)에게 속노만速魯蠻을 사신으로 보내 항복하라고 요구했으나, 인드라바르만 6세는 "목성을 다 고치고 무기도 갖추었으니, 한번 싸워보자"며, 원나라의 요구를 거부했다.

1283년 1월 15일, 원나라 군대는 4900명의 병력을 세 방향으로 나누어 목성을 공격했다. 그러자 목성의 남쪽 문이 열리더니, 수십 마리의 코끼리와 1만여 명의 병사로 이루어진 참파 군대가 뛰쳐나오며, 원나라 군대를 향해 화살과 돌을 비처럼 퍼부었다. 원나라 군대와 참파 군대는 묘시卯時(오전 5~7시)부터 오시午時(오전 11~오후 1시)까지 치열하게 싸웠으나, 전황은 원나라 군대 쪽에 유리하게 돌아갔다. 수천 명의 참파 군사가 죽거나 달아났고, 원나라 군대가 그들을 쫓아 목성 안에 들어가니, 목성을 지키던 인드라바르만 6세를 포함한 수만 명의 참파인이 성을 버리고 산으로 도망쳤다.

비록 전투에서 패배했으나, 인드라바르만 6세는 원나라 군대에 "조금만 기다리면 내가 항복하겠다"라고 거짓 연락을 해 시간을 번 다음, 산에 요새를 세우고 2만 명의 병사를 모으는 한편, 대월과 크메르, 자바 같은 주변 나라에 지원군을 요청해 역습 기회를 노렸다. 이 외에도 목성이 함락될 때, 인드라바르만 6세가 식량 창고를 불태우는 바람에 원나라 군대는 식량이 부족해져 본국으로 철수했다(1284. 3. 6.). 원나라 이후에는 중국 왕조들이 참파를 공격하지 않았다.

오랫동안 참파를 위협한 가장 큰 적수는 서쪽의 크메르 제국이었다. 현재의 캄보디아인 크메르 제국은 거대한 유적지인 앙코르와트를 건설할 만큼, 12세기에 동남아 최강대국으로 군림하고 있었다. 그러나 참파의 국력도 만만치 않아 두 나라는 치열하게 전쟁을 벌였다. 1177년, 먼저 참파의 수군이 메콩강을 거슬러 올라가 크메르의 수도인 앙코르를 공격했다. 그러자 크메르는 1190년 대규모 군대를 일으켜 참파를 침공하고 참파 국왕인 자야 인드라바르만 4세(1167~1190)를 사로잡아 크메르 본국으로 끌고 가는 한편, 참파에 판두랑가Panduranga, 賓童龍라는 정권을 세우고 자국 대신 참파를 지배하도록 조치했다.

하지만 참파인들은 판두랑가 정권을 받아들이지 않고 격렬하게 저항했다. 자야 인드라바르만 4세를 대신해 1191년 수리야자야바르만Sury-ajayavarman이 새로운 참파의 왕위에 올라 판두랑가 정권을 무너뜨렸다. 1203년에 크메르는 참파를 다시 침공해 영토 전체를 장악했으나, 1220년 참파의 왕인 자야 파라메스바라바르만 2세Jaya Paramesvaravarman II (1220~1252)가 크메르 군대를 몰아내고 다시 주권을 되찾았다.

이처럼 13세기까지 참파는 세계 최강대국인 원나라와 동남아의 맹주인 크메르의 침략을 받아 국토가 점령당한 뒤에도 끝끝내 주권을 지켜냈을 만큼, 상당한 힘을 가진 나라였다.

대월에 밀려 멸망하다

참파를 완전히 멸망시킨 장본인은 중국도 크메르도 아닌, 북쪽의 월족이었다. 현재 베트남 중부 도시 후에를 기준으로, 북쪽에서는 중국 양자강 남쪽에서 살다가 한족漢族에게 밀려 남쪽으로 내려온 월족이 중국식 유교 문화를 지닌 채 살고 있었다. 월족은 기원전 111년 중국 전한의 무제가 보낸 군대에 정복당한 이후 939년까지 무려 1050년 동안이나 중국의 직접적인 지배를 받았다. 그러다가 939년에 비로소 대월大越 왕조를 세워 중국의 지배에서 벗어날 수 있었다.

독립한 대월은 북쪽에서 쳐들어오는 중국을 막으면서 남쪽의 참파를 공격해 그 땅을 서서히 빼앗는 이른바 '북수남진北守南進'을 국가정책으로 삼았다. 원래 대월이 위치한 뒤에 북쪽은 인구밀도가 높아 남아도는 인구를 다른 곳으로 보내야 했다. 참파는 대월보다 땅이 넓은 반면 인구는 적고 날씨가 따뜻해 농사가 잘되었으니, 대월로서는 참파의 영토가 무척 매력적으로 여겨졌다.

1000년대 들어 대월은 수시로 참파와 전쟁을 벌였다. 1044년 대월의 태종太宗 황제(1028~1054)는 직접 참파를 공격해 참파 국왕인 자야 신하바르만 2세Jaya Sinhavarman II(1041~1044)가 포함된 3만 명의 참파 군사를 죽이고, 5000명을 사로잡는 대승을 거두었다. 아울러 태종은 참파의 북쪽 영토 세 곳을 넘겨받았고, 거기에 대월 백성을 이주시켜 정착하도록 했다. 이 조치는 높은 인구를 내세워 참파를 서서히 장악하려는 계획의 하나였다.

1200년대 참파는 크메르의 집요한 공격과 원나라의 침공 후유증에 시달려, 1300년대에는 대월에 비해 국력이 훨씬 뒤처진 상태였다. 참파 왕실은 일단 대월과 결혼동맹을 맺어 평화적인 관계를 유지하기로 마음먹고, 대월 영종英宗 황제(재위 1293~1314)의 여동생인 현진玄珍 공주를 참파 국왕 자야 신하바르만 3세(재위 1288~1307)의 왕비로 맞아들이기로 했다. 하지만 자야 신하바르만 3세가 죽자, 현진 공주는 남편이 죽으면 아내도 같이 화장시키는 풍습을 두려워해 친정인 대월로 도망쳤다. 여기서 말한 풍습은 사티sati를 가리키는데, 본래는 인도의 풍습이지만 힌두교와 함께 인도의 문화를 받아들인 참파에서도 행해졌던 것이다.

혼인이 파탄 나자 대월은 다시 참파를 공격했다. 1312년 영종 황제는 직접 군대를 이끌고 참파의 수도 비자야를 점령하고 국왕인 자야 신하바르만 4세(재위 1307~1312)를 사로잡은 뒤 자야 아난다Jaya Ananda (재위 1318~1342)를 대월에 복종하는 허수아비 왕으로 세웠다.

하지만 참파인들이 순순히 대월의 괴뢰국가 신세를 받아들인 것은 아니었다. 1360년에 왕이 된 포 비나수오르Po Binasuor(재위 1360~1390)는 참파 역사상 가장 뛰어난 군주로서 대월을 맹렬히 공격해, 1371년에는 대월의 수도인 탕롱昇龍에 쳐들어가 노략질을 했다. 1376년에는 예종睿宗 황제(재위 1373~1377)가 지휘하는 대월 군대를 쳐부수고 예종까지 죽일 만큼 위세를 떨쳤다. 1386년에는 대월 영토의 대부분이 포 비나수오르가 지휘하는 참파 군대에 약탈당하기도 했다.

그러나 1390년 포 비나수오르

◆

대월은 본래 참파보다 영토가 더 작았다. 그러나 대월이 끈질기게 북수남진 정책을 펴면서 참파의 영토를 조금씩 빼앗았고, 그 영토에 자국민을 대량 이주시키면서 점차 형세가 역전되어 대월이 참파를 압도하게 되었다(10세기 중엽 지도).

가 대월군과의 전투에서 전사함으로써 참파는 대월을 압도할 기회를 잃어버렸다. 한숨 돌린 대월은 1402년에 참파를 공격해 현재 베트남 중부 꽝 응아이 지방을 빼앗고, 참파를 위기로 몰아넣었다. 또한 1446년에는 비자야를 함락하고, 참파 국왕 마하 비자야Maha Vijaya(재위 1441~1446)를 사로잡았다.

1460년에 즉위한 참파의 왕 반 라 짜 또안Bàn La Trà Toàn(재위 1460~1471)은 최후의 수단으로 나라의 병력을 모두 긁어모아 10만 대군을 이끌고 대월을 공격했으나, 대월이 25만 명의 대군으로 맞서 반격하는 바람에, 6만 명이 죽고 3만 명이 포로로 붙잡히는 치명적인 패배를 당했다. 아울러 참파는 오늘날 베트남의 남쪽 끝인 판랑Phan Rang 북쪽의 모든 영토를 대월에 빼앗기면서 사실상 쇠망의 구렁텅이에 빠지고 말았다. 참파는 그 후 대월에 머리를 조아리며 가급적이면 대월의 심기를 거스르지 않으려 노력했다. 그러다가 1611년 대월이 점령지에 대규모 이민을 보내고 행정조직을 마련하는 등 계속 압력을 가해오자, 위협을 느껴 또다시 대월을 공격했지만 대월의 반격에 부딪혀 패배하고 말았다.

그 후 참파는 구소련의 영향력 아래 있던 동유럽 공산국가들처럼 대월의 위성국가 수준으로 전락해 근근이 살았다. 그러다가 마지막 왕인 포 총찬Po Chong Chan(재위 1799~1822)이 대월을 무서워하여 1822년 캄보디아로 달아나자, 10년 후인 1832년 참파의 모든 영토는 대월에 강제로 편입되어, 1640년 동안 이어져온 참파 왕국의 명맥이 완전히 끊어지고 말았다.

참파 왕국 시절에 지어진 포 나가르Po Nagar 사원. 원래 힌두교의
신들을 모시던 곳이었으나, 힌두교를 믿지 않는 대월인들이 참파를
정복한 이후 찾아오는 사람이 없어 폐허로 방치되었고, 현재는 외국인
관광객을 위한 관광지로 남아 있다.

월족에 흡수당한 참족의 흔적들

비록 대월 왕조의 힘에 눌려 멸망하긴 했어도, 1200년 동안이나 독자적인 나라를 세우고 대월에 저항한 참족의 흔적은 쉽게 사라지지 않았다. 1800년대까지 참족은 자신들이 월족과 다른 역사와 문화를 가진 민족이라고 여겼으며, 월족이 중심이 된 베트남 문화에 순순히 동화되지 않았다.

오늘날 베트남 참족의 수는 40만 명에 불과하다. 베트남 인구가 9000만 명 넘는 것에 비하면 굉장히 적다. 오랫동안 북베트남과 맞서왔던 참족의 인구가 적어진 이유는, 대월이 참파의 영토를 집어삼킬 때마다 대월의 언어와 문화를 받아들이라고 강압적으로 동화정책을 밀어붙였기 때문이다. 이런 동화정책에 반발을 느낀 사람들은 캄보디아나 말레이시아 등지로 도망쳤고, 고향을 떠날 수 없었던 참족은 어쩔 수 없이 대월의 요구에 따랐다. 그래서 베트남에 남은 참족은 정체성을 월족에 빼앗기고 흡수당했던 것이다. 위대했던 참파 왕국을 생각해본다면, 너무나 초라하게 몰락한 셈이다. 그나마 현재 베트남에 남아 있는 참파 왕국 시절의 포 클라웅 가라이Po Klaung Garai 같은 몇몇 힌두교 사원만이 찬란했던 참파 왕국의 영화를 떠올리게 한다.

13

크메르 제국

찬란했던
앙코르와트의 나라

지금은 캄보디아가 작고 가난한 나라지만, 그들에게도 찬란한 시절이 있었다. 오늘날 많은 여행객이 찾는 앙코르와트Angkor Wat는 바로 캄보디아의 최고 전성기인 크메르 제국 시절에 만들어졌다. 11세기 무렵의 크메르 제국은 현재의 캄보디아보다 7배나 넓은 영토를 가진 강대국이었다. 태국과 말레이시아까지 영토를 확장해, 당시 동남아시아 최강대국이라고 해도 과언이 아닐 만큼 강성했다.

9세기에 등장한 크메르

캄보디아 역사에서 가장 오래된 나라는 1세기에 등장한 푸난Funan이다. 이 푸난을 중국인들은 '부남扶南'이라고 표기했는데, 최초의 왕은 혼전混塡이었다고 한다. 그런데 캄보디아에 전해지는 전설에 따르면, 혼전은 중국인들이 부른 이름이고 진짜 이름은 카운디냐Kaundinya로, 인도에 살던 브라만 계급의 청년이었다. 인도에서 배를 타고 동쪽 바다를 건너 캄보디아에 도착한 카운디냐가 그곳의 토착민 우두머리인 리우예柳葉라는 여자와 결혼해 푸난 왕국을 세웠다는 것이다. 이 전설에서 캄보디아는 인도의 문화적 영향을 받았다는 사실을 알 수 있다. 실제로 크메르 제국 시절 세운 앙코르와트는 힌두교 신들을 섬기기 위한 장소였다.

중국의 사서인《남제서南齊書 만동남이전蠻東南夷傳》은 푸난인들의 생활상을 다음과 같이 묘사하고 있다.

부남인들은 음식을 담는 그릇을 은으로 만들었고, 몸에 차고 다니는 장신구인 반지와 팔찌는 황금으로 만들었다. 부남의 왕은 코끼리를 타고 다니며, 신분이 높은 여자들도 코끼리를 타고 다닌다. 부남인들은 오락거리로 닭이나 돼지를 서로 싸우게 하는 놀이를 좋아한다. 나라 안에 감옥이 없어서 죄를 지은 범죄자를 따로 가두지는 않고, 불에 뜨겁게 달군 쇠사슬을 손으로 들고 일곱 걸음 걷게 하는데, 손이 타버리는 사람은 죄가 있다고 여기고 손이 멀쩡한 사람은 죄가 없다고 여긴다. 사탕수수와 석류, 귤을 키워 이것들을 음식으로 삼는다. 부남인들은 선량한 성품을 지녔으며, 전쟁에 서툴러 참파의 공격에 시달린다. 그들은 마혜수라천신摩醯首羅天神(힌두교에서 믿는 파괴의 신 시바)을 가장 으뜸가는 신으로 숭배하고 있다.

또한 중국의 다른 사서《양서 제이전》에는 푸난인들의 흥미로운 풍습이 언급된다. 푸난의 남자들은 알몸이고, 여자들은 천에 구멍을 하나 뚫고 거기에 머리를 넣는 옷을 입었다는 관두貫頭의 풍습이 있었다고 한다. 이러한 풍습은 놀랍게도 고대 일본에도 있었다. 일본의 선주민족이 동남아시아에서 배를 타고 바다를 건너온 사람들이었기 때문이다. 그래서 7세기 고구려와 백제의 유민이 일본으로 이주해 한반도의 문화를 전해주기 전까지 고대 일본은 관두 같은 동남아시아의 문화를 따르고 있었다.

630년, 푸난은 북쪽의 속국이던 첸라에 의해 멸망했다. 중국 사서들에서는 첸라를 진랍眞臘이라고 불렀는데, 이 말은 첸라 이후에도 캄보디아에 들어선 나라들을 부르는 말로 계속 쓰였다.

중국의 역사서《수서 남만전》과《신당서 남만전》에서는 첸라인들의 생활상을 다음과 같이 서술했다.

진랍인들의 키는 작고, 피부는 검은색이며, 곱슬머리를 지니고 있다. 그들은 오른손을 깨끗하게, 왼손을 더럽게 여긴다. 매일 아침 버드나무 가지로 이를 닦으며, 식사를 마친 뒤에도 반드시 버드나무 가지로 이를 닦는다. 가축의 젖과 설탕, 쌀이나 조로 만든 떡을 음식으로 삼는다. 결혼할 때는 옷 한 벌 이외에는 어떠한 예물도 보내지 않으며, 남편과 아내는 8일 동안 계속 집 안에 머무른다. 장례식을 치를 때는 아이와 여자들이 7일 동안 음식을 먹지 않으면서, 머리카락을 자르고 슬프게 운다. 시체는 다섯 가지 향이 나는 나무를 장작으로 사용해 불에 태워버리며, 그 재는 황금이나 은으로 만든 병에 담아서 강이나 바다에 빠뜨린다.

_《수서 남만전》

진랍인들이 지은 건물들은 모두 동쪽을 향해 출입구를 만들어놓고, 동쪽을 상석上席으로 여겼다. 손님에게는 빈랑나무의 열매와 바지락조개를 음식으로 대접한다. 그러나 술은 잘 마시지 않으며, 마실 때는 아내와 방 안에서만 마시고, 친척이나 친구들끼리는 술자리를 갖지 않는다. 진랍인들은 전투용 코끼리를 5000마리나 거느리고 있으며, 외국과 전쟁을 벌일 때는 코끼리를 군대의 선봉에 내세우고, 코끼리 등 위에 나무로 만든 망루를 세우는데, 그 망루에 4명의 병사가 올라타고 활과 화살을 무기로 사용한다.

_《신당서 남만전》

첸라는 705년, 수첸라水眞臘와 육첸라陸眞臘로 분열되었다. 802년, 수첸라 출신의 자야바르만 2세(재위 802~835)는 나뉘었던 두 나라를 통일하고 나라 이름을 크메르Khmer(802~1431)라고 고쳤다. 크메르는 629년 동안 존속하면서, 동남아시아 역사에 많은 영향을 끼치는 강대국으로 발돋움했다.

중국인도 감탄한 크메르의 부강함

자야바르만 2세는 톤레사프 호수와 메콩강 유역의 비옥한 습지와 풍부한 물을 농사에 이용했다. 특히 비가 줄어드는 건기에 대비해, 바레이baray라는 거대한 인공 저수지를 만들어 막대한 물을 저장하고 잘 활용해 1년에 세 차례나 작물을 수확할 수 있었다. 이토록 풍요로운 농업 생산량을 기

앙코르와트에 새겨진 크메르 군사들의 모습. 중국 역사서 《송사》에 크메르 군대에는 20만 마리나 되는 전투용 코끼리가 있다고 기록됐을 만큼, 크메르 군대는 막강했다.

반으로 크메르는 인구를 늘리면서 국력을 키워나갔다.

한동안 내치에 힘써 국력을 튼튼히 한 크메르 제국은 1002년 수리야바르만 1세Suryavarman I(재위 1002~1050)가 즉위한 이후 영토 확장에 나서, 오늘날 태국 영토의 대부분과 미얀마 영토의 남쪽 및 라오스까지 영토를 넓혔다. 크메르 제국의 영토가 가장 넓었을 때는 120만km²로, 오늘날 캄보디아의 국토 면적인 18만1035km²보다 약 7배나 더 광활했다.

중국의 역사서 《송사宋史 진랍전眞臘傳》에는 크메르 제국에 대해 "영토가 7000리이며, 전투에 사용하는 코끼리가 20만 마리나 된다"며, 짧지만 인상 깊은 말로 기록되어 있다. 코끼리 한 마리를 키우는 데 막대한 물자와 돈이 들어간다는 점을 고려한다면, 다소 과장되었다고 해도 코끼리를 20만 마리나 키웠다니 실로 어마어마한 경제력과 막강한 군사력을 지녔던 것이다.

13세기에 크메르 제국을 방문한 원나라 사신 주달관周達觀(1266~1346)은 크메르에 와서 직접 보고 들은 내용을 바탕으로 《진랍풍토기眞臘風土記》라는 책을 썼다. 이 책은 크메르인들의 생활상에 대해 비교적 상세하게 서술하고 있다.

크메르 제국의 최대 영토를 나타낸 지도. 당시 크메르는 오늘날의 캄보디아보다 7배나 더 넓은 영토를 확보했으며, 국력은 명실상부한 동남아시아 최강대국이라 할 만했다.

《진랍풍토기》에 따르면, 크메르인들은 힌두교와 불교를 믿었으나 불교도가 더 많았으며, 크메르의 모든 남자는 어릴 때 절에 들어가 글과 학문을 배우다가 어른이 되면 나왔다. 참파처럼 백성의 교육을 성직자가 도맡아서 한 것이다. 《진랍풍토기》는 크메르인들의 외모에 대해 "그들의 피부는 검은색이고, 얼굴은 못생겼다"고 부정적으로 묘사했다. 이는 참파인들을 묘사한 다른 중국 역사서들의 기록과 비슷하다. 아무래도 중국인들은 크메르나 참파를 포함한 동남아시아인들을 못생겼다고 업신여긴 듯하다. 또한 범죄가 발생할 경우 그 죄가 가벼우면 벌금을 내게 했고, 죄가 중간 정도이면 코나 손가락, 발가락을 잘랐으며, 죄가 무거우면 산 채로 땅에 파묻어버렸다고 한다. 크메르 제국의 풍요로운 농업 생산량에 대해서는 무척 놀라운 어조로 묘사했다. 그는 크메르는 (날씨가 따뜻하고) 땅이 기름지고 저수지가 잘되어 있어 1년에 적어도 세 차례, 많으면 네 차례나 농작물을 수확할 수 있다고 기록했다.

《진랍풍토기》에 따르면, 크메르의 날씨가 덥고 사람들이 힌두교나 불교를 믿다 보니, 크메르인들은 성풍속이 다소 개방적이어서 여자들이 벌거벗고 강물에 들어가 목욕하는 일이 많았다. 그럴 때면 크메르에 사는 중국인들이 몰려와서 구경했다. 크메르에서는 남자들뿐만 아니라 여자들도 장사 같은 바깥 활동에 자유롭게 참여할 수 있었다. 아마도 여자의 생활을 억제하는 유교 문화의 영향이 없었기 때문인 것으로 보인다. 그래서 크메르에 들른 중국인 뱃사람들은 크메르 여자들을 상대로 장사를 하다가 결혼하는 일이 많았다.

마지막으로 《진랍풍토기》에는 크메르 왕들의 위풍당당한 행진에 대해 찬탄스러운 어조로 묘사하고 있다.

왕이 행차할 때면 왕족과 귀족, 신하와 병사들도 따라나선다. 왕족과 귀족은 코끼리를 타고 가는데, 뜨거운 햇볕을 가려주는 붉은색 양산이 수풀처럼 우거져 보일 정도다. 왕비와 후궁들을 태운 가마 수백 개가 그 뒤를 잇는다. 행렬의 마지막을 장식하는 것은 주인공인 왕인데, 보석으로 칼자루를 장식한 검을 손에 들고 하얀 코끼리를 탄 모습으로 나타난다. 그 코끼리는 온몸이 황금으로 장식되고, 그 빛이 너무나 눈부셔 쳐다볼 수 없을 지경이다. 왕을 가려주는 양산 20개 모두 황금을 입혔다. 왕이 지나가는 길 옆으로는 백성들이 이마를 땅에 대고 엎드려 절을 하고 있었다.

거대한 사원, 앙코르와트

크메르 제국이 후세 역사에 남긴 가장 큰 유산은 바로 앙코르와트다. 돌로 지어진 이 거대한 사원은 크메르 제국의 최전성기를 이끈 군주 수리야바르만 2세(재위 1113~1150) 시절에 만들어졌다. 원래 수리야바르만 2세는 14세 소년 시절, 왕이었던 큰아버지를 상대로 반란을 일으켜 죽인 뒤 왕이 된 찬탈자였다. 쿠데타로 집권했기 때문에 수리야바르만 2세는 권력의 정통성이 부족했고, 따라서 이를 보완하기 위해 백성들에게 자신의 업적을 크게 보여줄 필요가 있었다.

크메르 왕들의 이름에 들어가는 바르만Varman은 '가호를 입다'라는 뜻이다. 그러므로 수리야바르만은 수리야, 즉 '힌두교의 태양신인 수리야Surya의 가호를 받는 사람'이라는 뜻이 된다. 그런데 수리야바르만 2세는 수리야보다는 힌두교의 3주신 중 하나인 비슈누(유지의 신)를 더 숭상해, 비슈누의 가호를 받기 위해 앙코르와트를 건설했다. 또한 자신이 비슈누와 하나인 이른바 신성한 왕神王이라는 점을 강조해, 백성들을 절대적으로 복종하게 만들려는 의도도 담겨 있었다.

앙코르와트는 습지 위에 지어졌는데, 총면적이 자그마치 200만m²(65만

평)에 이를 만큼 어마어마하다. 중심부에는 힌두교에서 신들이 산다고 알려진 메루산山을 모방해 5개의 높은 탑을 세웠는데, 그중 중심부의 가장 높은 탑은 65m나 된다. 앙코르와트의 주된 재료는 쿨렌산에서 가져온 사암 덩어리인데, 기술자와 인부들은 사암 덩어리를 배에 실어 사원과 연결된 수로에 띄워서 보내는 방식으로 운반했다.

앙코르와트를 건설하는 데는 30년이 걸렸다. 고대 이집트의 피라미드에 비견될 정도로 막대한 인력과 물자가 투입된 대규모 국책 사업이었던 것이다.

앙코르와트 내부 벽에는 코끼리를 타고 위풍당당하게 행진하는 왕과 군사들, 닭싸움을 하며 이를 구경하는 백성들에 이르기까지 당시 크메르인들의 생활 모습들이 생생하게 묘사된 조각이 길게 늘어져 있다. 더욱 놀라운 사실은 원래 앙코르와트에 새겨진 조각들의 표면에는 모두 황금 가루가 발라져 있었다는 것이다. 비록 세월이 흐르면서 황금 가루가 떨어져 나갔지만, 조각이 주는 생생함과 세밀함은 놀랍고도 놀랍다. 또한 중심부 탑 안에는 이마에 에메랄드가 박혀 있는 비슈누의 신상이 들어가 있었는데(현재는 파괴되어 사라진 것으로 알려져 있다), 이는 수리야바르만 2세가 자신이 죽고 나면 비슈누와 하나가 된다고 믿어 설치한 것이었다. 즉, 수리야바르만 2세는 자신이 우주를 유지하는 최고신이라고 주장한 셈이니, 참으로 대담한 배포라고 할 수 있다.

훗날 프랑스의 고고학자 앙리 무오Henri Mouhot(1826~1861)는 앙코르와트를 방문해 보고 느낀 소감에 대해 이렇게 말했다.

"이 놀라운 사원은 솔로몬왕이 세운 성전을 제외하면 고대 그리스와 로

앙코르와트의 풍경. 습지 위에 세워졌으나, 기초 공사를 매우 튼튼하게 해
1000여 년이 지난 지금까지도 건재하며 수많은 관광객을 끌어모으고 있다.

마의 그 어떤 건축물보다 훌륭하다. 미켈란젤로의 조각상보다 멋진 조각
들이 끝없이 이어져 있다. 슬픈 일은 현재 쇠퇴해가는 캄보디아의 현실과
앙코르와트의 경치가 너무나 대조적이라는 사실이다."

크메르 제국의 쇠퇴

인도차이나반도의 대부분을 지배하며 앙코르와트를 건설할 만큼 강성했던 크메르 제국의 영화도 영원히 계속되지는 않았다. 우선 1351년, 지금의 태국에 아유타야 왕국(1351~1767)이 들어서면서 크메르 제국은 태국 지역의 영토를 이들에게 빼앗겨버렸다. 그리고 신흥 세력인 아유타야 왕국은 나날이 힘을 길러, 크메르 제국에 계속 전쟁을 걸어왔다. 이미 노쇠해져 있던 크메르 제국은 아유타야 왕국의 연이은 공세에 제대로 저항하지 못해, 1431년에는 수도인 야소다라푸라Yasodharapura가 함락되고 말았다. 이때의 타격이 얼마나 컸던지, 캄보디아 역사에서는 크메르 제국이 아유타야의 침략군에 의해 멸망했다고 기록되어 있다.

그 후 폰헤아 얏Ponhea Yat(1396~1466)이 캄보디아 왕국(1431~1864)을 세웠으나, 아유타야의 위협을 피해 수도를 야소다라푸라에서 프놈펜으로 옮겼다. 하지만 프놈펜에 자리 잡은 상황에서도 캄보디아는 아유타야의 공격에서 무사하지 못했다. 1594년에는 아유타야의 군대가 프놈펜까지 쳐들어와 캄보디아 군대를 격파하고, 프놈펜을 함락시키는 일이 벌어졌다. 새로 옮긴 수도마저 아유타야의 침략에 짓밟히자 캄보디아의 국력은 더욱 약화되었고, 아유타야의 기세는 갈수록 등등해져 캄보디아는 아유타야의 눈치를 살피는 가련한 신세로 전락하고 말았다.

아유타야의 위협에 시달린 캄보디아는 궁여지책으로 동쪽의 강대국인 대월(베트남)의 힘을 빌려 아유타야를 막아보려 했으나, 이런 조치는 결과적으로 캄보디아에 극심한 내분을 불러일으켰다. 캄보디아 왕실이 친아유타야 파벌과 친대월 파벌로 분열되어, 서로 아유타야와 대월의 힘을 등에 업고 권력을 잡으려고 싸워 난장판이 되었기 때문이다.

특히 대월은 아유타야보다 더 위험한 상대였다. 아유타야는 캄보디아를 압박해 정치적인 영향력을 행사하려는 수준에서 그쳤지만, 대월은 캄보디아의 영토를 탐냈던 것이다. 특히 중국식 유교-관료제를 도입한 대월은 인구밀도가 높아서 넘쳐나는 인구를 외부로 보낼 필요성을 절실히 느꼈고, 마침 허약하면서 인구밀도가 낮은 캄보디아를 좋은 먹잇감으로 여겼다. 이를 위해 대월은 18세기 들어 캄보디아와 국경을 마주한 남쪽의 사이공과 메콩강 지역으로 꾸준히 국내 인구를 이주시켰다. 이러한 작업이 성공을 거둬 18세기 말에는 원래 크메르 제국 시절부터 캄보디아 영토였던 사이공과 메콩강 지역이 대월의 영토로 완전히 편입되고 말았다. 그 지역에 사는 대월인들의 수가 캄보디아인들보다 더 많아서 가능한 일이었다.

이런 역사 때문에, 오늘날까지 캄보디아인들은 베트남인들에 대해 매우 부정적인 이미지를 갖고 있으며, 베트남인들이 도둑처럼 서서히 들어와 캄보디아의 땅을 빼앗아갔다는 의미에서 그들을 도둑이라는 뜻의 '유온'이라고 부른다.

1800년대가 되자, 캄보디아는 사실상 대월의 속국으로 전락했다. 제도도 대월식으로 바꾸고, 캄보디아 관리들은 대월의 말과 글자를 억지로 배웠으며, 이름까지 대월식으로 고쳐야 했다. 캄보디아의 왕은 신하들을 데리고 한 달에 두 번씩 대월 관리의 제복을 입은 채 황제의 이름이 새겨진 위패에 절을 하며 충성을 맹세하는 의식을 치렀다. 지배계층뿐만 아니라

앙코르와트에 새겨진 시암족 군사들의 모습. 앙코르와트가 세워지던 당시 이들은 크메르
제국에서 복무하던 용병이었다. 그러나 시암족은 14세기에 현재 태국의 전신인 아유타야 왕국을
세워 크메르의 지배에서 독립하고, 세월이 흐르자 한때 자신들이 섬겼던 크메르를 압박하는
강대국으로 성장한다.

일반 백성들도 젓가락을 사용하는 대월의 문화를 받아들였다.

이러한 반강제적인 문화 전파는 결국 캄보디아인들의 반발을 불러일
으켜, 1835년 캄보디아 전역에서 대대적인 반란이 일어났다. 반란자들은
왕자인 두옹Duong(1841~1860)을 새 왕으로 세우는 한편, 태국의 군대를
끌어들여 대월에 맞서 싸우려 했다. 그렇게 캄보디아인들과 태국군은 서
로 손잡고 캄보디아에 주둔해 있던 대월의 군대를 몰아내는 데 성공했다.

그러나 아유타야와 대월의 침략 및 간섭에 오래 시달려 캄보디아의 국력은 이미 너무나 쇠약해져 있었다. 특히 대월이 문제였다. 비록 태국과 손잡고 대월을 쫓아내긴 했지만, 언제 또다시 대월이 쳐들어올지 알 수 없는 일이었다. 그리고 도와주긴 했으나, 서쪽의 태국도 완전히 믿을 만한 상대는 아니었다.

결국 두옹왕은 대월의 위협에서 벗어나고자, 마침 인도차이나반도를 식민지로 삼으려던 프랑스에 "캄보디아를 보호국으로 삼아, 대월로부터 지켜주십시오"라는 청원서를 보냈다(1853). 이 제안을 받은 프랑스는 처음에는 수락하지 않았으나, 10년 뒤 현재 베트남의 남부를 식민지로 점령한 뒤, 마침 베트남과 국토가 맞닿은 캄보디아를 중요하게 여겨 캄보디아의 청원을 정식으로 받아들여 캄보디아를 보호국으로 삼았다(1863). 그러고는 캄보디아 왕실을 그대로 두어 캄보디아인들의 반감을 최대한 줄이려고 노력했다. 두옹왕을 계승한 노로돔왕Norodom(1860~1904)은 사실상 프랑스의 식민지 신세가 된 상태에서 캄보디아의 정신적 지주 역할을 했다.

캄보디아인들의 자존심

오늘날 크메르 제국이 남긴 가장 뚜렷한 유산은 바로 앙코르와트다. 비록 오랜 식민지와 전쟁을 겪으며 가난한 상황에 놓였지만, 그런 캄보디아인들의 자긍심을 북돋워주는 장치로는 앙코르와트만 한 것이 없다. 앙코르와트는 사실상 캄보디아의 국가적 상징물이자 캄보디아인들의 자부심이어서 외국인이 함부로 다루면 분노가 폭발한다.

캄보디아인들이 앙코르와트를 얼마나 소중히 여기는지 보여주는 사례가 하나 있다. 2003년 태국의 여배우 수바난트 콩잉이 "앙코르와트는 태국의 유적지다. 캄보디아가 앙코르와트를 태국에 돌려주지 않으면, 나는 캄보디아에서 공연을 하지 않겠다"라고 말하자, 분노한 캄보디아인들은 태국 대사관에 몰려가 항의시위를 하며 태국의 국기를 불태우고 캄보디아에 설치된 태국 상점들을 약탈했다. 이 소식을 듣고 태국 정부가 서둘러 캄보디아에 비행기를 보내 태국인들을 본국으로 데려오고, 군대를 국경 지역에 배치할 정도로 캄보디아와 태국 간에 긴장감이 감돌았다. 다급해진 캄보디아 정부가 사과하긴 했지만, 이 사건의 여파로 여전히 캄보디아인들은 태국을 좋게 보지 않는다.

국가통합과 국민적 자부심 외에도 앙코르와트는 해마다 막대한 관광 수입을 안겨준다. 아직도 가난에서 못 벗어난 캄보디아에 앙코르와트는 해외 관광객을 끌어들이는 효자 유적지인 셈이다.

14

미얀마
꼰바웅 왕조

사라져버린 동남아시아의
강대국

얼마 전부터 한국 언론에서는 미얀마의 소수민족인 로힝야족에 대해 자주 보도하기 시작했다. 로힝야족이 미얀마 군부에 의해 가혹한 탄압과 학살 등 무자비한 인권유린을 당한다는 내용이었다. 이 소식이 공론화되면서 미얀마와 거리가 먼 한국에서도 로힝야족의 인권과 미얀마 정부를 규탄하는 여론이 형성되기 시작했다. 왜 로힝야족은 미얀마 군부의 탄압을 받게 되었을까? 미얀마는 도대체 어떤 과정을 거쳐 영국의 식민지가 되었으며, 로힝야족은 왜 미얀마에 들어와 살게 된 것일까?

부유하고 강력했던 미얀마

오랫동안 군사독재정권의 통치를 겪어 오늘날에는 가난한 나라지만 원래 미얀마는 황금과 루비, 옥과 다이아몬드 같은 각종 귀금속 및 보석은

신사우부 여왕이 지은 슈웨다곤 파고다. 지금도 미얀마를 상징하는 아름다운
건축물로, 세계 많은 사람의 시선을 끌어모으고 있다.

물론, 석유와 천연가스 같은 지하자원이 풍부하고, 따뜻한 날씨와 비옥한
기후 덕분에 농사도 잘되어 많은 양의 쌀을 수출할 만큼 식량도 넉넉했다
(지금도 미얀마는 태국에 이어 세계 2위의 쌀 수출국이다).

1453년에서 1472년까지 집권한 미얀마의 신사우부Shinsawbu 여왕은 독실한 불교 신자였다. 그녀는 자신의 불심을 증명하기 위해 슈웨다곤 파고다Shwedagon Pagoda를 건설했다. 이 건축물은 무척 화려한데, 우선 기초를 이루는 벽돌에 전부 금박을 입혔고 5448개의 다이아몬드와 2317개의 루비를 사용했다. 이렇게 엄청난 양의 귀금속을 불탑 건설에 쓸 만큼, 미얀마는 부유했다.

미얀마는 국토의 생산력이 풍족해 동남아시아 지역에서 오랫동안 강대국의 지위를 차지하고 있었으며, 특히 퉁구Toungoo 왕조의 바인나웅왕 Bayinnaung(재위 1550~1581) 때는 태국 영토의 절반까지 지배할 만큼, 강성했다. 퉁구 왕조를 계승한 꼰바웅Konbaung 왕조(1752~1885) 때는 청나라와 싸워(1766~1770) 승리할 정도로 그 세력이 만만치 않았다.

영국에 도전한 꼰바웅 왕조

그런데 이렇게 부유하고 강성한 미얀마에 뜻하지 않은 먹구름이 몰려왔다. 바로 서구 열강의 선두주자인 영국이 침략한 것이다. 물론 영국이 미얀마에 손을 뻗은 최초의 서구 열강은 아니었다. 이미 15세기에 대항해시대를 열었던 포르투갈과 접촉했고, 무기를 갖춘 포르투갈의 군인이나 함대가 미얀마를 공격해 영토를 일부 점령하거나 약탈하는 일이 벌어지기도 했다. 하지만 포르투갈인들은 미얀마 전체를 정복하거나 식민지로 삼기에는 수가 너무 적어 얼마 못 가 미얀마인들의 반격을 받고 항복하거나 쫓겨났다.

그러나 영국은 포르투갈과 달랐다. 미얀마를 비롯한 남아시아에 침투해온 영국 세력은 포르투갈보다 훨씬 강력했고, 인도 대륙을 통째로 집어삼킬 만큼 강렬한 영토확장 욕구에 불타 있었다. 19세기 초, 영국은 인도의 마이소르 왕국이나 마라타 제국, 시크 왕국 같은 여러 세력을 대부분 제압하고 인도 식민지화를 거의 마무리하는 단계였다. 그런 상황에서 인도와 맞닿아 있는 미얀마는 영국에 매력적인 먹잇감으로 인식되었다. 미얀마는 풍족하고 넉넉하면서 인도보다 인구가 적어 상대하기에 훨씬 수월하다고 여겼던 것이다.

반면 미얀마는 영국에 대해 아는 바가 거의 없었다. 미얀마보다 훨씬 광대한 인도가 이미 영국의 식민지로 편입되었다는 사실도, 그런 영국이 미얀마를 넘보고 있다는 사실도, 무엇보다 영국이 '해가 지지 않는 대영제국'이라 불리며 전 세계 곳곳에 드넓은 식민지를 보유한 초강대국이라는 사실도 전혀 몰랐다. 오히려 미얀마인들은 '우리의 군대는 세상에서 가장 막강하고, 우리가 믿는 불교는 세상에서 가장 지혜로운 종교이며, 우리나라야말로 세상의 중심이다!'라고 자부하면서 영국을 대수롭지 않게 여겼다.

그러고는 오히려 영국이 지배하고 있는 인도를 대상으로 영토 확장을 벌이기 시작했다. 1813년, 미얀마 군대는 서쪽으로 진군해 마니푸르Manipur를 합병했고, 1822년에는 아삼Assam을 공격해 자국의 영토에 편입시켰다. 그러자 영국에서는 미얀마를 상대로 군사적 수단을 동원해야 한다는 여론이 높아졌다. 마니푸르와 아삼을 공격한 미얀마가 영국 지배하에 있던 인

◆
꼰바웅 왕조 때 불교식으로 왕위 계승자를 축하하는 장면을
그린 삽화. 미얀마에서 불교는 거의 국교나 다름없는 위치를
차지하고 있었다.(1880)

◆
꼰바웅 왕조의 고위
관리와 귀족 여성을 그린
그림.(토머스 메들런드Thomas
Medland, 1795)

도 동부의 벵골 지역을 위협하고 있어, 벵골의 안전을 위해 미얀마를 압박할 필요성이 크게 부각되었던 것이다.

여기에는 당시 새로운 시장을 찾고 있던 영국 자본가들의 입김도 작용했다. 그들은 미얀마가 영국산 상품들을 소화할 시장이 되어야 한다고 여겼다. 영국이 군사적 압력을 가해 미얀마의 시장을 강제로 개방시킨 다음, 미얀마인들로 하여금 영국산 상품을 사게 한다면 자신들의 이익을 보장받을 수 있다고 판단했다. 이에 따라 인도를 지배하고 있던 영국 총독 윌리엄 암허스트William Amherst는 미얀마에 선전포고를 하면서 영국군을 벵골만으로 보냈다. 이것이 1차 영국–미얀마 전쟁(1824. 3. 5~1826. 2. 24)이다.

1차 영국 – 미얀마 전쟁

세계 최강의 영국군을 맞은 미얀마 군대는 총과 대포를 사용한다는 점을 제외하면 고대로부터 이어져온 동남아 방식의 전술을 그대로 따르고 있었다. 당시 미얀마 군대는 코끼리를 탄 상병과 말을 탄 기병, 두 발로 걸어다니는 보병과 대포를 끄는 포병으로 구성되어 있었다. 미얀마 군대의 코끼리 부대는 코끼리를 모는 병사와 코끼리의 등 위에 올린 커다란 바구니 안에 들어앉은 두 명의 병사가 한 조를 이루었다. 기마병은 작은 체구의 말을 탔는데, 가볍게 차려입은 상태에서 맨발을 그대로 노출한 모습이었다. 보병도 기마병과 똑같이 대나무로 만든 투구를 머리에 쓰고, 붉은색

상의와 파란색 바지 차림에 맨발이었으며, 구식 머스킷 소총으로 무장하고 있었다. 포병은 네 명의 병사가 한 팀이 되어 커다란 바퀴가 달린 대포에 밧줄을 묶어 끌고 다녔다. 또한 대포를 관리하고 청소하는 역할을 맡은 두 명의 병사도 함께 다녔는데, 그들 또한 맨발이었다.

미얀마 군대의 총사령관 마하 반둘라Maha Bandula(1782~1825)는 꼰바웅 왕조가 영국군을 격파하고 벵골의 동부 지역을 점령할 수 있다고 믿었다. 꼰바웅 왕조도 반둘라를 깊이 신뢰해 무려 6만 명의 병력을 지원해주었다. 이에 맞선 영국군 병력은 영국인과 인도인 용병 세포이를 합쳐 5만 명 정도였다.

전쟁 초기엔 영국이 불리했다. 전쟁이 시작되고 얼마 지나지 않아 5월이 찾아왔는데, 공교롭게도 5월은 미얀마 기후에서 비가 집중적으로 내리는 우기雨期였다. 게다가 전쟁이 벌어지는 마니푸르와 아삼 지역은 숲이 빽빽이 우거진 정글이어서 발이 닿기만 해도 순식간에 깊숙이 빠지는 늪으로 변해버렸다. 영국군 병사들은 비와 정글, 늪이라는 세 가지 자연재해를 만나 더 이상 진격하기 어려운 상황에 처했다. 게다가 습기가 많다 보니 전염병까지 돌아 많은 영국군 병사가 병에 걸려 죽거나 싸울 수 없는 상태가 되었다. 반면 미얀마인들은 정글과 우기라는 환경에 익숙해 별로 어려움이 없었다.

하지만 영국군은 절대 포기하지 않았다. 영국군 수뇌부는 비와 정글에 갇혀 나갈 수 없는 육로보다는 바다를 통해 별동대를 보내 미얀마 본토를 위협하는 것으로 전략을 바꾸었다. 1824년 5월 11일, 5000명의 영국인과 5000명의 인도인으로 구성된 1만 명의 영국군은 함대를 타고 바다를

작은 말에 올라탄 꼰바웅 왕조의 마니푸르 기병대.
(콜스워시 그랜트Colesworthey Grant, 1855)

건너 미얀마 남부에 상륙해, 곧바로 대도시 양곤으로 들어가는 데 성공했다. 예기치 못한 방향에서 영국군이 나타나자 꼰바웅 왕조 세력가들은 크게 당황했다. 미얀마 군부는 일단 영국군이 들어온 도시 중심부를 포기하고, 도시 바깥으로 남은 병력을 집결시켜 영국군을 도시 밖으로 내쫓는다는 계획을 세웠다.

아치볼드 캠벨Archibald Campbell(1769~1843) 장군이 이끄는 영국 군대는 미얀마의 상징물인 슈웨다곤 파고다를 점령하는 한편, 미얀마 군대에 공격을 가했다. 영국군 병사들과 미얀마군 병사들은 치열하게 전투를 벌였으나, 1824년 7월 무렵 미얀마군들이 서서히 밀리기 시작해 슈웨다곤 파고다에서 약 8km 떨어진 카마유트Kamayut까지 쫓겨났다. 1824년 9월, 미얀마 병사들은 성스러운 파고다를 침략자들로부터 되찾기 위해 온 힘을 기울여 대대적인 공격을 펼쳤으나, 모조리 영국군에게 격퇴당하고 말았다.

그보다 조금 앞서 꼰바웅 왕조의 일곱 번째 왕 바기이다우Bagyidaw(재위 1819~1837)는 아라칸Arakan과 벵골에서 주력부대를 이끌고 주둔 중이던 반둘라에게 서둘러 본국으로 돌아와 영국군을 물리치라고 명령했다. 왕의 명령을 받은 반둘라는 비가 한창 퍼붓는 8월의 우기에도 불구하고 군대를 이끌고 철수했다.

양곤 외곽에 도착한 반둘라는 11월까지 3만 병력의 배치를 마쳤다. 당시 양곤의 시가지를 점령하고 있던 영국군은 1만 명 정도였는데, 반둘라는 자신의 병력이 3배나 더 많으니 얼마든지 승산이 있다고 여기며 자신만만해했다. 하지만 그는 한 가지 중요한 사실을 알지 못했다. 미얀마군은 수적으로 영국군보다 우세했지만, 무기의 성능과 화력에서 많이 뒤떨어져 있었다. 당시 미얀마군 3만 명 중에서 소총을 가진 병사는 절반밖에 안 되었다. 또한 미얀마군의 대포는 단지 화약의 힘으로 둥근 돌이나 쇠로 만든 포탄을 날리는 것에 불과했으나, 영국군의 대포는 물체에 닿으면 폭발하는 포탄을 사용했다. 더구나 영국군은 미얀마인들이 몰랐던 최신 무기 콩그리브 로켓congreve rocket도 보유하고 있었다.

11월 30일, 반둘라는 그의 경력에서 가장 큰 실수를 저질렀다. 미얀마군 병사들에게 영국군을 향해 정면돌격하라고 명령한 것이다. 미얀마군 병사들은 수적인 우세를 믿고 영국군과 정면대결을 펼쳤으나, 대포와 콩그리브 로켓 같은 우수한 무기를 지닌 영국군 앞에서 금세 수천 명의 병사가 죽어나갔다. 결국 1824년 12월 15일, 반둘라는 더 이상의 공격은 무의미하다는 사실을 깨닫고 철수했는데, 이 공방전에서 2만3000명의 미얀마군 병사가 전사했다.

1825년 3월, 반둘라는 양곤에서 가까운 작은 마을 다누비우Danubyu의 이라와디Irrawaddy 강가에 설치된 그의 후방기지로 되돌아갔다. 양곤 공방전에서 전투 경험이 많은 병사 대부분을 잃어, 반둘라는 주변 마을에서 새로운 병사들을 서둘러 모집한 뒤 훈련시켰다. 그러나 훈련이 끝나기도 전에 작은 배에 총과 대포를 싣고 이라와디강을 따라온 영국군 4000명이 반둘라의 기지를 공격했다. 이에 반둘라는 보병과 기병, 17마리의 전투 코끼리를 앞세워 반격을 시도했으나 코끼리들이 콩그리브 로켓의 요란한 소리와 불빛에 놀라 달아나버리고, 기병들 또한 영국군 포병들의 계속된 포격에 큰 피해를 입어 저항할 수 없었다.

4월 1일, 영국군이 다누비우에 중포와 콩그리브 로켓으로 맹렬한 포격을 퍼붓는 와중에 반둘라는 박격포 포탄에 맞아 전사했다. 반둘라는 번쩍이는 황금빛 우산에 자신의 화려한 깃발을 붙인 채 병사들의 사기를 올리기 위해 기지 안을 걸어 다니다가 화려한 표식이 영국군의 눈에 띄어 그만 참변을 당했던 것이다.

총사령관인 반둘라가 전사하자, 나머지 미얀마 군대는 마하 네 미오Maha Ne Myo(?~1825)의 지휘 아래 북쪽으로 후퇴했다. 그런 뒤 프롬Prome이라는 작은 마을을 본거지로 삼고, 인근 소수민족인 샨족Shan을 끌어들여 새로운 병사들로 합류시키는 한편, 다시 양곤으로 진군해 외부와의 연락을 차단하고 영국군을 위협했다(1825. 11). 하지만 12월 1일 캠벨 장군이 이끄는 영국군 4000명이 프롬 외곽의 미얀마군을 공격했고, 다음 날 마하 네 미오는 이라와디강 위에 설치된 영국군 선단에서 발사한 포탄에 맞아 전사하고 말았다.

존경받던 총사령관인 반둘라에 이어 마하 네 미오까지 전사하자, 미얀마군은 사기가 완전히 추락해 큰 혼란에 빠졌다. 그 두 사람을 대신할 지휘관을 찾기 어려웠던 것이다. 그때부터 미얀마 군대는 영국군과 싸울 엄두를 내지 못하고 계속 지리멸렬하게 후퇴만 거듭했다. 결국 영국과 싸우는 것이 더 이상 불가능하다고 여긴 꼰바웅 왕조는 전쟁을 끝내기 위해 1826년 2월, 영국을 상대로 종전협상을 벌였다. 또한 영국이 요구한 대로 아삼과 마니푸르를 넘겨주고 전쟁 배상금으로 100만 파운드를 지불하는 한편, 수도인 아바Ava에 영국 주재관의 상주를 허락했다. 아울러 영국 상인들에 대한 상업적 특혜 약속도 맺었다.

다시 터진 전쟁

1차 영국-미얀마 전쟁에서 패배했지만, 꼰바웅 왕조는 여전히 영국에 대한 적개심을 누그러뜨리지 않았다. 1837년 바기이다우에 이어 꼰바웅 왕조 여덟 번째 왕이 된 타라와디Tharrawaddy(재위 1837~1845)는 1차 영국-미얀마 전쟁 때 맺은 조약을 제대로 지키지 않았고, 특히 영국인 상인들이 기대했던 무역이나 상업에서의 혜택을 전혀 보장해주지 않았다. 이에 대한 항의로 1840년에 영국 주재관이 아바에서 철수해, 영국과 꼰바웅 왕조 간에 또다시 긴장이 감돌았다. 그러다가 1851년에 꼰바웅 왕조가 임명한 양곤 지사가 영국 상인들이 불법과 밀수를 저지른다는 이유로 무거운 세금을 매기자, 영국 상인들은 즉시 인도의 영국 총독부에 이 일을 알렸고, 이에 달하우지 영국 총독은 꼰바웅 왕조의 아홉 번째 왕인 파간 Pagan(재위 1845~1852)에게 상인들이 입은 손해를 배상해주고 양곤 지사를 해임하라고 압력을 넣었다.

파간 왕은 일단 영국의 요구를 받아들여 양곤 지사를 해임했다. 하지만 새로운 양곤 지사를 만나기 위해 양곤 관청을 찾아간 영국 해군 준장 조지 로버트 램버트George Robert Lambert는 지사가 낮잠을 잔다는 이유로 면담을 거부당했다. 이는 이해할 수 없는 일이었다. 외국인 장성이 중요한 면담을 위해 찾아왔다면, 아무리 깊은 잠에 빠져 있어도 당장 일어나서 응해야 한다. 아마 낮잠은 핑계고, 사실은 지사를 해임하게 한 영국 측에 대한 불만의 표시로 일부러 만나주지 않은 듯하다.

그러나 그런 행태는 오히려 영국 측을 분노케 할 뿐이었다. 무시당했다고 여긴 램버트 준장은 양곤 항구를 봉쇄하고, 미얀마 해군을 상대로 전투를 벌였다. 물론 큰 배와 우수한 대포를 가진 영국 해군이 승리했다. 이 소식을 전해 들은 달하우지 총독은 꼰바웅 왕조에 "1852년 4월 1일까지 10만 파운드의 배상금을 지불하라"고 요구했다. 하지만 파간왕은 총독의 요구를 무시했다. 자신이 영국 측의 요구대로 지사를 해임했는데도 영국이 전쟁을 걸어 미얀마를 공격했으니, 그들이 원하는 대로 해줘봤자 아무

소용 없다고 여긴 것이었다.

그러자 달하우지 총독은 인도에 주둔한 영국군에게 미얀마에 쳐들어가서 꼰바웅 왕조를 압박하라는 명령을 내렸다. 이에 영국군이 미얀마의 마르타반Martaban을 공격함으로써 2차 영국-미얀마 전쟁(1852. 4. 5~1853. 1. 20)이 시작되었다.

2차 영국-미얀마 전쟁에서 미얀마군은 제대로 싸워보지도 못했다. 1차 영국-미얀마 전쟁에서 입은 피해도 아직 복구되지 않았고, 무엇보다 1차 전쟁 당시 미얀마군 병력 대부분이 궤멸된 상태였다. 영국군이 쳐들어오자 양곤을 지키던 미얀마군은 1852년 4월 12일 북쪽으로 후퇴해, 이틀 뒤 양곤은 영국군에 점령되었다. 미얀마 남부 에야와디 관구의 항구도시 바세인Bassein은 5월 19일에, 전통적으로 미얀마 역대 왕조들의 수도였던 페구Pegu는 6월 3일에 각각 영국군의 수중에 떨어졌다. 그리고 달하우지 총독은 아예 페구를 영국의 영토로 정식 편입하겠다고 파간왕에게 알렸다(1853. 1. 20). 그 와중에 영국군 병사들은 황금과 은으로 장식된 슈웨다곤 파고다 등의 불탑을 모조리 약탈했다.

2차 영국-미얀마 전쟁은 아무런 조약 체결도 없이 끝났다. 그러나 확실한 것은 이제 꼰바웅 왕조가 영국의 종속국 수준으로 전락했다는 사실이었다. 영국이 유서 깊은 페구를 멋대로 빼앗아갔는데도 꼰바웅 왕조는 전혀 저항하지 못했다. 아울러 꼰바웅 왕조의 새로운 수도 만달레이Manda-lay에 영국의 주재관이 부임해, 사실상 영국을 위해 공공연하게 스파이 활동을 할 권리를 얻게 되었다.

살아남기 위한 몸부림도 실패하다

두 차례 전쟁에서 잇따라 패배하면서 꼰바웅 왕조의 위신은 크게 추락했다. 아울러 자신들이 세상의 중심이고 가장 발달한 문화를 누리고 있다는 미얀마인들의 자부심도 치명적인 타격을 입었다. 이제는 언제 또다시 영국군의 군홧발에 짓밟힐지 몰라 두려움에 떠는 가련한 신세로 전락하고 말았던 것이다.

하지만 두려움이나 적대감 이외에도 미얀마인들은 영국에 맞서 독립을 지키려면 힘이 있어야 한다는 사실을 깨달았다. 그래서 꼰바웅 왕조의 11번째 왕인 티바우Thibaw(재위 1878~1885)는 국제정세를 살펴보다가, 프랑스가 영국의 경쟁자임을 파악하고 프랑스와 손잡고 영국을 견제하려 했다. 프랑스와 무역을 하면서 관계를 만들어나간 티바우는 1885년, 프랑스 자본을 끌어들여 미얀마에 철도를 놓기로 합의했다. 아울러 막강한 영국군의 화력에 대항하기 위해, 프랑스의 총과 대포, 군함 같은 최신 무기를 수입해 미얀마 군대를 무장시키는 방안도 추진했다.

그러나 이미 미얀마를 식민지로 삼아 영국령 인도에 편입시키려는 야심을 품고 있던 영국은 이러한 꼰바웅 왕조의 행동을 가만히 보고 있지 않았다. 영국 정부는 먼저 프랑스 정부에 압력을 넣어, 꼰바웅 왕조에 무기를 팔지 못하게 막았다. 프랑스는 세계 최강대국인 영국의 압력을 거절할 수 없었다. 게다가 당시 프랑스는 베트남을 둘러싸고 청나라와 전쟁 중이어서, 미얀마에 힘을 쓸 여력이 없었다. 결국 프랑스는 미얀마에서 손을 떼고 물러났다.

영국은 꼰바웅 왕조를 그대로 둘 수 없다고 여겼다. 비록 프랑스에 압력을 넣어 꼰바웅 왕조와의 협력을 무산시키긴 했지만, 꼰바웅 왕조가 언제 또 독일이나 러시아 같은 영국의 경쟁국을 끌어들일지 몰라 이번 기회에 미얀마를 완전히 제압해야겠다고 판단한 것이다.

1885년, 인도의 영국 총독 더퍼린 경Lord Dufferin(1826~1902)은 티바우왕에게 "앞으로 꼰바웅 왕조의 모든 외교는 영국의 허락을 받고 이루어져야 한다"고 통보했다. 이 말은 사실상 꼰바웅 왕조의 외교권을 영국이 차지하겠다는 뜻이었으니, 꼰바웅 왕조의 주권에 대한 중대한 침해였다. 더퍼린 경의 통보에 티바우왕이 거세게 반발하자, 영국은 전쟁을 선포했다. 이렇게 해서 3차 영국-미얀마 전쟁(1885. 11. 7~1885. 11. 29)이 시작되었다.

꼰바웅 왕조의 11번째 왕 티바우.
그는 몰락해가는 나라를 지탱하려고
최선을 다했으나, 혼자 힘으로는
시대의 흐름을 이겨낼 수 없었다.

3029명의 영국인 병사와 6005명의 세포이(인도인) 병사, 67개의 대포와 24개의 기관총으로 이루어진 영국군이 미얀마 영토로 진입했다. 그들은 이라와디강 인근의 민라Minhla 마을에서 미얀마 군대의 저항에 부딪혔다. 미얀마 군대는 민라 부근에서 바리케이트와 대포를 준비하고 영국군의 공격에 맞서 싸웠으나, 영국군이 대규모 공세를 퍼부어 병사 170명이 전사하고 276명이 포로로 잡혔으며, 수많은 병사가 영국군을 피해 달아났다.

하지만 민라 전투를 제외하면 영국군은 미얀마 영토 내에서 거의 저항을 받지 않았다. 여기에는 꼰바웅 왕조 내부의 복잡한 사정이 작용했다. 당시 꼰바웅 왕조의 국왕 티바우는 자신의 가족인 80명의 왕자와 공주를 죽이고 왕위에 오른 터였다. 즉, 유혈 폭력으로 왕이 된 것이었다. 이 사실을 잘 알고 있던 미얀마 백성들은 티바우왕을 별로 좋아하지 않아 영국군의 침공에 맞서 저항하지 않고 도망치거나 항복함으로써, 티바우왕의 권력에 반항했다(그렇다고 미얀마인들이 영국군을 좋아한 것도 아니었다).

1885년 11월 28일, 영국군은 꼰바웅 왕조의 수도 만달레이를 점령하고, 티바우왕은 영국군에 의해 궁전에 연금되었다. 영국군 사령관 해리 프렌더개스트Harry Prendergast(1834~1913)는 티바우왕에게 무조건 항복을 요구했다. 이미 민심이 자신을 떠났고, 영국군의 무력을 더는 당할 수 없다고 판단한 티바우왕은 그 요구에 따랐고, 백성들에게 "저항해봤자 아까운 목숨만 잃을 뿐이니, 모든 무기를 내려놓으라"고 했다. 이후 티바우왕은 왕위에서 쫓겨나 인도로 끌려갔고, 평생 미얀마로 돌아오지 못했다. 승리한 영국군 병사들은 만달레이의 궁전과 도시를 약탈했다. 이리하여 3차 영국-미얀마 전쟁은 끝났다. 티바우왕을 폐위한 영국은 "미얀마 전체는 영국령 인도의 영토로 편입되었다"라고 발표했다(1886).

하지만 꼰바웅 왕조가 무너졌음에도 불구하고, 미얀마인들은 영국의 지배를 받아들이지 않고 저항하기 시작했다. 그들은 영국이 티바우왕을

민라를 함락시킨 영국군 병사들.(윌러비 월리스
후퍼Willoughby Wallace Hooper, 1885)

쫓아내고 다른 왕족을 새 왕으로 옹립해주길 바랐는데, 영국이 왕실을 없애고 나라 전체를 식민지로 삼겠다고 하니 당연히 반발했던 것이다. 그 결과, 영국의 지배에 불만을 품은 병사들은 군대에서 달아나 다코이트 dacoits에 가담했다.

영국인들은 다코이트를 '인도와 미얀마에 들끓는 도적 떼'라고 멸시했으나 미얀마의 다코이트는 단순한 도적이 아니었다. 영국의 침략 이후 미얀마의 애국자들, 패배를 거부한 군인들, 왕실의 통치를 회복하고자 하는 왕족들이 다코이트에 합류해 반영국 투쟁을 벌여나갔다. 다코이트는 유럽 군대가 통과할 수 없던 덥고 습한 정글을 누빈 뛰어난 게릴라 전사들로, 머스킷 소총과 미얀마의 전통 칼인 다dah를 무기로 사용했다. 이들은 영국에 맞서 끈질기게 저항했으며, 영국은 이들을 완전히 소탕하기 위해 1898년까지 6만 명의 군대를 동원해야 했다. 3차 영국-미얀마 전쟁이 끝나고 13년이 지난 뒤 미얀마는 영국에 완전히 굴복했다.

영국의 식민지배가 남긴 유산

비록 영국에 패배하긴 했으나, 1824년부터 1898년까지 무려 74년 동안이나 미얀마인들은 끈질기게 저항했다. 이런 미얀마의 속사정을 잘 아는 영국은 교묘한 술책으로 미얀마인들의 저항심과 결속력을 약화시키려 했다. 그것은 바로 미얀마 내부의 종족분쟁과 갈등을 부추기는 방법이었다. 미얀마는 다수민족인 버마족과 소수민족인 카렌족, 샨족 간에 갈등이 심했는데, 영국은 이 점을 노려 각 민족끼리 더 대립하고 분열하도록 부추기는 한편, 중재자로 나서 미얀마에 대한 지배력을 강화하려 했다.

그런 술책의 하나로 미얀마에 들어온 집단이 바로 로힝야족이었다. 본래 방글라데시에서 살던 로힝야족은 19세기부터 미얀마에 본격적으로 이주해왔다. 영국 정부는 버마족을 포함한 미얀마의 다른 민족들이 가진 땅을 빼앗아 로힝야족에게 나누어주는 한편, 로힝야족을 관리로 등용해 그들을 제외한 다른 민족들이 영국에 가진 증오심을 로힝야족에게 향하도록 했다. 한편 영국은 이미 미얀마에 살고 있던 카렌족을 기독교로 개종시키면서, 그들이 불교를 믿는 버마족과 종교적인 차이로 싸우도록 부추기기도 했다.

그 결과, 1948년 미얀마가 영국으로부터 독립한 뒤에도 미얀마는 버마족과 카렌족, 로힝야족 등 민족 간 갈등과 내분이 극심한 혼란 상태가 계속되었다. 특히 미얀마인들은 침략자 영국의 앞잡이가 되어 자신들을 억압하는 데 앞장선 로힝야족을 증오했다. 그래서 아직도 많은 미얀마인이 로힝야족을 미얀마 국민으로 인정하지 않으며, 원래 고향인 방글라데시로 돌아가야 한다고 생각한다. 반면 로힝야족은 그들 나름대로 1세기 동안 미얀마에서 살았으니, 집과 땅을 버리고 떠날 수 없다며 맞서고 있다. 이런 두 집단의 이해관계가 정면으로 충돌해, 지금도 미얀마 군부는 로힝야족을 무력으로 탄압해 내쫓으려 하고 있다.

그러니 미얀마의 로힝야족 문제는 단순히 개별적인 사건이 아니라, 뿌리깊은 역사적 맥락 속에서 원인을 찾고 해결책을 모색해보아야 하는 것이다. 미얀마인들이 로힝야족에게 '방글라데시로 돌아가라'고 요구하는 것 역시 과거 영국 식민 지배의 역사와 따로 떼어놓고 볼 수는 없다.

식민지배가 끝나고 70년이 지났는데도 고통스런 내전이 계속되고 있으니, 영국은 미얀마에 참으로 고약한 유산을 남기고 물러난 셈이다.

다호메이 왕국

여전사
아마존의 나라

그리스 신화를 보면, 여자들만 사는 나라 아마존Amazon이 등장한다. 이 아마존은 '아마조네스Amazones'라고 불리는 여자들로 이루어졌는데, 웬만한 남자들보다 용감해 전쟁터에 나가 싸우기도 했다. 하지만 아마존과 아마조네스는 다분히 신화적인 공상의 산물이다. 여자들만 있는 나라는 존재할 수가 없다. 그런데 아마존 같은 여인 왕국은 아니지만, 여자들만으로 구성된 군대를 거느린 나라가 실제로 있었다. 바로 오늘날 아프리카 서부의 베냉 공화국을 다스렸던 다호메이 왕국이다.

노예무역으로 부를 쌓다

다호메이Dahomey 왕국은 1600년부터 1894년까지 현재 아프리카 서남부 베냉 지역의 아보메이Abomey 고원에 폰족Fon이 정착하면서 세운 나

라였다. '다호메이'란 이름의 어원에는 여러 가지 주장이 있는데, 고원의
이름인 '아보메이'가 변해서 된 것이라는 말이 유력하다.

아래는 다호메이의 역대 왕들과 집권 기간이다.

1대: 가니이헤소우Ganyihessou(1600~1620)

2대: 다코도노우Dakodonou(1620~1645)

3대: 호우에그바드자Houegbadja(1645~1680)

4대: 아카바Akaba(1680~1708)

5대: 아가자Agaja(1708~1740)

6대: 테그베수Tegbesu(1740~1774)

7대: 크펜글라Kpengla(1774~1789)

8대: 아공글로Agonglo(1789~1797)

9대: 아단도잔Adandozan(1797~1818)

10대: 게조Ghezo(1818~1858)

11대: 글렐레Glele(1858~1889)

12대: 베한진Behanzin(1889~1894)

다호메이 왕국은 다섯 번째 왕인 아가자왕 무렵에 크게 발전했다. 이
는 아가자왕이 주변 나라들처럼 전쟁이 나면 농부나 목동을 임시로 징집
했다가 전쟁이 끝나면 해산시키는 방식이 아니라, 항상 군인으로 활동하
는 1만 명의 상비군을 조직해 1년 내내 전쟁에 동원하는 효율적인 군사
체제를 갖추고 영토를 확장했기 때문이다. 1724년과 1727년에 아가자왕
이 대서양 연안의 도시 알라다Allada와 휘다Whydah를 정복함으로써, 다
호메이 왕국은 바다를 통해 유럽인들과 교역하면서, 경제력을 한층 끌어

올렸다.

하지만 이런 확장은 지금의 나이지리아 서남부에 있던 요루바족Yoruba이 세운 오요 제국Oyo(1300~1896)의 경계심을 사, 1728년에 전쟁이 시작되었다. 오요 제국은 다호메이 왕국에 없는 뛰어난 기병대를 이용해 전쟁에서 승리하고, 1732년부터 다호메이 왕국을 속국으로 삼았다. 이런 체제는 다호메이 왕국의 게조왕이 오요 제국과 싸워 이긴 1823년까지 계속되었다(다만 아가자왕은 속국이 되는 것을 못마땅하게 여겼던지, 1740년까지 계속 오요 제국과 전쟁을 벌였다).

아가자왕의 뒤를 이은 테그베수왕은 이전 왕들보다 노예무역을 더 크게 늘렸다. 건국 초기부터 다호메이 왕국은 주변 국가나 부족을 습격해 붙잡아온 포로들을 노예로 팔아넘기는 노예무역을 하고 있었는데, 유럽 상인들은 그 노예들을 신대륙으로 데려가 일꾼으로 부렸다. 그리고 다호메이 왕국은 그 판매대금으로 유럽의 플린트록 머스킷flintlock muskets 소총이나 대포 같은 최신 무기를 수입해 군사력을 강화했다.

일반적으로 다호메이의 국왕은 폰족 언어로 '아호수Ahosu'라 불리며, 절대권력을 가진 전제군주로 여겨졌다. 하지만 아무리 전제군주라고 해도 사람인 이상, 권력에는 한계가 있었다. 다호메이 왕들은 미간migan, 메후mehu, 차차chacha 등 관리들로 구성된 공의회의 자문을 받아 국가정책을 결정해야 했다. 미간은 사법기관에서 근무하며 법을 집행하는 관리였고, 메후는 왕실의 업무와 경제적인 문제를 맡는 주요 행정관리였으며, 차차는 지방 도시의 총독이었다.

다호메이 왕국의 군대는 오른쪽과 왼쪽 부대로 나뉘었는데, 오른쪽은 미간이 통제하고 왼쪽은 메후가 통제했다. 일단 7~8세의 어린아이들을 병사로 모집해 정규 군인을 위한 방패 캐리어 역할을 하게 한 다음, 수년간 견습 생활과 군사 경험을 마치면 정규 병사로 편입하는 체제였다. 병사들은 전쟁에서 적을 죽이거나 사로잡으면 사슴 가죽을 상으로 받았다. 아가자왕 시절의 다호메이 군대를 본 한 유럽인은 "용맹스럽고 신중한 왕자가 이끌면서 숙련된 장교들이 지휘하는 용감하고 잘 훈련된 엘리트 부대"라고 평가했다.

아가자왕 시절의 다호메이 군대는 잘 훈련되었을 뿐만 아니라 무장 상태도 좋았다. 이들은 유럽에서 수입한 무기들을 즐겨 사용했는데, 장거리 전투에서는 유럽제 플린트록 머스킷 소총을, 근접 전투에서는 강철제 칼을 썼다. 그리고 25개의 대포도 갖고 있었다. 하지만 오요 제국과 달리, 기병이나 해군은 없었다.

다호메이 왕국의 국내 경제는 농산물이 가장 큰 비중을 차지했다. 공예품을 만드는 수공업자들은 그들만의 조합(길드)을 조직해 제품의 판매를 관리했다. 다호메이 왕국에서는 다른 서아프리카 국가들처럼 조개의 일종인 무늬개오지 껍데기를 화폐로 사용했다. 세금을 걸을 때는 왕이 보낸 관리들이 수확기의 마을을 돌아다니면서 거둬들인 농산물이나, 판매한 공예품의 양과 마을의 인구에 따라서 세금을 정했다. 이 관리들은 작은 범죄를 저지른 사람들에게서 벌금을 걷는 권한도 갖고 있었다.

이슬람교를 믿는 주변국들과 달리, 다호메이 왕국은 전통적인 조상 숭배와 정령신앙을 계속 유지해나갔다. 여신 마우Mawu와 남신 리사Lisa가 합쳐져 여성과 남성의 성을 모두 가진 마우리사를 최고의 신으로 숭배했

다호메이 왕국에서 인간 희생 제사를 지내는
장면을 묘사한 삽화. (《아프리카의 내륙 왕국,
다호메이의 역사 The history of Dahomy, an inland
Kingdom of Africa》, 1793)

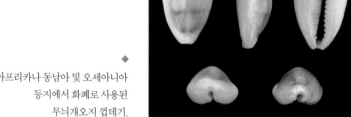

아프리카나 동남아 및 오세아니아
등지에서 화폐로 사용된
무늬개오지 껍데기.

다. 다호메이의 종교에서는 어머니 여신인 나나 불루쿠Nana-Buluku가 창조한 세계를 마우리사가 대신 다스린다고 믿었다. 그리고 마우리사 이외의 신들은 땅이나 천둥 속에 살아 있다고 여겨, 그 신들 역시 숭배했다. 여자들도 성직자가 될 수 있었으며, 가장 높은 성직자인 대제사장은 다코도노우왕의 후손들로만 이루어졌다. 또한 왕들은 죽으면 신으로 숭배받았고, 그들의 영혼은 저승에 가서도 계속 왕으로 군림한다고 여겨졌다. 그 밖에 다소 잔혹하지만, 종교 행사에서 인간을 제물로 바치거나 피를 뿌리는 일도 이루어졌다고 한다.

다호메이 아마존 부대

다호메이 왕국을 소개할 때 다호메이 아마존을 빠뜨려선 안 된다. 다호메이 아마존은 다호메이 왕국을 방문한 유럽인들이 여전사들로 이루어진 부대를 보고 '저 여자들이 그리스 신화에 나왔던 그 전설의 아마존 종족인가?' 하고 궁금해하면서 자기들 마음대로 부른 이름이었다. 즉, 다호메이 아마존은 정확한 명칭이 아니고, 원래 이름은 미노mino 또는 아호시ahosi였다. 미노는 폰족 말로 '우리의 어머니'라는 뜻이고, 아호시는 '왕의 아내'라는 뜻이었다.

미노 부대의 뿌리는 다호메이 왕국의 세 번째 왕인 호우에그바드자 집권기인 1645년으로 거슬러 올라간다. 호우에그바드자왕은 나라 안의 폰족 여자들을 모아 그베토gbeto라는 코끼리 사냥 부대를 만들었는데, 이

그베토가 미호 부대의 창설에 영향을 주었다. 호우에그바드자의 아들인 아가자왕은 유럽 상인들로부터 사들인 머스킷 소총으로 무장한 여성 경호원들을 두었고, 1727년 이웃 나라인 사비Savi 왕국과의 전쟁에 이 여성 경호원들을 내보내 승리했다. 아가자왕은 자신의 여성 경호원 부대를 미노라고 불렀다.

미노 부대는 게조왕에 이르러 더 많은 지원을 받아 규모가 늘어났다. 게조왕은 우선 범죄를 저질러 감옥에 갇힌 여자들로 미노 부대원들을 채워 넣었다. 하지만 여자 범죄자들만으로는 인원이 모자라자, 8세 이상 여성을 대상으로 미노 부대원을 모집했다. 혹은 다른 나라에서 노예로 사들이거나 전쟁 포로로 붙잡은 외국인 여자 중에서도 자원자를 뽑아 미노 부대에 합류시켰다. 그래서 게조왕 시절에는 미노 부대원이 6000명으로 늘어났는데, 이는 전체 군인의 3분의 1에 해당했다.

일단 미노 부대에 들어가면 결혼할 수 없었다. 미노 부대의 모든 여자는 법적으로 다호메이 왕의 아내로 간주되었기 때문이다. 심지어 이미 다른 남자와 결혼한 유부녀도, 미노 부대에 들어가면 남편과의 사이에서 아이를 가지거나 낳는 것을 금지했다. 그래서 미노 부대원 대다수는 결혼하지 않은 처녀들이었다. 미노 부대원들은 가시덤불을 향해 돌진할 만큼 고통에 무감각해지고 죽음을 두려워하지 않도록 혹독한 군사훈련을 받았다. 그 대신 풍족한 월급을 받으면서 사회적으로 큰 존경을 받았다. 또한 가족들에게도 더욱 나은 삶이 제공되어, 가난한 여자들은 미노 부대에 들어가기를 소망하기도 했다.

초창기엔 유럽 상인들에게 노예를 팔아서 번 돈으로 사들인 덴마크

다호메이 왕국의 특수부대 미노 부대원들의 모습.(1891)

산 소총으로 무장했으나 후반기에는 미국산 윈체스터 라이플Winchester rifles 소총과 전통적인 무기인 몽둥이와 칼로 무장했다. 노예무역으로 많은 돈을 번 다호메이 왕국은 미노 부대를 노예사냥에 자주 동원했다. 미노 부대원들은 적대적인 이웃 나라나 마을을 기습해 붙잡은 포로들을 유

미노 부대에서 복무했던 늙은 베테랑 대원들을 다시 불러 모아 1908년에
찍은 사진. 이 무렵 미노 부대는 서양인들의 신기한 구경거리로 전락한 지
오래였다.

럽 상인들에게 노예로 파는 일에 적극적으로 투입되었다. 물론 전쟁에도
동원되었다. 1890년부터 벌어진 프랑스와의 두 차례 전쟁에 투입되어,
프랑스군을 상대로 여러 번 전투를 벌였다.

하지만 '용감한 여전사들'이라는 유명세와 달리, 프랑스와의 전쟁에서
는 그다지 큰 성과를 거두지 못했다. 이에 대해 유럽인 관찰자들은 미노
부대를 포함한 다호메이 병사들이 용감하게 싸웠지만, 서양 소총 사용법
을 제대로 몰라 패배했다고 전했다. 미노 부대와 직접 싸운 프랑스 군인

들 중에는 미노 부대원들이 여자라는 사실을 알고는 총으로 쏴 죽이기를 망설여, 도리어 죽거나 다친 사람들도 있었다고 한다. 프랑스 군인들은 미노 부대원들에 대해 "그녀들은 놀라운 용기와 강렬한 투지를 가졌으나, 전투에서는 별로 쓸모가 없었다"고 평가했다. 실제로 2차 프랑스-다호메이 전쟁 중이던 10월 6일 아데곤Adegon 전투에서 프랑스 군대와 백병전을 벌이던 미노 부대원 대부분이 몇 시간 만에 전멸했다. 이 백병전에서 다호메이군은 정규 군인 86명과 미노 부대원 417명이 죽거나 다친 반면, 프랑스군은 고작 6명이 죽었다.

다호메이 왕국이 프랑스의 식민지가 된 1894년, 미노 부대는 프랑스에 의해 강제로 해산되었다. 이 부대의 마지막 생존자 나위Nawi는 1978년에 이탈리아 역사학자와 가진 인터뷰에서, 1892년에 프랑스와 싸웠다고 주장했다. 그녀는 1979년 11월에 100세를 넘기면서 사망했다.

다호메이의 영웅, 게조왕

다호메이 왕국은 게조왕 시절에 최전성기를 맞았다. 그의 가장 중요한 업적은 1823년 오요 제국과 싸워서 거둔 승리였다. 앞에서 언급한 대로 1732년 이후부터 다호메이 왕국은 오요 제국의 속국이 되어 매년 공물을 바쳤다. 또한 경제와 군사정책까지 통제하며 내정간섭을 하려고 들어 불쾌한 상황에 놓여 있었다.

그러나 오요 제국은 1770년부터 내부의 권력 다툼이 심해지면서 국력이 크게 약화되었고, 때마침 1804년에 등장한 소코토 칼리프국의 위협에 대처하느라 다호메이 왕국으로부터 공물을 제대로 거둬들이지 못할 만큼 쇠퇴기에 접어들고 있었다. 1820년대 초, 게조왕은 오요 제국에 매년 바치던 공물을 더 이상 보내지 않겠다고 선언했다. 오요 제국에선 사신을 보내 공물을 계속 바치라고 요구했으나, 게조는 그 요구를 거부하고 사신을 죽여버렸다.

다호메이를 강성하게 만든 게조 왕.(포보스 프레더릭Forbes Frederick, 1851)

이에 분노한 오요 제국은 다호메이의 북쪽에 있는 마히Mahi 부족과 손잡고, 기병이 포함된 4000명의 강력한 군대를 보내 다호메이 왕국으로 쳐들어가 크팔로코Kpaloko라는 마을 근처에 임시 본부를 세웠다. 그러나 모두 잠에 빠져든 어두운 밤을 틈타 게조왕이 오요 군대가 머무르는 야영지를 기습했다. 이 기습으로 오요 군대의 총사령관인 발롱군 아자나쿠Balogun Ajanaku가 사망하자, 오요 군대는 사기가 떨어져 본국으로 철수했다 (1823).

크팔로코 전투에서 패배한 오요 제국은 위신이 크게 추락하고 국력이 약화되어 더 이상 예전처럼 다호메이 왕국을 압박할 수 없었다. 비로소 다호메이 왕국은 오요 제국의 간섭에서 벗어나, 주변국으로 마음껏 세력을 뻗어나갈 유리한 위치에 올라서게 되었다.

한편 오요 제국이 약화되자, 게조왕은 1820년대 중반 이후부터 북쪽의 마히 부족을 공격하고 다호메이 남서쪽 부족들을 정복해나갔다. 그리고 더 많은 노예를 얻기 위해 대서양과 맞닿은 해안 지역을 점령해나가던 게조왕은 오늘날 나이지리아 남서쪽 도시인 아베오쿠타Abeokuta에서 강력한 저항에 부딪혔다. 다호메이의 노예사냥을 피하려고 수많은 사람이 아베오쿠타로 도망쳐, 1840년대까지 아베오쿠타와 다호메이 간에 전쟁이 계속되었다.

1851년에 게조왕은 아베오쿠타에 대한 대대적인 공격을 벌였으나, 끝내 도시를 함락시키지 못하고 물러났다. 그러나 노예무역으로 돈을 벌던 다호메이 왕국의 부유층은 게조왕에게 다시 공격하라고 강력하게 요구했다(1858). 그런데 바로 그해 게조왕이 갑자기 사망했다. 게조왕의 사망 원인에 대해 전염병인 천연두 때문이라는 말도 있고, 아베오쿠타에서 많은 돈을 주고 자객을 고용해 총으로 사살했다는 말도 있다. 일세의 영웅이었던 게조왕의 죽음으로, 다호메이 왕국의 국력은 서서히 쇠퇴했다.

프랑스와의 두 차례 전쟁

서아프리카에서 번영을 누리던 다호메이 왕국을 무너뜨린 것은 프랑스였다. 1871년 프로이센과의 전쟁에서 패배한 프랑스는 알자스와 로렌을 빼앗긴 손해를 회복하기 위해, 해외로 눈을 돌려 식민지 정복에 적극적이었다. 프랑스와 가까우면서 따뜻한 날씨와 비옥한 토지로 둘러싸인 서부 아프리카가 그 대상이었다. 기회를 엿보던 프랑스에 마침 좋은 명분이 생겼다. 오늘날 베냉 해안 근처의 항구 포르토노보Porto-Novo는 19세기 말 작은 나라였다. 이 포르토노보 왕국은 18세기 중반 이후부터 다호메이 왕국과 대립하고 있었는데, 1889년 3월 다호메이 왕국이 공격하자 프랑스에 보호를 요청했다.

다호메이 왕국과 그 주변 나라들을 노리고 있던 프랑스는 재빨리 그 요청을 수락했고, 다호메이 왕국에 사절단을 보내 "당신들은 우리의 보호를 받는 포르토노보 왕국을 공격하지 마라"라며 경고했다. 이에 다호메이의 베한진왕은 "포르토노보는 우리의 관할 구역이니, 외부인인 프랑스는 참견하지 마라"라고 하면서 그 경고를 무시했다.

그러자 프랑스는 다호메이 왕국의 침략을 물리쳐 포르토노보 왕국을 보호하겠다는 명분을 내걸고 알프레드아메데 도즈Alfred-Amédée Dodds (1842~1922) 대령에게 759명의 군사를 보내 다호메이 왕국을 공격하도록 했다. 그 소식을 듣고 포르토노보 왕국에서도 500명의 군사를 보내 프랑스를 돕도록 했으니, 이것이 1차 프랑스-다호메이 전쟁(1890. 2. 21~10. 4)이다.

프랑스군은 오늘날 베냉 남부의 항구도시 코토누Cotonou에 상륙해 전진기지를 만들었다. 이 소식을 접한 베한진왕은 코토누로 군대를 보냈다(1890. 3. 4). 밤에 행군해 새벽에 공격을 시작한 다호메이 군대는 대기하고 있던 프랑스군과 마주쳐, 4시간 동안 격렬한 전투를 벌였다. 두 군대는 소총의 총탄이 거의 다 떨어질 때까지 사격을 퍼부었다. 하지만 시간이 길어지자 다호메이군은 사기가 떨어져 철수하고 말았다. 이 코토누 전투에서 다호메이군은 수백 명의 사망자를 낸 데 반해, 프랑스군은 피해가 거의 없었다.

코토누 전투에서 패퇴한 다호메이 군대는 전열을 재정비한 뒤, 포르토노보 쪽으로 진격했으나 이번에는 프랑스군이 포르토노보의 토파왕Tofa이 지원해준 500명의 병력과 함께, 포르토노보로부터 6km 떨어진 곳에서 다호메이 군대를 막아섰다. 2시간에 걸쳐 전투를

베한진왕의 삽화(1895). 그는 프랑스의 침략에 나름대로 저항했으나, 다호메이의 마지막 왕이 되고 말았다.

벌인 끝에, 수적인 우세에도 불구하고 다호메이 군대는 프랑스 군대의 굳건한 방어를 뚫지 못하고 후퇴했다. 두 차례 전투에서 다호메이 왕국은 8000명의 병력을 동원해 2000명이 죽었고, 프랑스는 16명의 전사자와 83명의 부상자를 냈을 뿐이다. 잇따른 패배를 통해 프랑스의 힘을 확인한 다호메이는 더 이상 포르토노보를 공격하지 않았다. 그리고 1890년 10월 3일, 베한진왕은 포르토노보 왕국을 프랑스의 보호령으로 인정하면서, 코토누를 프랑스에 넘겨주는 조약에 서명했다.

비록 1차 프랑스–다호메이 전쟁에서 졌지만, 다호메이는 이후에도 프

랑스와의 전쟁에 대비해 군비를 재정비하는 데 힘을 쏟았다. 프랑스 역시 다호메이를 서전에 굴복시킨 것에 만족하지 않고 완전히 지배하기 위해 군비를 증강했다. 그러던 중 프랑스인 빅토르 발로Victor Ballot가 동료 5명과 다호메이 왕국을 탐험하다 주민들의 공격으로 부상을 입고 서둘러 떠난 사건이 발생했다. 이에 프랑스 정부는 베한진왕에게 사과와 보상을 요구했으나 베한진왕이 거절하자 프랑스는 즉시 전쟁을 선언했다. 그리하여 1892년 7월 4일부터 1894년 1월 15일까지 2차 프랑스-다호메이 전쟁이 시작되었다.

이번에도 프랑스군은 1차 프랑스-다호메이 전쟁에서 활약한 알프레드 아메데 도즈 대령이 지휘했다. 도즈 대령은 해병대와 공병대, 포병 및 알제리 출신 기병 스파히spahi와 세네갈인 기병까지 포함된 2164명의 병력을 동원했다. 또한 포르토노보 왕국도 프랑스를 돕기 위해 짐꾼 약 2600명을 보냈다. 물론 다호메이 왕국도 보고만 있지는 않았다. 베한진왕은 전쟁 전에 오스트리아제 만리허Mannlicher 소총과 미국제 윈체스터 카빈총을 포함해 6000개의 소총을 사들였고, 독일인 상인들을 통해 기관총과 독일제 크루프Krupp 대포도 구입해놓고 있었다. 하지만 다호메이 군대는 기관총과 크루프 대포의 사용법을 몰라, 전쟁터에서 사용하지는 않았다.

1892년 6월 15일, 프랑스군은 다호메이가 더 이상 무기를 사들이지 못하게 하기 위해, 베냉의 해안을 봉쇄했다. 그런 다음 7월 4일, 해안가를 향해 함대 포격을 퍼부어 다호메이 군대의 접근을 차단한 뒤, 군대를 상륙시켜 다호메이의 수도인 아보메이로 진격했다(8월 중순). 1892년 9월 19일 오전 5시 도그바Dogba 마을에서 프랑스군은 다호메이군을 공격했다. 다호메이군은 백병전을 시도했으나, 4시간에 걸친 전투에서 프랑스군이 가진 소총과 대포의 위력에 병사 수백 명이 전사하는 것을 보면서 공격을 멈추고 후퇴했다. 이 전투에서 프랑스군이 입은 피해는 고작 전사자 5명뿐이었다.

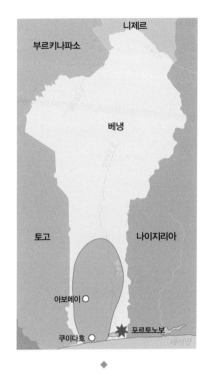

현재의 아프리카 지도 위에 표시한 1894년 당시 다호메이 왕국의 영토(하단 붉은색 부분). 다호메이 왕국은 대서양 연안에 영토가 닿아 있었고, 노예무역을 통해 번성했다.

그러나 베한진왕이 직접 지휘하는 다호메이 군대는 아보메이를 향해 계속 진군하던 프랑스군을 포구에사Poguessa에서 공격했다(10월 4일). 이 전투에는 미노 부대도 참전해 프랑스군과 싸웠다. 다호메이 군대는 3시간 동안 프랑스군에 달려들었으나, 프랑스군 병사들은 소총 입구에 20인치짜리 총검을 달고 그들의 공세를 막아냈다. 200명의 병사를 잃고 사기가 떨어진 다호메이 군대는 후퇴했고, 이때 프랑스군은 42명의 사상자를 냈다.

포구에사에서 열심히 싸웠으나 패배한 후, 다호메이 군대는 정면대결보다 게릴라 전술에 의지했다. 아보메이로 돌아온 베한진왕은 프랑스군의 침략을 조금이라도 늦추기 위해 필사적으로 군인과 백성을 동원해 도시 외곽에 깊은 참호를 파도록 했다. 1892년 10월 6일 프랑스군은 아데곤Adegon 마을에서 다호메이군과 세 번째로 싸웠다. 이 전투에서 86명의 다호메이 정규군과 417명의 미노 부대원이 전사했다. 프랑스군의 피해는 전사자 6명, 부상자 32명뿐이었다. 승리한 프랑스군은 아보메이에서 24km 떨어진 악파Akpa 마을로 들어갔다. 이곳에서 프랑스군은 도착한 순간부터 매일 다호메이인들의 게릴라 공격을 받았으나 피해는 그다지 크지 않았다. 악파에 머무르며 보급품을 기다리던 프랑스군은 보급품이 도착하자, 10월 26일 코토파Cotopa 마을로 떠났다.

그리고 10월 26일부터 27일까지 프랑스군은 코토파와 주변 마을들에서 다호메이 군대와 다시 대규모 전투를 벌였다. 다호메이 군대는 소총을 갖고 있음에도 불구하고 칼과 마체테(열대지방에서 벌채나 전투 시 사용하는 큰 칼) 같은 근접 재래식 무기들을 주로 사용하는 바람에, 최신 소총과 총검으로 무장한 프랑스군에 패배하고 말았다. 미노 부대도 이 전투에 참여해 프랑스군을 상대로 끈질기게 저항했으나 역부족이었다.

다호메이 군대의 저항을 겪은 프랑스군은 아보메이의 외곽인 카나Cana로 진격해, 11월 2일부터 4일까지 다시 다호메이 군대와 싸웠다. 카나 전투에서는 노예와 사형수까지 동원해 군대를 편성했으나, 그 수는 1500명을 넘지 못했다. 11월 3일, 베한진왕은 밤을 틈타 프랑스군 기지를 기습하라고 지시했다. 이때 미노 부대원들도 많이 참여한 것으로 알려져 있다. 민가로 도망친 미노 부대원들을 왕이 다른 군사들을 보내 끌고 와서 억지로 싸우게 했는지, 아니면 왕이 그사이 새로운 미노 부대원들을 뽑았는지

2차 프랑스–다호메이 전쟁에서 미노 부대원들이 프랑스 병사들이 탄 배를 향해 총을 쏘며 저항하는 모습.

도그바 마을 전투에서 프랑스군 병사들이 미노 부대원의 저항을 뚫고 있는 모습.(알렉상드르 달베카Alexandre d'Albéca, 1895)

는 알 수 없다. 4시간 동안 이어진 카나 전투에서 다호메이인들은 절박한 심정으로 전투에 매달렸으나 전세가 불리해 철수하고 말았다.

11월 16일, 프랑스군은 아보메이를 향해 행진했다. 베한진왕은 수도를 지키기 위해 도시를 태운 뒤, 남은 군대와 측근들을 데리고 아보메이에서 북쪽으로 48km 떨어진 아체리베Atcheribé로 피신했다. 다음 날 프랑스군은 아보메이로 진입해 역대 다호메이 왕들이 살았던 싱보지Singboji 궁전에 프랑스의 삼색기를 꽂고 승리를 기념했다. 그리고 수도에 남아 있던 베한진의 동생 구트칠리Goutchili를 프랑스에 복종하는 허수아비 왕으로 세웠다.

아체리베로 피신한 베한진왕은 게릴라전으로 프랑스에 맞섰으나, 이미 기울어진 전세를 바꾸기엔 역부족이었다. 결국 1894년 1월 15일, 베한진왕은 프랑스에 항복해 프랑스의 식민지인 마르티니크로 추방되었다. 이로써 2차 프랑스-다호메이 전쟁은 끝났고, 다호메이 왕국은 프랑스의 식민지가 되었다.

해결해야 할 과거의 그늘

294년 동안 존속했던 다호메이 왕국은 서부 아프리카에서 강력하고 번영했던 나라다. 오늘날 베냉은 다호메이 왕들이 남긴 유물들을 중요한 문화재로 지정해 박물관에 전시하는 등 다호메이 왕국의 후계국가임을 자처하고 있다.

그러나 다호메이 왕국은 어두운 유산도 남겼는데, 바로 노예사냥과 인신매매다. 특히 다호메이의 왕들이 폰족과 다른 부족을 상대로 벌인 노예 인신매매는 베냉인들의 마음속에 크나큰 충격과 분노를 심어주었다. 그래서 노예사냥과 인신매매에 적극적으로 가담했던 사람들과 그들에게 노예로 붙잡혀갔던 사람들의 후손은 지금도 서로 치열하게 대립해 베냉에 심각한 사회문제와 갈등으로 남아 있다. 노예사냥과 인신매매에 열을 올린 조상을 둔 사람들은 부끄러운 역사를 가급적 숨기거나 미화하려 하고, 반면에 그들에게 피해를 본 사람들의 후손은 그러한 시도를 용서하지 못하는 탓이다. 과거 역사의 어두운 유산으로 인한 갈등은 동아시아에만 국한된 문제가 아니다.

16

와술루 제국

한 사람의
의지로 만든 나라

한 사람이 시대의 흐름에 맞서 싸워 이길 수 있을까? 위인전이나 동화책, 영화 속에는 그런 일들이 무척 많지만, 현실에선 다르다. 제아무리 걸출한 영웅이라고 해도, 혼자서 강한 집단에 맞서 싸워 이기기란 거의 불가능하다. 이번 장에서 소개할 사모리 투레와 그가 세운 나라 와술루 제국의 사정도 마찬가지다. 사모리 투레는 19세기 말, 서아프리카를 식민지로 삼고자 침략해오던 프랑스에 맞서 격렬히 항전했으나, 끝내 패배하고 나라와 함께 몰락한 비운의 영웅이었다.

시대의 풍운아, 사모리 투레

사모리 투레Samori Ture (1830~1900)는 1830년, 현재 기니 남동쪽 마냠발라두구Manyambaladugu에서 서아프리카의 토착민인 디울라족Dyula 상인의 아들로 태어났다. 그는 어린 시절 서아프리카에 몰려오는 유럽 상품과 유럽인들을 보면서 자랐다. 유럽과의 무역으로 서아프리카 일부 나라는 부유해졌지만, 유럽인들을 통해 들여온 총과 화약은 부족 간의 갈등을 부추기고 전쟁 사상자의 수를 늘렸다. 이런 시대 상황을 보면서 사모리 투레는 자연스레 유럽인들에 대한 경계심을 키웠고, 기독교를 믿는 유럽인들에게 대항하기 위해 기독교와 적대적인 이슬람교를 믿게 되었다.

1848년, 투레는 어머니와 함께 시세Cisse 부족과의 전투에 가담했다 패배해 포로로 끌려가 노예병사로 살았다. 사모리 투레는 총을 쏘고 정비하는 보병으로 복무하면서 뛰어난 총잡이로 성장하며, 시세 부족이 시키는 일을 충실하게 따랐다. 그렇게 7년 7개월이 지나자 시세 부족에서도 사모리 투레에 대해 '이제 완전히 우리 쪽 사람이 되었으니 걱정할 필요 없다'고 안심하며 감시를 소홀히 했다. 그 틈을 노려 사모리 투레는 어머니와 함께 달아나는 데 성공했다.

자유를 찾은 사모리 투레는 시세 부족의 원수인 베레테Berete 부족을 찾아가 "시세 부족은 나의 적이고, 당신들도 그들을 미워하니 우리는 같은 적을 두고 있는 사이입니다. 공동의 적인 시세 부족과 싸우기 위해 나를 받아주십시오"라고 호소했다. 베레테 부족은 그의 말이 옳다고 여겨 병사로 받아들였고, 투레는 베레테 부족의 군대에서 총을 다루는 병사로 복무했다. 그가 곧바로 고향으로 돌아가지 않은 이유는 무기를 다루고 군사를 훈련하는 방법을 더 많이 알아내기 위해서였다. 그렇게 병사로 지내던 투레는 1861년에 고향으로 돌아와 사람들에게서 '전쟁 사령관'이라는 뜻인 켈레티구이Keletigui라 불리며 지도자로 추대되었다. 투레는 시세 부족을 포함한 외부의 적들로부터 고향 사람들을 지키겠다고 맹세했다. 그는 항상 싸울 수 있는 상비군을 조직하고 어린 시절 친구들을 군대의 장교로 임명했다.

1864년, 나이저강 상류 지역을 지배하던 투쿨로르Tukulor 제국의 창립자 엘 하지 우마르 탈El Hadj Umar Tall이 죽자 투쿨로르 제국은 구심점을 잃고 여러 조각으로 분열되었다. 사모리 투레 입장에서 본다면, 주변의 강력한 세력이 사라졌으니 이제 마음껏 힘을 뻗어 나갈 여건이 마련되었던 것이다.

노예에서 한 나라의 왕까지 올라간 사모리 투레.

한편 사모리 투레는 나이저강 상류와 기니고원에서 활동하면서, 서구의 최신 총기류를 마련하는 데 전력을 기울였다. 1876년에는 지금의 시에라리온에 있는 프리타운Freetown의 영국 식민지를 통해 영국제 소총을 사들였다. 하지만 서구의 소총은 값이 매우 비쌌다. 투레는 소총 구입 자금을 마련하기 위해, 현재 기니와 말리 국경에 있는 부리Buri 지역 금광에 군대를 보내 그 땅을 차지한 뒤 금광에서 캐낸 황금들로 영국과 무역을 하여 더 많은 소총을 들여왔다.

투레는 무기 도입에만 신경 쓴 것이 아니었다. 군대의 힘은 우수한 무기 이외에도 체계적인 조직을 통해 나온다는 사실을 잘 알고 있던 투레는 군대를 소파sofa라고 불리는 노예로 이루어진 보병부대와, 말을 타고 싸우는 기병부대로 편성했다. 보병들은 세se 또는 쿨루kulu라는 10~20명의 기초단위로 나누고, 기병들은 세레sere라는 50명 단위로 나누었다. 그리고 각 쿨루는 쿤티구이kun-tigui라는 장교의 지휘를 받았다. 또한 쿤티구이 위에는 볼로bolo라는 장교가 있었다. 이런 식으로 1887년까지 사모리 투레는 모두 3만5000명의 보병과 3000명의 기병으로 구성된, 당시 서아프리카에서 상당히 강력한 무력집단을 거느리게 되었다.

이렇게 힘을 키운 사모리 투레는 마침내 1878년 와술루Wassoulou 제국을 세우고 최고 권력자가 되었다. 처음에는 자신을 '군사 지도자'라는 뜻의 '파마faama'라고 했으나 1882년에 '모든 이슬람교 신자들의 우두머리'라는 뜻의 '알마니Almany'로 바꾸었다. 투레가 독실한 이슬람교도여서 와술루 제국도 이슬람교를 지향했고, 이슬람식 호칭을 썼던 것이다. 한때 노예로 잡혀갔던 소년이 마침내 한 나라의 국왕이 되었으니, 대단한 성공이었다.

하지만 와술루 제국의 모든 사람이 사모리 투레를 알마니라고 부르지는 않았다. 알마니는 이슬람식 호칭이기 때문에, 이슬람교를 믿지 않는 이들은 사모리를 계속 파마라고 불렀다. 와술루 제국이 비록 이슬람교를 국교로 삼았지만, 모든 국민이 이슬람교를 믿었던 것은 아니다. 아프리카 전통의 정령숭배 신앙을 믿는 국민도 많았다. 사모리 투레는 이들에게 이슬람교로 개종할 것을 강요했다. 앞으로 강력한 서구 열강을 상대하기 위해서는 이슬람교로 단결해 정신적 통일을 이룩해야 좋다는 생각에서였지만, 이런 강요는 정령신앙을 믿던 이들의 큰 불만을 샀다(훗날 와술루 제국과 전쟁을 벌이던 프랑스는 이런 속사정을 간파하고 정령신앙을 믿던 와술루 국민에게 프랑스에 항복하면 신앙의 자유를 주겠다고 회유해 협조를 얻어냈다).

여하튼 강력한 군대를 기반으로 투레는 현재의 기니와 말리 지역 대부분을 점령했으며, 콜라 열매 무역의 중심지인 칸칸Kankan을 손에 넣고 지금의 시에라리온과 코트디부아르까지 영토를 확대해나갔다. 콜라 열매는 오늘날 코카콜라의 주원료로, 콜라 열매 추출물에 설탕, 탄산수, 카페인, 계피 등을 넣으면 콜라가 된다. 또한 사모리 투레는 당시 시에라리온을 식민지로 지배하고 있던 영국과도 접촉해 나름대로 교류를 쌓았다. 이는 프랑스와 경쟁관계에 있는 영국의 힘을 빌려 와술루 제국을 위협하는 프랑스를 견제하기 위한 것이었다.

세 차례에 걸친
만딩고 전쟁과 멸망

사모리 투레의 예측대로 프랑스는 갓 설립된 와술루 제국을 위협해왔다. 프랑스는 이미 1870년대 후반부터 서부 아프리카에 식민지를 건설해, 세네갈에서 동쪽으로 나아가 현재의 수단 영토인 나일강 상류 지역까지 차지하려는 계획을 세우고 있었다. 이를 실행하려면, 반드시 와술루 제국을 지배해야 했다. 그런 상황이다 보니 두 나라의 충돌은 필연적이었다.

두 나라가 벌인 전쟁을 세계사에서는 '만딩고Mandingo 전쟁'이라고 부르는데, 만딩고는 19세기 무렵 서구 백인들이 서아프리카의 흑인들을 싸잡아서 불렀던 말이다. 1차 만딩고 전쟁은 와술루 제국에 복종하기를 거부했던 현재 기니 동부의 도시인 케니에라Keniera를 포위하고 있던 와술루의 군대가 프랑스 군대와 무력충돌을 하면서 시작되었다(1882. 2). 당시 사모리 투레가 직접 이끌던 와술루 군대는 프랑스군을 몰아냈지만, 투레는 프랑스군의 강력한 화력과 우수한 군율에 매우 놀랐다.

서전의 승리에도 불구하고 사모리 투레는 결코 프랑스를 얕보지 않았다. 그는 여러 가지 방법으로 프랑스를 상대했다. 우선, 프랑스를 견제하기 위해 당시 세계 곳곳에서 프랑스와 세력 다툼을 벌이던 영국에 접근했다. 1885년 1월에는 영국의 식민지였던 시에라리온의 수도 프리타운에 와술루 제국의 대사관을 설치했다. 그러고는 프리타운의 영국인 관리들에게 대사를 보내 다음과 같이 제안했다.

"우리는 당신들이 프랑스와 경쟁자라는 사실을 잘 알고 있다. 우리도 당신들처럼 프랑스와 싸우고 있다. 그런 의미에서 우리는 서로 같은 편인 셈이다. 당신들이 우리가 프랑스와 싸우는 데 도움을 준다면, 그만큼 당신들의 적이 약해지니 좋은 일 아닌가?"

사모리 투레의 제안을 들은 영국인 관리들은 그럴듯하다고 여겨, 와술루 제국 관리들이 최신식 연발 라이플 소총을 많이 사들일 수 있게 허용했다.

첫 번째 충돌로부터 3년이 지난 1885년, 프랑스 군대는 다시 와술루 제국을 침범했다. 이번에는 와술루 제국을 지탱하는 부의 원천인 부리 지역 금광을 노렸다. 와술루 제국 입장에선 금광을 빼앗기면 돈줄이 끊겨 무기를 사들일 수 없기 때문에 반드시 금광을 지켜내야 했다. 와술루 군대가 재빨리 반격에 나서자 프랑스군은 공격에 밀려 서둘러 후퇴했다. 이리하여 1차 만딩고 전쟁은 일단 와술루 제국의 승리로 매듭지어졌다.

그러나 프랑스는 결코 포기하지 않았다. 1차 전쟁에서 와술루 제국의 전력이 만만치 않음을 깨달은 프랑스는 정보원을 통해 와술루 제국 내부 사정을 염탐하다가, 마침 사모리 투레가 강행한 이슬람화 정책에 불만을 품은 정령신앙 숭배자들이 많다는 점을 알아내고 이이제이以夷制夷 수법을 썼다. 프랑스인들은 정령신앙 숭배자들을 이렇게 회유했다.

"사모리 투레가 이슬람교로 개종을 강요하는 바람에 너희가 큰 불만을 품고 있다고 들었다. 우리 프랑스는 절대로 종교를 강요하지 않는다. 우리는 무슨 일이 있어도 신앙의 자유를 보장할 것이다. 너희의 종교를 없애려는 사모리 투레에게 반란을 일으켜라. 우리가 너희를 도와줄 테니, 걱정하지 마라."

프랑스인들의 회유는 결코 거짓이 아니었다. 실제로 1783년 프랑스대혁명이 일어난 이후, 프랑스는 종교적인 부분에서 철저하게 세속주의 정책(정치와 종교를 분리하고 특정 종교를 국교로 우대하거나 강요하지 않음)을 지켜 세계 곳곳을 식민지로 삼으면서도 기독교로 개종할 것을 강요하지 않았다. 프랑스에 세금을 바치고 복종하면, 현지의 종교를 대부분 인정해주었다.

프랑스의 회유에 귀가 솔깃해진 정령신앙 숭배자들은 프랑스로부터 무기를 지원받아 대대적인 반란을 일으켰다. 이 사태는 사모리 투레에게 프랑스군의 침입보다 더 큰 위협이었다. 반란을 서둘러 진압하지 않으면, 와술루 제국이 분열된 틈을 타고 프랑스가 다시 쳐들어올 수도 있었다.

하지만 엄격한 이슬람교도였던 사모리 투레는 정령신앙을 인정하지 않았다. 그렇게 하면 평생 지켜온 종교적 신념을 부정하는 것이기 때문이었다. 그러는 사이 반란은 더욱 번져갔고, 사모리 투레가 아무리 군대를 동원해 제압하려 해도 반란 가담자들이 너무 많아 역부족이었다.

이 틈을 노려 1891년 프랑스는 반란 사태의 중재자가 되겠다는 명분을 내걸고 개입했다. 1891년 3월 루이 아르시나르Louis Archinard(1850~1932) 대령이 이끄는 프랑스군이 칸칸으로 쳐들어왔다. 이때 프랑스군에는 도시의 성벽을 부수기 위한 중포 부대가 배치되어 있었다. 프랑스군의 중포에 칸칸의 요새가 버틸 수 없다는 사실을 알고 있던 사모리 투레는 서둘러 군대를 이끌고 도시에서 빠져나온 뒤 재빨리 치고 빠지는 기동전을 벌였다. 1891년 9월, 사모리 투레가 지휘하는 군대는 프랑스군과 싸워 승리했으나, 와술루 제국 영토에서 프랑스군을 몰아내는 데는 실패했다.

1892년 6월, 아르시나르 대령 후임으로 구스타브 움베르Gustave Humbert(1822~1894)가 파견되었다. 그는 증강된 병력을 이끌고 와술루 제국을 향해 공격을 거듭해 수도인 비산두구Bissandugu(오늘날 기니 동쪽의 도시)를 함락시켰다. 이렇게 되자 사모리 투레와 와술루 국민들은 큰 충격을 받았다. 또한 지금까지 완강하게 저항해왔던 병사들의 사기도 추락하고 말았다. 엎친 데 덮친 격으로 지금까지 프랑스를 견제하기 위해 투레에게 무기를 팔던 영국이 갑자기 더 이상 무기를 넘겨주지 못하겠다고 통보해왔다. 와술루 제국을 식민지로 삼으려던 프랑스의 강력한 요구를 영국이 받아들인 결과였다.

하지만 어떻게든 프랑스군의 침략을 늦추려는 다급한 마음에, 투레는 식량과 물자들이 보관된 각 지역 창고에 불을 지르는, 이른바 청야전술을 펼쳤다. 일부러 자국 영토를 황폐화시켜 프랑스군을 굶주리고 지치게 만들어 쫓아내겠다는 의도였다. 청야전술은 프랑스군의 추격을 늦추긴 했지만, 영토가 황폐해져 먹고살 길이 막막해지자 곳곳에서 투레에 대한 반발이 크게 일어났다. 국민의 저항에 부딪힌 투레는 라이베리아의 영국인들에게 밀사를 보내 도움을 요청했으나, 이미 영국인들은 프랑스의 요구에 따라 더 이상 와술루를 돕지 않기로 한 상태였다.

만딩고 전쟁에서 끝내 사모리 투레를 생포하고 와술루 제국을 멸망시킨 프랑스의 앙리 구로 장군.(1923)

영국으로부터 외면당한 사모리 투레는 마지막 수단으로 기니 동남쪽에 있던 아샨티 제국과 동맹을 맺어 프랑스와 싸워보려 했다. 이미 영국이 사모리를 돕지 않기로 했으니, 영국과 적대관계인 아샨티와 손잡는다고 나쁠 것은 없었다. 그러나 그런 절박한 수단조차 뜻대로 이루어지지 않았다. 당시 아샨티는 영국군의 위협에 시달리는 상태라서 멀리 떨어진 투레를 도와줄 형편이 못 되었다. 그 와중에 사모리 투레를 끝까지 따르던 바벰바 트라오레Babemba Traore(1855~1895)가 프랑스군에 패하자, 프랑스군은 모든 전력을 사모리 투레에게 집중했다.

위기에 몰린 사모리 투레는 할 수 없이 프랑스군을 피해 달아나다 1898년 9월 29일 앙리 구로Henri Gouraud에게 사로잡혔다. 투레는 프랑스 식

기니의 코나크리 그랜드 모스크. 1982년 사우디아라비아의 파드 국왕이 자금을 지원해
건설되었다. 와술루 제국의 창시자이자 기니의 국가적 영웅인 사모리 투레의 무덤이 이 모스크
안에 있다.

민지였던 가봉으로 끌려가 감옥에 갇혀 지내다 1900년 6월 2일, 폐렴이 악화되어 사망하고 말았다. 노예에서 왕이 되어 제국주의 열강인 프랑스와 대담하게 맞서 싸운 풍운아는 그렇게 생을 마감했다.

기니의 위대한 영웅

비록 패배하긴 했으나, 오늘날 기니인들에게 사모리 투레는 조국을 지키기 위해 프랑스와 대결했던 위대한 영웅으로 칭송받고 있다. 현재 사모리 투레의 무덤은 코나크리 그랜드 모스크Conakry Grand Mosque의 정원에 있는 카마야네 영묘Camayanne Mausoleum에 안치되어 있으며, 수많은 기니인이 그를 참배하러 찾아오고 있다.

사모리 투레의 손자인 아메드 세쿠 투레Ahmed Sekou Toure(1922~1984)는 할아버지처럼 프랑스에 맞서 독립운동을 벌였으며, 1958년 10월 2일, 마침내 기니가 독립하자 기니의 초대 대통령이 되었다. 비록 사모리 투레 본인은 실패했지만 그의 자손이 독립국가의 지도자가 되었으니, 오늘날 기니 공화국은 와술루 제국을 계승했다고 볼 수 있다.

아샨티 왕국

빛나던 황금해안의 나라

서부 아프리카 지도에 나오는 '황금해안Gold Coast'은 현재의 가나 공화국
에 해당한다. 옛날 가나 공화국에서 풍부한 황금이 생산되어 해외로 수출
했기 때문에 붙인 이름이다. 이 가나 공화국을 1701년부터 1902년까지
아샨티 제국Ashanti Empire이 다스렸다.

아샨티 제국의 성립

아샨티 제국은 아샨티족이 세운 나라로, 아샨티족 말로 '아샨티'란 '전쟁'
을 의미한다. 원래 아샨티족은 코트디부아르와 가나, 토고에 널리 퍼져
살았는데, 특히 가나의 야산티족은 풍부한 황금 덕분에 아프리카 여러 나
라와 부족을 상대로 황금 무역을 하면서 부를 쌓았다. 또한 15세기부터는
가나 해안을 방문하는 포르투갈인들에게 황금을 팔고 유럽제 총과 화약

아샨티 제국의 국기. 왕실에서 신성시하는 황금 의자가 국기에 들어가 있다.

아샨티 왕실의 상징인 황금 의자가 군중 앞에 모습을 드러낸 장면.(The National Archives UK, 1935)

을 들여왔다. 그래서 유럽인들은 가나의 해안을 '황금해안'이라고 불렀다.

그러나 16세기 중엽부터 약 150년간 아샨티족은 가나 남부 토착 민족인 덴키라족Denkyira의 지배를 받았다. 그러다가 1701년, 오늘날 가나 내륙의 대도시인 쿠마시Kumasi에 살던 야심가 오세이 투투Osei Tutu (1660~1717)가 분열되어 있던 아샨티족을 통합하고, 쿠마시를 수도로 정해 아샨티 제국의 수립을 선포했다.

오세이 투투는 자신의 권력을 확고히 하기 위해, 그의 참모이자 성직자인 오콤포 아노키에Okomfo Anokye를 통해 "나는 하늘로부터 신성한 황금 의자Sika dwa를 선물로 받았다. 이 황금 의자에 나와 내 후손이 앉아서 나라를 다스릴 것이며, 나는 곧 하늘의 대리인이다"라고 선언했다. 종교적 언어를 빌려 자신의 권력을 신성시한 것이다. 그리고 오세이의 말처럼 황금 의자는 이후 아샨티 왕들이 앉는 왕좌로 사용되었다.

한편 오세이 투투는 아샨티 제국의 통합을 계속 유지하기 위해서는 남쪽의 덴키라족을 물리쳐야 한다고 여기고는, 엄격한 훈련으로 병사들을 단련시켜 강력한 군대를 조직했다. 그는 병사들로 하여금 왼쪽 · 오른쪽 · 뒤쪽에서 적을 포위해 협공하는 전술을 주로 사용하게 했는데, 이 전술이 큰 효과를 거둬 덴키라족과의 전쟁에서 승리했다. 이로써 해안 지대를 완전히 장악한 아샨티 제국은 예전처럼 유럽인들과의 무역을 크게 늘릴 수 있는 유리한 위치를 차지했다.

오세이 투투는 1717년 적대적인 아칸족과의 전쟁에서 적이 쏜 총탄에 맞아 전사했다. 하지만 창시자가 죽은 이후에도 아샨티 제국은 흔들리지 않고 계속 발전해나갔다. 특히 오세이 콰드워Osei Kwadwo(1764~1777) 왕

아샨티 추장들의 삽화. 이들은 국가의 원로로서, 왕의 권력을
견제하는 역할을 맡았다.(Les Achantis, 1884)

은 출생성분보다 능력 위주로 관리를 임명하는 제도를 시작했다. 이로써
평민 계층의 충성심이 더욱 강해졌고, 그만큼 더 많은 인재가 관리가 되
어 국가 운영이 더욱 효율적으로 이루어졌다.

　아샨티 제국의 최고 권력자는 왕이었으나, 왕이 모든 일을 마음대로 할
수는 없었다. 주로 귀족들로 구성된 장로들이 왕의 권력을 제한했으며,
왕이 큰 잘못을 저지르면 탄핵해서 평민으로 강등시키는 권한도 갖고 있
었다. 이 때문에 왕과 장로들은 서로 견제하면서 국가권력의 균형을 이룰
수 있었다.

아샨티의 삶과 문화

아샨티 제국에서는 금광에서 나오는 황금보다 강물 바닥에 깔린 모래를 통해 채취하는 사금이 더 많았다. 황금 이외에도 아샨티에는 코코아와 콜라나무 열매가 풍부했다. 오늘날 전 세계인들의 입맛을 사로잡는 코카콜라의 고향은 서부 아프리카인 셈이다.

아샨티족은 2~4년간 밭을 일군 다음, 2년 동안 밭을 쉬게 하는 휴경농법을 사용했다. 중세 유럽에도 있던 삼포식 농업과 같은 방식인데, 화학 비료가 개발되기 전까지 세계 각지에서 이와 비슷한 농법을 따랐다. 밭을 무턱대고 일구기만 하면 땅의 양분이 없어지기 때문에, 일정 기간 땅을 쉬게 해서 양분을 다시 회복시키는 것이었다. 아샨티 제국에서는 주로 참마, 카사바, 옥수수, 고구마, 기장, 콩, 양파, 땅콩, 토마토 등의 작물이 재배되었다. 이 중 카사바와 옥수수는 유럽인들과의 무역에서 얻은 새로운 작물이었다. 또한 아샨티족은 야자나무인 팜의 열매에서 기름을 짜내어 요리나 일상생활에 사용했고, 옥수수와 기장으로 맥주를 빚어서 즐겨 마셨다.

아샨티 제국에서는 육지와 수로를 통한 물자 운송이 이루어졌는데, 육로보다는 주로 강과 호수에 배를 띄워 이용하는 경우가 더 많았다. 또한 먼 곳에 소식을 전할 때는 북을 이용했다. 북소리가 무려 300m까지 들렸다고 하며, 이들은 북소리를 여러 가지로 변형해 전쟁 위험이나 나라의 중요한 회의, 높은 사람이 죽었다는 소식을 전하는 용도로 사용했다.

사하라 사막 남쪽의 서부 아프리카를 통틀어 아샨티 제국은 가장 중앙집권적인 나라 중 하나였다. 1874년까지 야산티 제국의 영토는 25만km²

였으며, 전체 인구는 약 300만 명이었다. 아샨티에는 안코비아ankobia라는 특수 조직도 있었는데, 우리말로 하면 일종의 '특수경찰'로, 수도인 쿠마시와 지방 마을에 배치되었다. 평소에는 왕실의 경호원으로 일하거나 주민들을 감시하며 반란을 막고, 전쟁이 일어나면 무기를 들고 적군과 싸우는 특수부대 역할도 맡았다.

아샨티의 왕인 코피 카리카리의 황금 가면. 아샨티 제국에서는 풍부한 양의 황금이 생산되었다.

다른 서아프리카 국가들처럼 아샨티에도 노예제도가 있었다. 노예들은 주로 전쟁터에서 붙잡아온 포로나 노예시장에서 사들인 사람들이었다. 일반적으로 노예는 주인의 소유물로 간주되었으나, 부유한 노예들은 다른 노예를 부렸고, 노예가 주인에게 부당한 학대를 받으면 새로운 주인을 찾아가 보호를 요청할 권리가 있었다. 또한 노예들은 결혼과 출산을 자유롭게 할 수 있었고, 여자 노예가 남자 주인과 결혼해서 낳은 아이들은 아버지의 재산과 지위를 상속받을 수 있었다.

아샨티족은 사람이 죽으면 하루 안에 시체를 땅에 묻고 가족과 친척이 모여 북을 치고 춤을 추면서 즐겁게 장례식을 치렀다. 이는 아샨티족이 죽음을 슬픈 일이 아니라 자연스러운 일이자 삶의 일부로 여기고, 죽은 사람은 곧 저승으로 가서 조상들의 영혼과 다시 만나 행복하게 산다고 믿었기 때문이다. 왕이 죽었을 때는 풍성한 음식과 음료를 준비해 축제 같은 장례식을 치렀는데, 장례식에 참석한 모든 사람이 야외에서 춤을 추고 조상들을 큰 소리로 찬양했다. 아샨티족은 자연 속에 살아 있다는 여러 신을 섬겼는데, 최고의 신은 하늘의 신이면서 모든 신을 다스리는 아버지이자 세상을 창조한 니아메Nyame였다. 그리고 그의 아내인 땅의 여신 아사세 야Asase Yaa를 모든 신의 어머니로 여겼다.

아샨티 제국의 군대

원래 아샨티 군사들은 활과 창을 무기로 사용했으며, 고리 모양의 나무에 가죽을 덮어씌운 큰 사각형 방패가 방어 도구였다. 그러다가 15세기부터 서아프리카에 나타난 포르투갈인들을 통해 화승총(아케부스)과 소총(머스킷)을 들여오면서 활 대신 총을 더 많이 사용하게 되었다. 또한 노예무역을 위해서 온 덴마크인들에게 노예를 팔아넘기고 그 대가로 받은 덴마크제 총기도 사용했다. 이론상으로 아샨티족이 사용한 총기들의 사정거리는 183m였으나, 실제 총을 쏘아서 사람을 죽이거나 다치게 할 수 있는 유효 사정거리는 27m 이내였다. 더구나 총기에서 발사되는 총탄이 불규칙하게 날아가 아샨티 군사들은 칼을 보조무기로 가지고 다녔다. 또한 병사들의 옷차림은 웃통을 벗은 채 긴 천을 허리에 감아 하반신을 가리는 정도였고, 높은 지휘관만 바타카리batakari라는 군복을 입었다. 바타카리에는 가죽으로 만든 상의 표면에 전투에서 몸을 지켜준다는 부적들이 들어간 작은 가죽 주머니들이 달려 있었다.

아샨티 제국이 정확히 몇 명의 군대를 거느렸는지에 대한 견해는 다양하다. 일단 공식적인 동원 가능 병력은 1817년에 20만4000명이었으나 이는 과장된 것으로 보이고, 실제로 아샨티 제국과 그 동맹 부족들이 동원할 수 있는 병력은 2만 명 정도였다. 전위, 본대, 예비대 및 좌우 날개로 구성된 아샨티 군대는 적군을 향해 신속히 접근했고, 본국 안의 방대한 숲을 잘 이용한 매복전술을 즐겨 사용했다. 또한 아샨티 군대에는 많은 의사가 배치되어, 부상당한 병사들을 현장에서 여러 가지 약초로 만든 약을 사용해 치료해주었다. 이처럼 잘 조직된 아샨티 군대는 서아프리카 나라들 중에서 강력한 편이었고, 영국 같은 서구 열강의 침략을 오랫동안 막아내기도 했다. 다만 군대는 대부분 총을 든 보병들로 이루어져 있고, 기병이나 포병, 해군은 매우 적거나 거의 없었다.

다섯 차례에 걸친 아샨티 전쟁, 그리고 멸망

한동안 번영을 누리던 아샨티 제국은 1824년에서 1901년 사이 영국과 다섯 번이나 전쟁을 벌였다. 처음에는 아샨티가 제법 잘 막아냈으나, 영국이 계속 증강 병력으로 침공해오자 결국 힘이 다해 무릎을 꿇고 말았다.

이 전쟁은 황금해안의 토착부족인 판테족Fante이 아샨티에 반기를 들었다가 위협을 받자, 살아남기 위해 그 무렵 황금해안으로 진출해오던 영국에 보호를 요청하면서 시작되었다. 마침 서아프리카로의 식민지 확장을 노리던 영국은 서둘러 판테족의 요청을 승낙해, "판테족은 영국의 보호 아래 있으며, 그들이 살고 있는 황금해안은 영국이 통제한다"고 선언했다. 그러나 아샨티 제국은 "황금해안은 우리의 영토이니, 결코 영국에 넘어가 도록 내버려두지 않겠다!"라며 크게 반발했다. 그러나 이에 아랑곳하지 않고 영국이 찰스 매카시Charles MacCarthy(1764~1824)를 황금해안의 총독 으로 파견하자, 아샨티 제국은 황금해안으로 소규모 군대를 보냈다. 그런 데 아샨티 병사들이, 주둔해 있던 영국의 왕립 아프리카 군단Royal African Corps을 습격해 10명이 죽고 39명이 다치는 사태가 발생했다.

이 사태가 아샨티 왕실이 처음부터 의도한 것인지, 아니면 영국인에게 반감을 품은 아샨티 부대원들이 왕실의 지시를 넘어 제멋대로 저지른 것 인지는 알 수 없다. 다만 이 소식을 듣고 아샨티 왕실은 영국 측에 사람을 보내 피해보상 문제를 협상하겠다고 제안했으나, 찰스 매카시는 "먼저 아 샨티는 황금해안과 판테족이 영국의 보호를 받는다는 사실을 인정하라" 고 말했다. 그러자 아샨티 측은 그 말에 반발해 협상을 중단했다. 이에 찰 스 매카시는 아샨티를 무력으로 응징하겠다며 전쟁을 선언했다. 이것이 1824년부터 1831년까지 이어진 1차 영국-아샨티 전쟁의 시작이다.

매카시는 2500명의 영국군 병사를 거느리고 황금해안에서 아샨티 제 국의 내륙으로 진격했다. 그러나 1824년 1월 21일, 1만 명의 아샨티 군대 가 프라Pra강 유역에서 영국군을 가로막고 나섰다. 적의 수가 훨씬 많은 것을 본 영국군 병사들은 불안에 떨었고, 매카시는 그런 병사들의 사기를 올리기 위해 군악대에 영국 국가인 〈신이여 왕을 지켜주소서God Save the King〉를 연주하도록 지시했다. 그러자 아샨티 병사들은 북을 요란하게 두

드리면서 영국군의 군악을 압도하며 다가왔다. 잠시 후, 영국군과 아샨티 군은 서로를 향해 머스킷 소총 사격을 주고받았다. 그러나 시간이 길어질수록 전황은 군사가 적은 영국군에 불리해졌다. 얼마 후 영국군의 총탄이 떨어지자, 아샨티 병사들은 강의 얕은 쪽을 건너 곧바로 영국군을 향해 칼을 휘두르며 달려들었다. 이 백병전에서 거의 모든 영국군 병사가 죽임을 당하고 겨우 20명만 달아나 목숨을 구했다.

가장 비참한 것은 매카시였다. 그는 자기 부관과 함께 달아나려 했으나, 연거푸 이어진 총탄에 맞아 죽고 말았다. 그리고 매카시의 시신을 아샨티 병사들에게 빼앗기지 않으려고 지키던 웨더럴Wetherell 소위까지 죽임을 당했다. 승리한 아샨티 병사들은 매카시와 웨더럴의 목을 잘라 아샨티 왕궁으로 가져갔다. 그리고 매카시의 두개골에 금박을 입혀 아샨티 왕의 술잔으로 사용했다. 영국군을 격파한 여세를 몰아 아샨티 군대는 황금해안에서 영국 세력을 완전히 몰아내려 했지만 때마침 전염병이 번지는 바람에 본국으로 후퇴했다.

영국은 서전에서 뜻밖의 참패를 당했지만, 물러나지 않고 황금해안을 다스릴 새로운 총독으로 존 호프 스미스John Hope Smith(1765~1836)를 보냈다. 스미스는 무모하게 싸우다 죽은 매카시의 일을 본보기 삼아, 정면 공격보다는 이간질로 아샨티를 상대하려고 했다. 즉, 야산티족과 전통적으로 원수 사이였던 덴키라족에게 "우리 영국이 너희의 적인 아샨티와 싸우고 있으니, 도와달라"며 회유했던 것이다. 아샨티족에 나쁜 감정을 품고 있었던 덴키라족은 마침 세계 최강대국인 영국이 나타나 연합을 제안해오자, 흔쾌히 승낙했다. 그리하여 스미스는 덴키라족의 지원 병력과 연

1824년 벌어진 1차 영국-아샨티 전쟁에 참여한 영국군 병사들과
이들에 맞서는 아샨티 병사들. 이 전쟁에서 영국군은 지휘관이
전사하고 그 두개골이 아샨티 왕의 술잔으로 사용되는 치욕을
겪었다.(1824)

합해 아샨티족에 맞섰다.

　1826년 8월, 아샨티 군대가 황금해안의 중요한 항구도시인 아크라를 공격할 계획이라는 첩보를 접한 스미스는 영국군, 덴키라족과 다른 아프리카 부족들로 이루어진 1만1000명의 군대를 거느리고 아크라에서 북쪽으로 16km 떨어진 평야에서 아샨티 군대를 기다렸다. 마침내 1826년 8월 7일, 1만 명의 아샨티 군대는 지난번처럼 손쉽게 승리를 거둘 것이라고 여기며 영국군을 향해 돌격했다. 하지만 이번에는 상황이 달랐다. 영국군은 최정예 부대인 왕립 해병대와 수많은 아프리카 부족이 합세한 것은 물론, 그 당시 영국군의 최첨단 무기인 콩그리브 로켓 부대까지 있었다.

아샨티 군대는 한동안 영국군의 중심부를 밀어붙였으나, 양 측면에서는 영국군의 완강한 방어를 뚫지 못했다. 그때, 영국군은 아샨티 군대를 향해 일제히 콩그리브 로켓을 발사했다. 놀라운 신무기의 위력에 아샨티 병사들은 당황했다. 아무리 용맹한 병사라도 하늘에서 불꽃을 내뿜으며 떨어지는 로켓과 싸워서 이길 수는 없었다. 순식간에 수천 명의 병사가 죽거나 다쳐 아샨티 군대는 후퇴할 수밖에 없었다. 이 전투의 패배로 아샨티 제국은 황금해안에서 영국을 몰아내려는 계획을 포기했다. 그러나 영국 역시 아샨티 제국의 막강한 힘을 확인해, 더 이상 전쟁을 확대하지 않았다. 두 나라는 1831년 프라강 조약을 맺고, 30년 동안의 평화에 합의했다. 이로써 1차 영국-아샨티 전쟁은 일단락되었다.

그러다가 1873년, 2차 영국-아샨티 전쟁(1873~1874)이 시작되었다. 황금해안의 영국 보호령을 아샨티 군대가 침범한 사건이 원인이었다. 영국의 가닛 울슬리Garnet Wolseley(1833~1913) 장군은 2500명의 영국인과 수천 명의 서인도 제도 및 서부 아프리카에서 모집한 군대를 거느리고 아샨티와 전쟁에 들어갔다. 가닛 장군은 1874년 1월 1일 블랙워치Black Watch(영국 북부 스코틀랜드인들로 구성된 정예부대), 라이플 소총 여단, 왕립 웨일스 소총수 대대, 왕립포병대, 왕립해병대, 왕립공병대 같은 영국군 최정예 부대들을 거느리고 아샨티 내륙을 향해 진군했다. 그리고 1874년 1월 31일, 아모아풀Amoaful 마을에서 대규모 아샨티군과 만나 큰 전투를 벌였다.

이 전투에서 블랙워치 부대가 스코틀랜드의 전통 악기인 백파이프를 연주하면서 총검을 들고 돌격하자, 그 기세에 밀린 아샨티 군대는 견디지 못하고 달아났다. 하지만 전투를 완전히 포기한 것은 아니었다. 일단 도망친 아샨티 군대는 다시 병력을 수습해 영국군의 후방을 기습했다. 마침 그곳에 있던 왕립공병대가 라이플 소총 여단이 몰려오기 전까지 직접 총을 들고 야산티 군대와 싸웠다. 이 기습 공격에서도 아샨티 군대는 영국군의 반격으로 수많은 사상자를 내고 후퇴했다.

2월 2일, 영국군은 오르다슈Ordashu 마을에서 다시 아샨티 군대와 싸워 전사자 1명과 29명의 부상자를 낸 끝에, 아샨티 군대를 몰아냈다. 두 번의 전투에서 연이어 패배한 아샨티족은 사기가 떨어졌고, 승리한 영국군은 기세가 올라 곧바로 쿠마시로 진격해 이틀 후에 도착했다.

영국군이 당도하자, 야산티 왕 코피 카리카리Kofi Karikari는 불을 질러 왕궁을 태워버린 다음, 수도를 버리고 신하·군사들과 함께 달아났다. 영국군은 황량한 폐허가 된 쿠마시를 몇 개월 동안 점령했다. 수도를 빼앗긴 아샨티족은 1874년 7월 마침내 영국 측에 전쟁을 끝내자고 제안했고, 영국은 그 제안을 받아들여 포메나Fomena 조약을 맺었다. 이 조약 내용에는 아샨티 제국이 전쟁 배상금으로 영국에 은 5만 온스(약 1415톤)를 지불하고 황금해안 지역에서 영국이 자유롭게 무역하는 것은 물론, 해안에서 쿠마시까지 모든 상품을 자유롭게 운반할 수 있게 한다는 조항도 들어 있었다. 누가 보아도 명백한 아샨티의 패배였다.

이로써 세력 구도는 완전히 영국 쪽으로 기울었다. 그러나 영국은 이에 만족하지 않고 1895년 12월, 3차 영국-아샨티 전쟁(1895. 12~1896. 2)을 일으켰다. 전쟁이 일어나기 4년 전인 1891년, 영국이 아샨티 제국에 보호령이 될 것을 제안했으나 아샨티는 이를 거부하고 프랑스와 독일을 끌어들여 영국을 견제하려 했다. 이에 자칫하면 프랑스나 독일에 아샨티를 빼앗길 것을 우려한 영국은 그들보다 먼저 아샨티를 차지해야 한다고 여긴 것이었다.

위험에 처한 아샨티는 런던에 사절단을 보내, 황금과 코코아, 고무 무역에서 영국 측에 이익이 되도록 대폭 양보하겠다고 제안했다. 그러나 이미 전쟁을 염두에 두고 있던 영국은 아샨티 사절단의 제안을 거절했다. 그리고 사절단이 본국으로 돌아가고 며칠 뒤 쿠마시를 향해 군대를 보냈다. 3차 영국-아샨티 전쟁 지휘관 프랜시스 스콧Francis Scott(1834~1902) 대령은 1895년 12월에 영국인과 서인도 원주민 출신 병사들로 이루어진 영국군을 맥심 기관총과 75mm 대포로 무장시키고, 1896년 1월 쿠마시에 도착했다. 이때 야산티의 13번째 왕 프렘페 1세Prempeh I(1870~1931)는 백성들에게 영국군을 상대로 무모하게 저항하지 말라고 선언했다. 그 때문에 영국군은 아무런 방해도 받지 않고 쿠마시까지 도착할 수 있었다. 다만 열병과 전염병이 퍼져 영국군 내에서 병으로 고통받는 병사가 많이 나왔다.

영국군은 곧바로 쿠마시를 점령하고, 프렘페 1세에게 전쟁 배상금으로 황금 5만 온스를 지불하라고 강요했다. 프렘페 1세가 그럴 만한 황금이 없다고 거부하자, 영국군은 프렘세 1세를 체포해 아샨티 제국이 영국의 보호국이 되기로 한다는 조약에 서명할 것을 강요했다. 프렘페 1세는 어쩔 수 없이 조약에 서명해, 1897년 아샨티 영토는 정식으로 영국의 보호령이 되었다. 여기에 반발한 수많은 아샨티족 지도자가 인도양의 세이

셸 군도로 쫓겨났다.

그리고 1900년 3월 28일, 4차 영국-아샨티 전쟁이 발발했다. 쿠마시의 왕궁을 방문한 영국 총독 프레더릭 미첼 호지슨Frederick Mitchell Hodgson(1851~1925)이 아샨티의 부족장들을 모아놓고 "내가 아샨티의 최고 권력자이니, 아샨티 왕 대신 내가 황금 의자에 앉아야겠다. 그 황금 의자를 가져오라"고 요구하자, 이에 반발한 족장들이 폭동을 일으키면서 전쟁이 시작되었다. 왕권의 신성함을 침범한 것에 분노한 아샨티족

아샨티 제국의 국왕 프렘페 1세. 그는 영국군에 저항하지 않았으나, 영국의 요구를 거부해 체포당했다.

이 몰려들자 호지슨과 영국군 병사들은 돌로 만들어진 벽과 포탑을 갖춘 요새로 달아나 6개의 소형 야포와 4개의 맥심 기관총으로 1만2000명의 아샨티족 병사를 한동안 막아냈다. 1900년 7월 14일, 영국군의 증원 병력이 도착해 아샨티족 병사들을 물리치고 호지슨 일행을 구출했다.

폭동을 진압한 영국군은 프렘세 1세를 포함한 왕족과 아샨티의 다른 지도자들도 세이셸 군도로 쫓아냈다. 그리고 1902년 1월 1일, 영국은 아샨티 제국 전체를 영국령 황금해안 식민지의 일부로 편입시켜, 완전히 합병했다. 이리하여 아샨티 제국은 201년의 역사를 끝으로 소멸되었다.

가나의 신성한 유물

아샨티 제국이 영국에 무너진 이후 가나 전역은 영국의 식민지로 지내다, 1957년에야 황금해안 지역이 영국으로부터 독립했다. 그리고 1960년에는 아샨티 제국이 있던 내륙 지역도 독립해 황금해안과 합쳐 가나 공화국이 되었다. 현재 가나는 왕을 섬기지 않는 민주주의 국가다. 하지만 아직도 아샨티 왕족은 남아 있으며, 그들은 부강하고 번영을 누렸던 아샨티 제국의 후손이라는 이유로 사회적 존경을 받고 있다. 그리고 아샨티 왕가의 직계 후손인 오세이 투투 2세(1950~)는 옛 아샨티 제국을 기리는 중요한 행사가 있을 때마다 나타나, 자신이 아샨티의 왕이라고 자처한다. 물론 정치적인 실권은 없으나, 아샨티 왕의 후손인 만큼 명예로운 지위에 있는 명사로 대접받고 있다.

또한 가나 국민들도 아샨티 왕들이 앉았던 황금 의자를 신성한 유물로 여긴다. 영국도 이 황금 의자에 대한 국민의 열렬한 숭배를 잘 알고 있어, 아샨티 제국을 식민지로 삼을 때 '황금 의자는 절대 빼앗아가지 않겠다'는 약속을 했다고 한다. 그래서 가나인들은 '우리가 황금 의자를 지켜냈으니, 영국을 이겼다!'는 자부심을 갖고 영국 식민지 치하에서도 황금 의자를 잘 보존했다. 이 황금 의자는 옛 아샨티 제국을 기념하는 행사 때마다 오세이 투투 2세가 가져와 사람들에게 보여주고 있다. 아샨티 제국이 후손들에게 남긴 대표적인 문화유산인 셈이다.

소코토 칼리프국

나이지리아의
이슬람 왕국

아프리카 서쪽의 나이지리아는 1억 명이 넘는 인구를 가졌으나, 남쪽과 북쪽 간 대립이 매우 심각하다. 나이지리아 남쪽은 기독교를 믿고 북쪽은 이슬람교를 믿는데, 두 지역은 서로를 거의 다른 나라처럼 간주해 큰 갈등과 분열이 지속되고 있다. 이러한 갈등의 원인은 나이지리아의 역사 속에서 찾아볼 수 있다.

북쪽에서 전해진 이슬람교

나이지리아는 100개 이상의 다양한 민족으로 구성된 나라로, 역사가 매우 복잡하다. 가장 오랜 역사를 가진 민족은 남부의 토착부족인 이그보족Igbo인데, 그들은 기원전 2500년 무렵에 이미 도기 유물을 남겼다. 그리고 남부의 토착부족인 요루바족Yoruba도 기원전 7세기부터 그 흔적을 남겼다. 그러다가 기원전 6세기에서 서기 8세기에 걸쳐 지금의 수단인 누비아Nubia에서 카바라족Kabara과 하우사족Hausa이 서서히 현재의 나이지리아 북부로 이주해, 각자 이름을 내건 왕국을 세우고 서로 교류와 경쟁을 반복했다.

원래 북쪽과 남쪽을 막론하고 나이지리아의 모든 부족은 정령을 섬기는 애니미즘 신앙을 가지고 있었다. 그런데 1090년 들어 나이지리아 북부를 다스리던 보르누 제국Bornu Empire의 움메 질메왕이 이슬람교로 개종하면서, 카라바족과 하우사족 같은 나이지리아 북쪽 부족들은 애니미즘 신앙을 버리고 이슬람교를 받아들이기 시작했다. 1090년경에는 사하라 사막 북쪽의 북아프리카 지역에 이미 이슬람교가 뿌리내리고 전 세계적으로도 이슬람교가 가장 강력한 영향력을 발휘하고 있어, 북쪽의 부족들은 이슬람교를 받아들일 수밖에 없었다.

하지만 이그보족과 요루바족 같은 남부 부족들은 전통적인 애니미즘을 계속 고수하며 이슬람교를 받아들이지 않고, 이슬람교로 개종한 북부 부족들과 오랜 대립의 길을 걷게 된다. 민족과 언어가 다른데 종교까지 다르니, 사이좋게 손잡고 갈 이유가 없었던 것이다.

소코토 칼리프국의 등장

18세기 중엽까지 보르누 제국은 오늘날 나이지리아 북부의 강대국이었다. 그러나 권력을 둘러싼 내분이 극심해지면서 약화되었고, 1759년에는 오아시스 마을들과 사하라 사막을 연결하는 무역로에 대한 지배권도 잃고 말았다. 그러자 보르누 제국에 종속되어 있던 하우사족이나 풀라니족Fulani 같은 현재의 나이지리아 북부 여러 민족도 저마다 제국의 지배에서 벗어나게 되었다. 이러한 정치적 상황을 지켜보고 있던 풀라니족 출신 이슬람교 율법학자인 우스만 단 포디오Usman dan Fodio(1754~1817)는 보르누 제국의 쇠퇴가 이슬람교를 믿는 신앙심이 약화된 결과라고 주장하며, 강력한 종교개혁을 주창했다. 포디오는 보르누 제국의 지배층을 가리켜 "그들은 이슬람교를 믿고 있으면서도 부적과 점술 같은 주술행위를 하던 이교도를 벌하지 않으며, 같은 이슬람교도를 노예로 삼고 있다. 또한 그들은 돈을 빌려주고 이자를 받지 말라는 이슬람교 율법을 어기고 있다. 그들은 가짜 이슬람교도다"라고 강도 높게 비판했다.

그러자 현재의 나이지리아 북서부 지역인 고비르Gobir의 통치자 사르키브 윤파Sarkib Yunfa는 포디오의 설교에 몹시 반발했다. 윤파는 이슬람교도들에게 터번과 베일을 쓰지 못하게 하고, 심지어 이슬람교 이전의 애니미즘 신앙으로 돌아가라고 명령할 만큼 이슬람교에 거부감이 강했다. 그런 윤파에게 주술행위를 하는 이교도, 즉 이슬람교도가 아닌 애니미즘 같은 다른 종교를 믿는 사람들을 처벌해야 한다고 외치는 포디오는 무척 불편하고 위협적인 존재로 여겨졌던 것이다. 포디오에게 반감을 가지고 있던 윤파는 자객을 보내 그를 암살하려 했으나 실패했다(1802). 포디오는 동족인 풀라니족의 보호를 받기 위해 그들이 살던 북쪽의 초원지대로 피신한 뒤 "모든 이슬람교도는 이슬람교를 믿지 않는 이교도 통치자의 탄압에 맞서 저항할 의무가 있다!"고 외치면서, 이슬람교의 성전聖戰인 지하드Jihad를 선언했다(1804. 2. 21).

포디오를 존경하던 수많은 풀라니족 주민이 그를 지지하며 몰려들었고, 순식간에 포디오는 풀라니족으로 구성된 강력한 군대를 거느리게 되었다. 원래 소와 말 같은 가축을 키우며 유목생활을 하던 풀라니족은 뛰어난 기마병이었다. 그리고 무거운 빚과 세금으로 고통받던 하우사족 농민들도 현재의 지배체제를 무너뜨려야 한다는 생각에 포디오에게 합류했다.

따르는 무리가 많아지면서 어느 정도 세력이 커지자, 포디오는 자신을 '모든 이슬람교도와 이슬람 신앙을 지키는 사람'이라는 뜻의 '아미르 알무미닌Amir al-Mu'minin'이라고 칭했다. 그리고 나이지리아 북부의 소코토Sokoto를 새로운 나라의 수도로 정했다. 포디오가 세운 이 나라를 소코토 칼리프국Sokoto Caliphate(1804~1903)이라고 부르는데, '칼리프Caliph'란 아랍어로 '후계자'란 뜻이며, 보통 세계사에서 이슬람교 창시자인 무함마드의 후계자라는 의미로 사용한다.

소코토 칼리프국을 세운 포디오는 1805년부터 윤파를 비롯해 그와 손잡은 나이지리아 북쪽의 통치자들을 상대로 전쟁을 일으켰다. 1808년까지 계속된 이 풀라니 전쟁에서 용맹한 풀라니족 기병대의 도움으로 대부분 승리했으며, 마침내 1808년 10월 윤파를 죽이고 그의 영토를 빼앗음으로써 전쟁을 성공적으로 끝냈다. 포디오는 1817년에 죽었지만, 소코토 칼리프국은 계속 발전해 1830년대 중반까지 주변 지역으로 영토를 넓혀나가, 오늘날의 부르키나파소와 카메룬, 니제르 공화국까지 지배하는 강력한 나라로 성장했다.

소코토 칼리프국의 사회

소코토 칼리프국은 다른 이슬람 국가들처럼 술탄이라는 군주가 다스렸으며, 술탄은 아들 중 한 명에게 자신의 자리를 넘겨주는 것이 보통이었다. 그러나 간혹 술탄이 자신의 의지에 따라 자리에서 물러나는 일도 있었는데, 이런 경우에는 소코토 칼리프국을 구성하는 30개 에미리트emirate(이슬람 토후국)의 지도자인 에미르emir들이 모여, 술탄의 아들이나 형제 중에서 다음 술탄이 될 사람을 합의를 통해 선출했다.

소코토 칼리프국은 엄격한 중앙집권국가가 아니라, 30개의 에미리트로 이루어진 연합체였다. 물론 칼리프국의 최고 권력자는 엄연히 술탄이었고, 에미르는 술탄에 의해 임명되었으나 광범위한 자치권을 보장받았다. 원칙적으로 에미르는 술탄에게 충성을 맹세해야 했으나, 항상 그러지는 못했다. 에미르들은 종종 술탄에게 반란을 일으켰다. 1817년 하우사족의 귀족들은 무하메드 벨로Muhammed Bello(재위 1817~1837) 술탄에 맞서 싸웠고, 1836년에는 고비르에서 거센 반란이 일어났다. 무하메드 벨로는 하우사족 귀족에게는 더 많은 땅을 주는 식으로 불만을 달랬으나, 고비르의 반란에 대해서는 군대를 보내 혹독하게 진압했다.

가축을 키우는 유목민인 풀라니족의 도움으로 세워진 나라였으나, 소코토 칼리프국은 결코 농업을 무시하지 않았다. 소코토 칼리프국에는 수많은 농장이 있었는데, 이 농장들에서는 면화, 인디고(남색의 염료), 콜라 열매, 시어버터 나무 열매shea nuts, 밀, 쌀, 담배, 양파 등을 재배했다. 소코토 칼리프국은 물건을 사고파는 교환수단으로 보통 황금을 사용했으나,

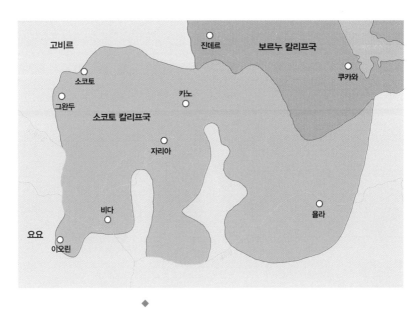

◆

소코토 칼리프국이 가장 강성했을 당시의 지도. 현재의
나이지리아 북부에서 강력한 힘을 가진 이슬람교 국가였다.

무늬개오지 껍데기나 노예를 사용하기도 했다. 농장에서 일하는 노동력
의 대부분은 납치되거나 노예상인들을 통해 팔려온 노예들이었다. 단, 소
코토 칼리프국에서는 이슬람교도가 아닌 다른 종교를 믿는 사람들만 노
예로 부렸다. 노예들의 생활은 무척 힘들었지만, 일하는 만큼 조금이나마
급료를 받아 재산을 모을 권리가 보장되었다. 그리고 성실히 일하면서 이
슬람교로 개종하면, 노예에서 풀려나 술탄에게 봉사하는 관리가 될 수도
있었다.

이슬람 율법학자가 세운 나라이니만큼 소코토 칼리프국은 이슬람교가

소코토 칼리프국의 주민들.(오거스터스 페리먼Augustus Ferryman, 1900)

국교였다. 그리고 이슬람교 신학 연구가 가장 중요한 학문으로 인식되었다. 포디오를 비롯해 역대 소코토 칼리프국의 술탄들은 이슬람 신학 연구에 많은 돈과 시간을 들였으며, 국민에게 이슬람교에 대한 강력한 믿음을 심어주어, 이슬람교를 통한 정신적 통합을 이룩하려 했다. 이로써 자연스럽게 기독교를 믿는 서구 열강에 대한 부정적 인식이 자리 잡게 되었다. 하기야 19세기부터 영국과 프랑스 같은 서구 열강들은 아프리카를 식민지로 삼으려는 움직임을 보였으니, 서구에 나쁜 인식을 갖는 것은 어쩌면 당연했다.

두 번째 술탄인 무하메드 벨로의 통치 기간에는 군사 요새와 학교, 시장 같은 건물들이 들어섰고, 그로 인해 국력이 상당 부분 증가했다. 1837년까지 소코토 칼리프국의 인구는 약 1000만 명이었다. 지금 기준으로 보면 그리 많은 숫자가 아니지만, 19세기 초 서부 아프리카에서 소코토 칼리프국은 인구가 가장 많은 나라였고, 그만큼 국력이 가장 강했다.

새로운 침략자 영국의 출현

나름대로 번영을 누리던 소코토 칼리프국에 1870년 이후부터 서서히 위험의 그림자가 다가오기 시작했다. 산업혁명에 성공해 강력한 힘을 기른 서구 열강들이 아프리카 식민지 쟁탈전에 뛰어들면서, 소코토 칼리프국도 그들의 공격 목표가 되었던 것이다. 소코토 칼리프국에 가장 먼저 눈독을 들인 나라는 영국이었다. 이미 1815년 워털루 전투에서 프랑스를 격파하고 서구 열강의 선두주자가 된 영국은 뛰어난 해군력을 바탕으로 제3세계에 대한 식민지 쟁탈전에서도 선두주자로 나서고 있었다. 그리고 1879년에 왕립 니제르 회사Royal Niger Company를 만들어, 소코토 칼리프국이 포함된 아프리카 서부에 식민지화 사업을 추진하고 있었다. 왕립 니제르 회사는 동인도 회사처럼 영국 정부를 대신해 나이저강이 흐르는 나이지리아 지역을 식민지로 삼으려는 계획에 따라 만들어진 조직이었다. 쉽게 말하자면 대규모 용병을 고용하고 그들을 내세워 현지 주민을 지배하려는 식민지 기구라고 할 수 있었다.

왕립 니제르 회사는 21년간 존속했으나, 결과적으로 영국이 나이지리아 전체를 식민지로 삼는 데 많은 도움이 되었다. 이 왕립 니제르 회사로 인해 영국은 카메룬에 이어 나이지리아까지 넘보던 독일과의 식민지 쟁탈전에서 우위를 차지해 나이지리아를 지배할 수 있었기 때문이다. 물론 여기에는 1871년에야 통일국가를 이룬 독일이 식민지 쟁탈 경쟁에서 뒤늦은 후발주자였다는 점도 작용했다.

왕립 니제르 회사가 나이저강을 탐험하고 그 부근에 있는 소코토 칼리프국에 대한 정보를 쌓아가던 1884년, 독일의 수도 베를린에서는 이른바 '베를린 회의'가 열렸다. 이 베를린 회의는 유럽 국가들이 아프리카를 자기들끼리 나눠먹자는 식민지 침탈전에 대한 합의였다. 좀 더 쉽게 말하면, 강도들끼리 남의 집 재산을 멋대로 빼앗아 나눠 갖자고 협잡을 벌인 것이나 마찬가지였다. 이 베를린 회의에서 영국은 소코토 칼리프국을 포함한 나이지리아 일대의 식민지 이권을 보장받았다.

그런데 1891년 프랑스의 군인이자 탐험가인 파르페루이 몽테유Parfait-Louis Monteil(1855~1925)가 소코토 칼리프국의 수도 소코토를 방문했다. 물론 순수한 관광 목적이 아니라, 소코토 칼리프국의 내정을 염탐하면서 혹시 프랑스가 칼리프국 상황에 끼어들어 식민지로 삼을 수 있지 않을까 하는 의도가 다분했다. 몽테유는 프랑스 정부에 보내는 보고서에서 "칼리프인 압데라흐만은 반란을 일으킨 아르기루Argiru의 에미르와 전쟁 중이다. 그러나 오랫동안 전쟁을 치르느라 높은 세금을 백성들에게 인기가 없으며, 현재 소코토 칼리프국의 내정은 엉망진창이다"라고 기록했다.

파르페의 소코토 방문과 보고서 작성 사실이 알려지자, 영국에서는 프랑스가 소코토를 식민지로 만들기 전에 먼저 나서서 차지해야 한다는 여론이 들끓었다. 당시 영국은 세계 각지에서 프랑스와 치열한 식민지 쟁탈 경쟁을 벌이고 있어, 행여 프랑스에 뒤지면 국가적인 치욕으로 여길 정도였다. 그래서 왕립 니제르 회사는 소코토 칼리프국에 대한 식민지화 사업의 속도를 올렸다. 그 작업의 하나로 영국인들로 구성된 회사 소속 병사들을 앞세워 나이지리아 영토 안으로 들어가면서, 현지의 갈등과 내분을 적극적으로 이용했다. 소코토 칼리프국처럼 이슬람교를 믿는 북부 지역에는 무력 압박을 하고, 반대로 소코토 칼리프국 등 이슬람 세력에 위협을 느낀 남부의 이슬람교를 믿지 않는 부족들은 회유하는 전략을 사용한 것이다.

그리하여 1897년 1월 26일부터 이틀 동안 나이지리아 북서부 비다Bida 지역에서 풀라니족 기병대와 왕립 니제르 회사 소속 군대 간에 전투가 벌어졌다. 500개의 라이플 소총과 6개의 맥심 기관총으로 무장한 500명의 니제르 회사 소속 병사들은 2만 명의 보병과 1만 명의 기병으로 이루어진 풀라니족의 공격을 격퇴했다. 풀라니족은 그들의 주특기인 기병 돌격을 감행했으나, 그조차 니제르 회사 군대가 펼친 사각형의 보병 방진에 막혀 맥없이 격퇴당했다. 이 전투에서 풀라니족은 수백 명의 사상자가 발생했지만, 왕립 니제르 회사는 사망자 8명과 부상자 9명이 전부였다. 풀라니족이 패배한 원인은 양측이 가진 무기의 성능 차이가 가장 컸다. 풀라니족은 구식 무기인 창과 방패가 전부인 데 반해, 왕립 니제르 회사의 군대는 우수한 라이플 소총과 1분에 총탄 600발을 발사하는 맥심 기관총 같은 최신 무기로 무장해 애초부터 승패는 정해진 것이나 다름없었다.

비다 전투에서 승리한 왕립 니제르 회사는 나이지리아 서부 도시인 누페Nupe와 일로린Ilorin을 빼앗아 점령했다. 그리고 비다 전투 소식을 들은 나이지리아 남부의 부족들은 영국의 힘을 두려워해, 니제르 회사의 회유에 따라 1900년 영국의 보호국으로 편입되는 길을 택했다. 왕립 니제르 회사는 1900년에 없어졌지만, 나이지리아 식민지화 사업에는 전혀 차질이 없었다. 이제는 회사 대신 영국 정부가 소코토 칼리프국이 포함된 나이지리아 전체에 대한 식민지 편입 작업에 직접 뛰어들었기 때문이다.

1902년, 영국군 준장 조지 켐볼George Kemball은 6개의 맥심 기관총과 야포로 무장한 700명을 이끌고 나이지리아 북부 도시인 카노Kano로 진격했다. 그리고 1903년 1월 29일, 카노 외곽에서 작은 전투를 몇 번 치른 뒤 곧바로 카노로 진격해 들어갔다. 당시 카노는 거의 무방비 상태여서 영국군이 손쉽게 점령할 수 있었다.

1903년 2월, 영국군이 카노를 점령했다는 소식이 소코토에 전해지자 술탄 무함마두 아타히루 1세는 카노를 탈환하기 위해 대규모 기마병을 모집했다. 그리고 1903년 2월 27일, 3000명의 기병대는 소코토 남쪽의 크와타르크와시Kwatarkwashi에서 6시간에 걸친 싸움 끝에 참패하고 소코토로 철수했다. 크와타르크와시 전투에서 승리한 영국군은 곧바로 소코토로 진격해 1903년 3월 중순 소코토 외곽에 도착했다. 켐볼 준장은 무함마두에게 항복하라고 요구했으나 무함마두는 이를 거부하고, 모든 병사에게 영국군을 향해 공격하라는 명령을 내렸다. 무함마두는 자신의 군대가 영국군보다 더 많으니 쉽게 이길 것이라고 믿었다.

그러나 막상 전투가 벌어지자, 전황은 순식간에 영국군으로 기울었다. 영국군이 쏘아대는 맥심 기관총의 화력이 소코토 칼리프국 군대의 원시적인 무기를 압도해, 아무리 용맹한 병사라도 맥심 기관총의 총탄을 당해낼 수 없었다. 시간이 흐를수록 총에 맞아 죽거나 다쳐 쓰러진 칼리프국 병사들이 늘어나자, 패배를 예측한 무함마두는 서둘러 측근들과 함께 소코토를 버리고 탈출했다. 영국군 전사자는 거의 없고, 다만 칼리프국 병사들이 쏘아댄 독이 묻은 화살촉에 맞은 영국군 병사들이 상처를 입었다는 내용만 전해질 뿐이다. 무함마두가 달아나자 영국군은 손쉽게 소코토로 들어갔다.

한편 무함마두는 동쪽인 차드로 도망가려 했으나, 당시 차드를 식민지로 삼고 있던 프랑스 정부는 영국의 반발을 의식해 무함마두의 입국을 철저히 막았다. 이에 무함마두는 소코토 동남쪽 도시인 부미Bumi로 달아나 "이교도 침략자 영국에 맞서 싸우자!"라며 지하드를 선언했다. 독실한 이슬람교도였던 칼리프국 농부들은 술탄의 지하드 선언에 따라 몰려들었고, 무함마두는 그들과 함께 다시 영국군과 싸워보려 했다.

켐볼은 무함마두의 지하드 선언을 결코 과소평가하지 않았다. 아무리 화력이 우세해도 영국군은 칼리프국의 주민보다 적었고, 그들이 모두 무함마두에게 몰려와 단결한다면 불리한 입장에 놓일 수밖에 없었다. 켐볼은 "무함마두의 저항은 즉각 분쇄되어야 한다"고 단언하고, 소드 대위D. Sword에게 무함마두가 머물고 있는 부미를 공격하라고 명령했다.

그러나 1903년 5월 13일, 소드 대위가 이끈 영국군은 부미의 성벽을 공격하다 주민들의 반격에 약간의 전사자와 64명의 부상자를 낸 채 후퇴했다. 당시 부미 안에는 1만 명의 주민이 있었고, 그들 대부분은 독화살과 던지는 창으로 무장했으며, 일부만이 구식 화승총과 라이플 소총을 갖고 있었다. 부족한 화력에도 불구하고 부미 주민들이 영국군을 몰아낸 것은, 그들은 튼튼한 성벽의 보호를 받은 반면, 영국군은 성벽을 부술 강력한 대포가 없었기 때문이다. 다만 영국군과의 교전에서 주민들에게 존경받았던 이맘Imam(이슬람 예배의 인도자) 무사Musa가 죽었다.

하지만 소코토 칼리프국 전체를 집어삼키려던 영국은 작은 패배에 물러나지 않고, 1903년 7월 27일 증원 병력을 보내 다시 부미를 공격했다. 오전 11시에 시작되어 해가 질 때까지 이어진 두 번째 부미 전투에서, 지난번보다 증강된 화력을 갖춘 영국군은 끝내 승리했다. 전투가 어찌나 격렬했던지 저항하던 부미 주민들의 80%가 죽거나 다쳤으며, 무함마두도 90명의 측근 및 여러 에미르와 함께 죽은 채로 발견되었다. 영국군이 입은 피해는 마시Marsh 소령이 허벅지에 독화살을 맞아 전사한 것 이외에는 가벼운 편이었다.

술탄의 죽음으로 소코토 칼리프국의 운명도 끝났다. 영국은 식민 지배에 협조적인 칼리프국의 왕족과 귀족에게 현지 주민들을 다스리는 대신 영국에 충성을 맹세하는 방식으로 나이지리아 북부를 보호국으로 삼았다. 말이 보호국이지 사실 영국의 감독을 받는 식민지나 다름없었다. 그리고 1914년, 영국은 이미 보호국이던 나이지리아 남부와 통합해 나이지리아 전체를 식민지로 삼았다.

독립 후에도 이어진 분쟁

1945년 8월 15일, 제2차 세계대전이 끝났다. 이 전쟁에 참여한 영국은 비록 승리했으나 막대한 국력을 소모해 더 이상 전 세계에 걸친 방대한 식민지를 관리할 힘이 없었다. 그리하여 영국은 그들의 관리하는 데 국력을 소모하지 않기 위해 식민지들을 독립시켜, 1947년에 인도와 파키스탄을 시작으로, 1960년에는 소코토 칼리프국이 있던 나이지리아를 포함해 아프리카 식민지들을 독립시켰다.

하지만 독립 이후, 나이지리아는 북부와 남부로 나뉘어 심각한 갈등에 휩싸였다. 북부는 소코토 칼리프국 시절 영국에 맞서 치열하게 싸운 이슬람교도가 대부분인 반면, 남부는 이슬람 세력을 싫어해 영국의 지배에 비교적 순응하고 종교를 바꾼 기독교도가 대부분이었다. 이런 역사적 · 종교적 차이 때문에 북부와 남부는 거의 내전에 가까운 분란을 겪었다.

그리고 21세기인 지금도 나이지리아 북부에서는 이슬람 원리주의 테러 집단인 보코하람Boko Haram이 득세하는 등 혼란이 계속되고 있다. 서구에 맞서 이슬람의 순수성을 지키겠다고 외치는 보코하람은 영국 등 서구에 저항했던 소코토 칼리프국이 남긴 정신적 유산을 계승한 것이라고 봐야 할 것이다.

참고 자료

책

《남제서 · 양서 · 남사 외국전 역주》, 동북아역사재단 엮음, 동북아역사재단

《달라이 라마가 들려주는 티베트 이야기》, 토머스 레어드 지음, 황정연 옮김, 웅진지식하우스

《동남아시아사》, 최병욱 지음, 대한교과서

《로마제국 쇠망사》(1~6), 에드워드 기번 지음, 송은주 · 조성숙 · 김지현 옮김, 민음사

《류큐 왕국》, 다카라 구라요시 지음, 원정식 옮김, 소화

《명사 외국전 역주》(1~2), 동북아역사재단 엮음, 동북아역사재단

《무굴 제국》, 발레리 베린스탱 지음, 변지현 옮김, 시공사

《무기와 방어구 (서양편)》, 이치카와 사다하루 지음, 남혜승 옮김, 들녘

《비잔티움 연대기》(2~6), 존 줄리어스 노리치 지음, 남경태 옮김, 바다출판사

《비잔틴 제국》, 미셸 카플란 지음, 노대명 옮김, 시공사

《삼국지 진서 외국전 역주》, 동북아역사재단 엮음, 동북아역사재단

《상식 밖의 일본사》, 안정환 지음, 새길아카데미

《새로 쓴 베트남의 역사》, 유인선 지음, 이산

《세상에서 가장 재미있는 세계사》1~4, 래리 고닉 지음, 이희재 옮김, 궁리

《송사 외국전 역주》(1), 동북아역사재단 엮음, 동북아역사재단

《스파르타》, 험프리 미첼 지음, 윤진 옮김, 신서원

《스파르타 이야기》, 폴 카트리지 지음, 이은숙 옮김, 어크로스

《스페인 역사 100장면》, 이강혁 지음, 가람기획

《신당서 외국전 역주》(하), 동북아역사재단 엮음, 동북아역사재단

《십자가 초승달 동맹》, 이언 아몬드 지음, 최파일 옮김, 미지북스

《십자군》, 토머스 F. 매든 지음, 권영주 옮김, 루비박스

《십자군 전쟁》, 조르주 타트 지음, 안정미 옮김, 시공사

《알라가 아니면 칼을 받아라》, 고원 지음, 동서문화사

《요사 · 금사 · 원사 외국전 역주》, 동북아역사재단 엮음, 동북아역사재단

《이야기 일본사》, 김희영 엮음, 청아출판사

《이슬람제국의 탄생》, 톰 홀랜드 지음, 이순호 옮김, 책과함께

《인도사》, 조길태 지음, 민음사

《전쟁이 발명한 과학기술의 역사》, 도현신 지음, 시대의창

《주서 · 수서 외국전 역주》, 동북아역사재단 엮음, 동북아역사재단

《중국을 말한다》(14), 명펑싱 지음, 김순림 옮김, 신원문화사

《중동사》, 김정위 지음, 대한교과서

《증오의 시대》, 자오위안 지음, 홍상훈 옮김, 글항아리

《카르툼》, 마이클 애셔 지음, 최필영 옮김, 일조각

《카이로》, 맥스 로덴벡 지음, 하연희 옮김, 루비박스

《페르시아 사산제국 정치사》, 압돌 호세인 자린쿠 지음, 태일 옮김, 예영커뮤니케이션

《플루타르크 영웅전 전집》(1~2), 플루타르코스 지음, 이성규 옮김, 현대지성사

《한 권으로 보는 이집트 역사 100장면》, 송경근 · 손주영 지음, 가람기획

《Queen Victoria's Enemies》(2~4), Ian Knight, Osprey Publishing

인터넷 사이트

http://www.britainssmallwars.co.uk/the-sokoto-caliphate-nigeria-1903.html

https://www.theguardian.com/commentisfree/2006/nov/03/post571

https://en.wikipedia.org/wiki